国粹文丛

古 耜 / 主编

触摸青铜

吴克敬 / 著

中国言实出版社

图书在版编目（CIP）数据

触摸青铜 / 吴克敬著 . –– 北京：中国言实出版社，
2018.10
（国粹文丛 / 古耜主编）
ISBN 978-7-5171-2852-6

Ⅰ . ①触…　 Ⅱ . ①吴…　 Ⅲ . ①散文集－中国－当代
Ⅳ . ①I267

中国版本图书馆 CIP 数据核字（2018）第 151690 号

出 版 人：王昕朋
总 监 制：朱艳华
责任编辑：严　实
文字编辑：赵　歌
责任校对：张　强
出版统筹：冯素丽
责任印制：佟贵兆
封面设计：杰瑞设计

出版发行　中国言实出版社
　　　　　地　址：北京市朝阳区北苑路 180 号加利大厦 5 号楼 105 室
　　　　　邮　编：100101
　　　　　编辑部：北京市海淀区北太平庄路甲 1 号
　　　　　邮　编：100088
　　　　　电　话：64924853（总编室）　64924716（发行部）
　　　　　网　址：www.zgyscbs.cn
　　　　　E–mail：zgyscbs@263.net
经　　销　新华书店
印　　刷　北京温林源印刷有限公司
版　　次　2019 年 5 月第 1 版　　2019 年 5 月第 1 次印刷
规　　格　710 毫米 ×1000 毫米　1/16　16.75 印张
字　　数　220 千字
定　　价　68.00 元　　ISBN 978-7-5171-2852-6

活着的传统　身边的国粹

——国粹文丛总序

古　耜

在实现中华崛起、民族复兴的伟大历史进程中，文化自信至关重要。而若要问：文化自信"信"什么，哪里来？这就不能不涉及优秀的中国传统文化——对于国人而言，优秀的传统文化既是孕育文化自信的沃土，又是支撑文化自信的基石。唯其如此，我们说：从中国历史的特定情境出发，坚守中国文化立场，赓续中国文化血脉，弘扬中国文化风范，重建中国文化传统，是历史的嘱托，也是时代的呼唤。

怎样才能把优秀的传统文化发扬光大，使其重新进入国人的精神生活与社会实践？围绕这个大题目，一些专家学者发表了很有建设性的意见。譬如刘梦溪先生在一次演讲中就郑重指出："传统的重建，有三条途径非常重要：一是经典文本的研读；二是文化典范的熏陶；三是文化礼仪的训练。"（《文学报》2010年4月8日）应当承认，刘先生的观点高屋建瓴而又切中肯綮。事实上，近年来中国传统文化在全社会的强势回归与有效传播，也主要是从这三个方面展开的。

在刘先生所指出的三条路径中，所谓"经典文本研读"，自然是指对承载着传统文化基本精神与核心理念的经典著作进行研究和解读。这方面的工作以学术界为主体，着重在"知"的层面展开，其系统梳理和准确诠释固然必不可少，但更重要的恐怕还是立足于时代的高度，扬长避短，推陈出新，最终实现传统文化的创造性转化和创新性发展。而所谓"文化礼仪训练"，则包含对人，尤其是对青年一代进行思想、伦理、道德教育的内容，因而涉及学校、家庭、社会等多个领域，并更多联系着"行"——付诸实践，规范行为的因素。《论语·泰伯》曰："兴于诗，立于礼，成于乐。"意思是说，达"礼"行"礼"是人在社会上安身立命的根本和标志。孔子所言之"礼"与今日所兴之"礼"，固然有着本质不同，但圣人对礼的高度重视和反复强调，却依旧值得我们作"抽象继承"（冯友兰语）。

相对于"经典文本研读"和"文化礼仪训练"，刘先生所强调的"文化典范熏陶"，显然是一项"知"与"行"相结合的大工程。毫无疑问，在通常情况下，"文化典范"自然包括先贤佳制、经典文本，只是在刘先生演讲的特定语境和具体思路中，它应当重点指那些有物体、有形态，可直观、可触摸的优秀文化遗存。如古建筑、古村落、著名的人文胜迹、杰出的历史人物，还有艺术层面的书法、国画、戏剧、民歌、民间工艺，器物层面的"四大发明"，以及青铜、陶瓷、漆器、丝绸、茶叶、中药，等等。如果这样理解并无不妥，那么可以断言，刘先生所说的"文化典范"在许多方面同非物质文化遗产有交集、有重合，就其整体而言，则属于一种依然活着的传统，是日常生活里可遇可见的国粹。显而易见，这类文化遗产因自身的美妙、鲜活、具体和富有质感，而别有一种吸引力、亲和力与感染力。将它们总结盘点，阐扬光大，自然有益于现代人在潜移默化中走近传统文化，加深对它的理解，提高对它的认识，增强对它的感情，进而将其融入生活和生命，化作内在的、自觉的价值遵循。这应当是"典范熏陶"的优势和力量所在。

正是基于以上体认，笔者产生了一种想法：把自己较为熟悉和了解的当下散文创作同文化典范熏陶工作嫁接起来，策划组织一套由优秀作家参与、以艺术和器物层面的"文化典范"为审视和表现对象的原创性散文丛书，以此助力传统文化的重建与发展。这一想法很快得到中国言实出版社社长、实力小说家王昕朋先生的积极认同。在他的鼎力支持和热情推动下，一套视野开阔、取材多样、内容充实的"国粹文丛"，顺利地摆在读者面前。

"国粹文丛"包含十位名家的十部佳作，即：瓜田的《字林拾趣》，初国卿的《瓷寓乡愁》，乔忠延的《戏台春秋》，王祥夫的《画魂书韵》，吴克敬的《触摸青铜》，刘华的《大地脸谱》，刘洁的《戏里乾坤》，马力的《风雅楼庭》，谢宗玉的《草木童心》，张瑞田的《砚边人文》。

以上十位作家尽管有着年龄与代际的差异，但每一位都称得上是笔墨稔熟、著述颇丰的文苑宿将，其中不乏国内重要奖项的获得者。长期以来，他们立足不尽相同的体裁或题材领域，驱动各自不同的文心、才情与风格、手法，大胆探索，孜孜以求，其粲然可观的创作成绩，充分显示出一种植根生活，认知历史，把握现实，并将这一切审美化、艺术化的能力。这无疑为"国粹文丛"提供了作家资质上的保证。

值得特别指出的是，这十位作家不仅是文学创作的行家里手，而且大都有着相当专注的个人雅爱，乃至堪称精深的专业修养和艺术造诣。如王祥夫是享誉艺苑的画家、书法家；张瑞田是广有影响的书法鉴赏家和书法家；吴克敬是登堂入室的书法家，也是有经验的青铜器研究者；初国卿常年致力于文化研究与文物收藏，尤其熟悉陶瓷历史，被誉为国内"浅绛彩瓷收藏与研究的标志性人物"；刘华多年从事民间艺术和民风民俗的田野调查与理论探照，不仅多有材料发现，而且屡有著述积累；马力一生结缘旅游媒体，名楼胜迹的万千气象，既是胸中丘壑，又是笔端风采；乔忠延对历史和文物颇多关注，而在戏剧和戏台方面造诣尤深，曾有为关汉卿作传和遍访晋地古戏台的经历；瓜田作为大刊物的大编辑，一向钟情于汉字研究，咬文嚼字是其兴趣所在，也是志业所求；刘洁喜欢中国戏剧，所以在戏剧剧本里寻幽探胜，流连忘返；谢宗玉热爱家乡，连带着关心家乡的草木花卉，于是发现了遍地中药飘香。显然，正是这些生命偏得或艺术"兼爱"，使得十位作家把自己的主题性、系列性散文写作，从不同的门类出发，最终聚拢到中国传统文化的大向度之下。于是，"国粹文丛"在冥冥之中具备了翩然问世的可能。

"红白莲花共玉瓶，红莲韵绝白莲清。"我想，用宋人杨万里的诗句来形容这套"各还命脉各精神"的"国粹文丛"，大约算不得夸张。愿读者能在生活的余裕和闲暇里，从容步入"国粹文丛"的形象之林和艺术之境，领略其神髓，品味其意蕴！

戊戌秋日于滨城

| 目　录

阳燧：点燃华夏文明的火光

晋人崔豹的《古今注·杂注》有载："阳燧，以铜为之，形如镜，照物则影倒，向日则生火，以艾炷之则得火。"这段文字十分明确地告诉了我们阳燧的质料、形状及用途。另有《淮南子·天文训》记载："故阳燧见日，则燃日而为火。"后人高诱注解："阳燧，金也，取金杯无缘者，熟摩令热，日中时，以当日下，以艾承之，则燃得火也。"还有王充的《论衡·说日》，也说："验日阳燧，火从天来。"那么，记载在典籍中的阳燧究竟是个什么样子呢？因为缺少实物证明，便一直在人们的猜测中游离着，直到 1972 年 10 月的一天，随扶风县天度公社民工营到刘家沟水库工地施工的王太川，一镢头挖出那个青铜阳燧后，这个悬在人们心头上的谜团才得以慢慢解开。

生活在周原遗址上的王太川，那时还是一个回乡知青。像他一样的回乡知青，其时大都在"改天换地，重新安排旧河山"的水利工地上。王太川所在的刘家水库大坝，只是冯家山水利工程的一个子工程，关中西府的岐山、宝鸡、凤翔、扶风等县的农业都将因此受益，征招而来的民工有数十万，在三百余华里的工程线上干得热火朝天。那天分派给王太川的活路是在水库以北的土壕里挖土，已经挖了大半天了，再有几镢头就能收工回营，洗去脸上的泥污，吃一顿掺了红苕疙瘩的饭食。那一年红苕大丰收，在来工地时，王太川下地起红苕，起出了一个大如狗头的红苕，这是一个好兆头，村上人为此兴奋了好一阵子。掺了红苕疙瘩的饭食还真是不赖，解饥呢！王太川这么想着时，他的镢头尖在土里崩出几点火星来，再刨，就刨出了一件青铜编钟，一件兽形车辖，还有就是一件当时还说不出名堂的青铜阳燧。

这样的发现，在王太川是兴奋的，在罗西章就很平常了——但因这件青铜阳燧当时还说不出名堂，就很不平常了。陕西考古界素有"西霸天"称号的罗西章，其时在扶风县文化馆工作，他参与了许多青铜器的发掘工作，便是在庄白村一地，就有庄白一号窖藏、庄白二号窖藏、庄白三号窖藏等数次重大发掘，哪一次发掘的青铜文物都在几十件以上，最多一次竟达一百余件。但当王太川挖出"宝贝"的消息传到罗西章的耳朵时，他还是一刻不停地赶了来，给王太川奖励了一把新镢头后，背起三件体量不是很大的青铜文物回到了县城的文化馆。

显然，富有考古工作经验的罗西章也还不能揭开阳燧的谜底，他在写作这次发掘报告的文章时，手拿那个形圆凹面中央有钮的铜器，反观正看，怎么也搞不清这是个什么物件。因为此前的考古发掘，从来没有见过这样的器物，在没有任何参照的情况下，罗西章在他的文章原稿上写下了"器盖"一语，但在时过八年，即1980年《考古与文物》杂志发表时，由编辑部改为"铜镜"而公布。对此，罗西章是疑惑的，他既疑惑《考古与文物》编辑部的认识，也疑惑自己的认识。

在此期间，王太川已经把他获奖的那把新镢头挖成了老镢头，而且他也已从民工受到贫下中农的推荐，离开农村，到西安的交通大学深造去了。刘家沟水库工地挖宝的经历，在他的心里亦然淡得成了一个记忆。一个不比刨出个大红苕更深刻的记忆。在我后来采访王太川时，他说，真太巧了。那一年我刨出一个大红苕后不久，就又刨出了那个阳燧……不无感慨王太川把这么一个重大发现说得是这样的淡漠，这在我是意外的。

我是在他的办公室里采访他的。我没有接他的话，只是端起热腾腾的茶抿了一口，想，巧的还有罗西章，他在 1995 年 4 月 14 日又挖出了一个青铜阳燧，这才使 1972 年 10 月由王太川挖出的阳燧还原了自己的真姓名。

那是一次抢救性的发掘。就在周原博物馆所在地的扶风县黄堆乡，考古人员发现编号为老堡子 60 号的古墓有盗掘的痕迹，他们不敢怠慢，决定要与盗墓贼抢时间。可他们还是迟了一步，挖掘中发现，在墓室东北角，盗墓贼挖了一孔直达墓底的盗洞，砸毁椁箱，盗走了几乎所有的随葬器物。便是这样，以罗西章为首的考古人员也不敢粗心，仔细地清理着墓室遗存。万幸的是，盗墓贼终究是盗墓贼，他们还缺少那么点考古专业知识，再则可以想象，干那个缺德的事，其心必是慌乱的，没有心情翻转墓葬者的骨架，给罗西章留下了那个喜出望外的青铜阳燧。

我采访了罗西章，在他法门寺的家里听他说，那个阳燧就压在墓主的右臂下面。他感慨这是墓主的贡献，墓主用他死却两千余年的尸骨保护下这个点燃华夏民族文明火光的阳燧，与此一同保护下来的还有两件精美的玉器。我受邀看了珍藏在周原博物馆的阳燧和玉器，知道两件玉器，一为雕琢精美的龙纹玉璧，一为造型漂亮的玉钺；至于那件青铜阳燧，则要比王太川从刘家沟水库工地挖出的那件朴素得多，那一件的背面有着烦琐的鳞纹装饰，而这一件却为素面。

自然是，深埋地下数千年的阳燧，出土时通体布满了一层厚厚的绿绿铜锈，但从凹面锈斑的空隙可以看出，表面原来是很光洁的，没有锈蚀的地方呈现出油黑光亮的景象，这便是行话所说的"黑漆骨"了。

那个时候，罗西章还不敢确定这就是苦苦寻觅而不可得见的阳燧。但从刘家沟水库收获了那个难有结论的青铜物件后，他的心头就曾掠过一丝猜想，觉得那该不是一个阳燧吧？这次再见一个实证，他心中的那个猜想便又泛了起来，而且有了一个确定的意味。

我们知道，罗西章更知道，古人是有以阳燧取火的记载的。

取火，是人之所以成为人的一个极其重要的标志；其他动物不会取火，就只能还是动物。

远古时期，人的取火之器有三种：用燧石取火于石，用木燧取火于木，用金燧取火于日。所谓金燧，也就是文中所说的阳燧，此外还有一种说法曰夫燧。头两种取火之法来自于自然界，几乎是唾手可得，所以在旧石器时代的晚些时候，击石取火已有发现，新石器时代的中期以后，钻木取火也有证明。而就是这后一种，非得要有一定冶炼技术才可能实现。

王太川在刘家沟和罗西章在黄堆老堡子意外发现的这两个青铜物件，无疑该是阳燧取火的有力证明了。

较以木燧和阳燧取火而言，以燧石取火来得更原始一些。但其流传的时间却比木燧和阳燧要长得多。便是到了盛极一时的唐代，以燧石取火的方法还在广泛应用着。许多著名诗人，在他们千锤百炼的诗篇中，对这一生活现象就有很好的吟咏。如白居易的《北亭送客》："小盏吹醅尝冷酒，深炉敲火煮新茶。"如刘言史的《与孟郊洛北野泉上煎茶》："敲石取鲜火，撇泉避腥鳞。"如柳宗元的《韦道安》："夜发敲石火，山林如昼明。"由此可见，或生炉煮茶，或照明巡夜，以敲石取火是怎样的常见了。

我在起小的时候，还眼见老辈人敲石取火抽烟的情景。

那该是20世纪中叶的时候了，火柴在世间已非常普遍，但乡里的老辈人，抽旱烟时还是舍不下那套原始的取火工具，他们绣得花团锦簇的烟荷包上，总是系着一个皮草小囊，小囊的一边嵌着个类似斧刃的铁制火镰，点烟时，从皮囊里取出一片火石、一撮火绒。先把火绒反复撕扯。一直撕扯得非常纤柔时，按在火石上边，再用火镰的锋刃砍击火石，迸溅的火花即刻点燃火绒，压在烟锅头上，美滋滋地咂上一口，旱烟叶子便被引燃了。那时候，我常被老人抽旱烟的情景所吸引，看着浓浓的烟从他们的口鼻冲出来，吸溜着挂在嘴边的唾液，咳嗽一声，眯了眼睛再抽，真个是过瘾极了，享受极了。

偏是木燧取火与阳燧取火，来得晚，却去得早。

我们知道木燧是利用摩擦原理生火的。《管子·轻重戊》称："黄帝作钻燧生火，以熟荤臊。"《韩非子·五蠹》也说："有圣人作钻木取火，以化腥臊。"这里说的圣人，也该是燧人氏。先民在生活实践中的创造发明，附为圣人，这该是一个大崇敬了。

有段木作经历的我知道，木匠行里称"扯锯拉钻子"为霸王活，没有一身力气是做不下来的。一次给架屋的梁头钻孔，我与人拉钻，因那道梁是根干榆木，我们钻着时，钻孔里先有淡淡的烟生出来，待拔出钻头时，钻孔竟腾地燃起火来，吓得我们只有灌水灭火了。

那时候我就想，先民钻木取火该是这个样子吧。后来知道，我的想法是有误的，正如《庄子·外物》所记"木与木相摩则燃"，而我们遇到的是铁与木的摩擦。这其中有什么奥妙呢？其实用不着追想，那时候干脆没有铁呀。没有铁的时代，恐怕只有以木钻木了。正如吐鲁番交河故城沟北台地出土的那件钻木取火器，为一长方形板状，并有一个略长的直柄。在长方形的板子上，两侧均称地分布着4个直径在0.8—1.4厘米的圆形凹穴。我看到过那个钻木取火器，发现板子一侧的小凹穴里都有烧灼痕迹。我问过专家，他也说不清一侧凹穴为什么有烧灼痕迹，一侧为什么没有。我便只有臆想了，有烧灼痕迹的凹穴是置放火绒的，取火时，只需拿一根专用的木棍，对准一侧的凹穴，两手急速搓转，相互摩擦发热，以至迸发火星，点烧火绒。

为了我的臆想，我还做过一次实验，可惜未能成功。

这使我迷茫起来，直到读书发现，古人钻木取火，对所钻之木是十分讲究的，一年四季，各不相同。如《周礼·夏官·司爟》称："四时变国火。"

到《论语·阳货》，说得更为清楚，"钻燧取火"。那么，这该是个怎么的变法呢？即春天时取榆柳钻火，初夏时取枣杏钻火，夏季时取桑柘钻火，秋天时取柞楢钻火，冬天时取槐檀钻火。这样的取火之法，在周代已形成制度，而且跨越千年，到了唐、宋时期，也还延用不衰。杜甫的《清明》诗里就有记述，"旅雁上云归紫塞，家人钻火用青枫"。这时的家人钻木取火做什么呢？北宋的学人宋敏求在他《春明退朝录》里有详细的解释，"唐时，唯清明取榆柳之火，并以赐辅臣戚显"。有宋一朝，很好地沿袭了这一制度，臣僚在清明日获此赏赐，是要视为家族的荣耀哩！

取火于木燧，取火于阳燧，好像是件相伴始终的事情，宋以后，就很少有人使用了。但在周朝时，二者以其不同的优势性能而逐渐成为生活的常备之物。《礼记·内则》有言，家中子妇，早晨起来穿着时，在腰带上要系上木燧和阳燧的，木燧佩戴在右，阳燧佩戴在左。家家一理，天阴天晴，不会误了取火的工夫。

《周礼·秋官·司烜氏》对阳燧有专门的记载，"掌以夫燧取火于日"。这个执掌夫燧（亦即阳燧）的人，是为周室专设的取火官员，他的职务便是司烜。哟呵，一个取火的阳燧也要在朝中专设官吏掌握，可见那两个出土于周原遗址上的不怎么起眼的阳燧实物，该是多么重要了。

罗西章据此写了一篇考释的文章，在 1996 年 10 月于河南洛阳召开的"西周文明国际学术会"上作了专题发言，博得了专家的一片喝彩。12 月中旬，北京大学考古系来了一帮人，参观了周原后，想要目睹阳燧取火的情景。可惜天公不作美，一连三日，虽未落雨，却也见不着日头，"取火于正日"的想头就只能暂时地遗憾着了。

其实，早在 1995 年 8 月 14 日的中午，周原博物馆依照出土阳燧的形制成功地复制了一个。当时，陕西省文物局的副局长陈全方陪同瑞士客人来访，这位名叫马利欧·罗伯迪的客人，其身份为一著名律师，偏又特别爱好文物，对周原古址有特别大的兴趣。就在客人参观文物后休息的时候，罗西章拿来复制的青铜阳燧，在客人的面前试起来。是日天气晴朗，碧空万里，火热的太阳就悬在周原博物馆的头顶上。罗西章没有古人使用的火绒，他随手撕了一块小纸片，搭在阳燧一边试起来，真不敢想，七八秒钟的时间，小纸片冒起了淡淡的轻烟，随后腾起一束发着蓝光的火苗。

马利欧·罗伯迪看得眼都直了，高兴得欢呼起来，说他是世界上最幸运的人。并把取之阳燧的火称为圣火，叫人给他拍了照片。最后，他自己也试着取了火，点了一支香烟，边抽边在嘴里呢喃："阳燧，哦，今后我可要交好运啦！"

客人的幸运，不久也降临到了我的头上。

现在我是西安媒体的一员，过去可也是扶风县文化馆的一分子，与罗西章同在一个县一个系统工作，两人说来也极投缘，有不错的交情，带了客人去周原参观，便都兴高采烈地目睹了罗西章以阳燧取火的情景。

这样的幸运会错过兴冲冲而来的北大师生吗？当然不会。就在他们等待了几日即将返京的那天，想着来一趟不容易，顺道去了法门寺博物馆参观。罗西章却不甘心，便陪他们一起去，去时带着阳燧和他业已精心炮制的火绒。到了中午时分，阴得很深的云层裂开了一道缝隙，太阳的光束便从云隙中射出来。抓住这一难得的机会，罗西章招呼来北京大学的师生们，围在他的周围，看他用阳燧取火了。因为有了专门制作的火绒，这次的取火时间之短，令所有在场的人都惊讶不已！两秒刚过，三秒不到，纤柔的火绒腾地燃起一片火光。现场看了阳燧取火的张天恩博士，回京后，写了一篇《略说"阳燧"》的文章，登载在《中国文物报》上，对他们的所见所识做了详尽的描述。

我在决心进行青铜器的写作前，回了一趟扶风，去了罗西章的家。现在的他退休多年，耳朵已不好使，眼睛却还明亮，与我说起他所经历的事情，仿佛还都历历在目。他向我建议，要写好"阳燧"，最好去找一找王太川。我是明知故问，为什么非得找王太川？他笑了，是一个在青铜器堆里挖刨了一辈子的老人的笑，他那么高深莫测地笑着说："去了你就知道了。"

遵照他的建议，我回西安的第二日就打了电话，再一次的和王太川聊了起来。现在的王太川，已不是三十四年前的民工王太川了，他是西安城著名企业开元有限责任公司的董事长，约他聊天岂是容易的事。好在我们都是乡党，而且毕业于同一所中学，电话一打，就定下了时间，紧赶慢赶地往他的办公室赶。

这是个深秋的早晨，地上落满了树叶。沾着湿漉漉的晨露，叫我抬起的脚总是不忍落下来，这么走着，走过了一条不长的甬道，就走到开元集团公司的办公楼前，我向门卫出示了自己的身份证件，便有一位穿着得体的导引小姐过来，浅浅地笑着对我说：王总在办公室等您。

涵盖了房地产、生物工程及信息产业等诸多行业领域的西安开元集团公司，其老总王太川就该是这个样子，有一间大得惊人的办公室和一个同样大得惊人的写字台，液晶显示的电脑屏幕哗哗地流泻着各种信息，这一个座机电话还夹在耳朵边听着，那一个座机电话又催命似的叫了起来，还有搁在桌边的商务通手机，也在此刻震响了一曲当时颇为流行的音乐《吉祥三宝》……我所熟悉的同乡王太川，正不紧不慢地接着电话，并不时地抬眼看我一下，我知道他是向我打招呼，而且懂得他的招呼有点抱歉，还有点无奈，那一闪一瞥的眼神像在对我说：没办法，太忙了。

我理解王太川的忙碌，一个在市场上大有作为的人，不可能一杯清茶就走得出来。他走出来了，而且走得很好，走出了一片属于他的天地。在西安的街头，随便逮住一个人问，很少有不知道他的人，因为我们住的房子，我们的一些日常用品，可能就是他提供的。

导引小姐把一杯热气腾腾的茶水捧到了我的面前，我接过来抿了一口，放在茶几上，任凭茶香弥散，我却乘机把王太川的办公室看了一遍，除了一溜排的书橱和码得工整的书籍外，就都是精美的石头和悦目的花草了。这些都是我所乐见的，但都不如他写字台上那个茶杯盖般大小的青铜器物吸引我。

显然地，王太川注意到了我的兴趣，放下他打得铺天盖地的电话。对我笑着说：那是复制的。

我亦笑着回答他：知道是复制的。

就只两句简短的对话后，就都不知道往下说什么。虽然我们同在一座城市，他搞实业，我做新闻，不怎么搭界，便把老乡加同学的情谊弄得很淡。再者，我也知道，社会上总是有人求他，自己有病看不起，孩子上学没钱交……还有写这报告文学，出那传记的临时组织，把他弄得烦不胜烦。而我这次来，也是有事的，我怕在冷淡中让他误解了我，便上赶着开口了，给他说：我见着罗西章了。

此话一出，气氛便有了些热度。他说：罗老身体还好？

我说：前些日子回扶风，我看他了，他很好。

言三语四地，说了几句闲话，这才又转到阳燧的话题上来。我告诉他是罗西章让我来找他的，还说我会有所有获。这么说着，王太川绷着的神经松了下来，像罗西章告诉我该和王太川深聊一聊的神情一样。有点儿诡异地笑了笑。他说了，你知道吗，在我挖出阳燧后的一日，天上一下子出了两个太阳！

我的神情蓦然一惊，知道他说得不错，天上是出了两个太阳。虽然那时我不知道王太川在刘家沟水库工地挖出了阳燧，更不知道挖出阳燧与两个太阳有什么关系，但我与王太川一样，亦然经历了那个奇怪的天象。

其时，我像王太川一样也在水利工地上劳作，分派的任务是在冯家山水库的支线工程北高抽挖掘地下水道。好些个日子，天不明顺着井桶子下到三二十米深的地下，像只老鼠一样刨土打洞，天黑尽后再沿着井桶子爬上地面，饭在地下水道里吃，屎在地下水道里拉，一天到晚见不着太阳。那一天地下水道出了塌方事故，我们早了几小时上了井桶子，眼睛便对明晃晃的大太阳很不适应，在井桶边又闭了好一阵子才睁开来。

这一睁开来，就看见西边的天上生着两个太阳！

在地下水道刨土时不知道，这个日子的天气变化很大。清早起来，天上这儿一坨、那儿一坨地，挂着薄如细纱的云彩，太阳就在浮动的云彩里穿行，一旦从云彩里露出头，就还很阳光，而一旦被云彩遮蔽，风就冷冷的。是这样地挨到午后三四点钟，天上的云越积越厚，太阳就不能再露脸儿了，而流转的空气湿漉漉的，像是有一场雨要下，却终究没有落下来。地下水道的塌方就是在这个时候发生的，还好没有压着人，我们撤到了地面上，看见了躲在云后的太阳，从裂开的云缝里刺了出来。

两个太阳啊！相信那一天的周原人都看到了这一奇观，但却没有听到人议论，连当时看见时的惊叹轻得也许只有自己听得见。脚上，手上，还有衣服和脸上都是泥污的我，像大家一样呆呆地看着西边天上的两个太阳，两个被浮云纠缠着、带着绒绒毛边的太阳，张着嘴巴，不知道该说什么。好一会儿，天和地都是静的，虽然工地的高音喇叭一刻不停地吼叫着，吼叫一阵，再唱一首歌，一首革命的歌。在我渐渐地恢复了其他知觉时，听到高音喇叭刚好唱完《大海航行靠舵手》的歌儿，又开始接唱《社员都是向阳花》……

或许，那是水汽的作用吧？也或许，那是浮云的作用了？我至今不能清楚，两个太阳，一个在上，一个在下，相隔着的是一条飘带似的流云，一模一样地贴在天上，直到无情的黑云携起手来吃掉了一个太阳，又吃掉一个太阳，我们昂扬的脑袋才耷拉了下来。

这是一个许多人不愿说出的事情，过去了许多年，差不多已经变成了一个秘密，现在想起，对于重见天日的阳燧莫不是一种预示？

我不知道，也许相继出土的两个阳燧知道。

珣生簋：百姓激情王者悲

六个农民的名字，在这个冬天注定要被写进青铜器出土的历史中，他们是扶风县城关镇五郡西村的刘东林、刘银科、刘锁乾、刘邦劳、刘广后和刘东后。

冬闲的日子，西府农村总有整修水利设施的习惯。2006年11月8日，五郡西村的这六位农民，正是按照村里的计划，在村子北边的麦地里挖一条水渠，这条水渠已经挖了好几天，差不多就要完工，但却在当日下午5时多，抢着镢头挖土的一个村民，感觉到他的镢头挖到了一个硬物上，同时还有清越的一声脆响，从挖虚的土里迸发出来。抢镢头的村民担心挖折了他的镢刃，便轻轻刨开表层的浮土，就有一个绿得堪比卧冬麦苗的器物露出头来。见此情形，当着村民组长的刘东林让大家丢下手里的家伙，用手拨着绿色物体周围的湿土，使一个形状怪异的青铜器完全暴露出来。

这是个身上有许多铆钉的扁状器物，上口细小下口宽大。"好像是古时候的编钟！"刘东林听上辈人说，20多年前，他们村出土过这个样子的东西，听专家说是编钟，是古代的一种乐器。刨出这个"编钟"后，他们继续往下刨，发现一层摞一层的全是青铜器。

村民组长刘东林和他在一起的 5 位村民惊得都有一瞬间的发呆。还是刘东林的脑子转得快，他叮嘱刘锁乾、刘邦劳、刘广后、刘东后 4 人在现场守护，自己拉着刘银科一溜飞跑，回到村里打电话，叫来了扶风县文物局和宝鸡市文物局的人，现场展开发掘，到天色渐黑时，这批珍贵的青铜器物陆续发掘出土，摆在现场一大片，初步计算了一下，共有 24 件（组），仅那独特的一组车马器就有 103 件之多。

我几乎与文物部门在同一时间，获得了这批青铜器发现的消息。这时，我所在的《西安日报》《西安晚报》正召开每日例行的编前会，对外部主任的手机铃声像被撵来的猛兽咬了一口似的惊叫起来，我侧目看了他一眼，只见他从座位"呼"地站了起来。凭着多年的新闻经验，我知道跑外的记者抓到好的爆料了。果不其然，对外部主任"啊，啊，啊"地应了几声"啪"地合上了手机的盖子，打断会场上正在讨论的话题，说：扶风县又有青铜器出土了！

因为我的老家在扶风县，开会的人齐刷刷地将他们艳羡的目光投射到我的身上。

应该承认，对外部主任报告消息的那个"又"字用得好，就在此前的 10 月 15 日下午，扶风县上宋乡红卫村神村组砖场在取土时就曾发现了大量青铜器，时隔 24 天，在城关镇五郡西村再次发现青铜器，不是"又"会是什么？在那一刻，我的心骄傲了一下，就我所知，新中国成立以后，自 1960 年在扶风县齐家村南发现 398 件窖藏青铜器以来，到现在已有 8 次重大的窖藏青铜器发现。但我仅只骄傲了那么一会儿，就把报道这次青铜器的发现临时加进会议议程，优先研究安排，让对外部主任通知驻宝鸡市的记者火速赶往现场，并让报社的摄影部派员从西安直奔扶风，必须在第一现场，第一时间把这条新闻作出来，并且必须作好，作突出。

其时，我恨不能分开身来，自己往扶风的现场跑。但我是跑不离的，晚上轮我在编辑部总值班，走了谁来顶班看大样。

必须承认，我们《西安日报》《西安晚报》的记者是优秀的，到晚上10点钟时，10余幅彩色照片、1篇特写新闻和两篇新闻链接，就都发到总编室的急稿库里了。我粗粗看了一遍，知道这是一次非同寻常的发现，所有的青铜器，除一件鼎稍有残损外，其余器物全部保存完好。其中1件编钟上有族徽，另一件腹内有调音槽；3件双龙镂柄的舀器斗，精美得让人爱不释手；12件埋藏土里近乎3000年的青铜矛头，依然锋利无比，寒气逼人……然而，这一切还都不能代表这批出土青铜器的巨大价值，直到文物考古工作者，把那两个从没有出土过的广口圆腹青铜炊器仔细地清除泥垢，发现了111个铭文后，这才感知其非凡的意义。

两个炊器的命名让专家们大费了一番脑筋，起初是称为尊的，后来又认为不妥，在111个铭文中发了一个关键字"鑪"，就有人以为该是鑪了，却有专家仍不同意，认为那个字是"鍑"即炊器"甗"的上半部分。比照象形文字的金文原形来看，这些说法似乎都很相像，似乎都有根据和道理，于是乎，大家全部莫衷一是，难有一个定识。

这不要紧，对一个远古的器物一时不能定论并不是坏事，先放着，待以后深入研究后再说无妨。倒是两个器物不仅形状一致，便是器身上的铭文也毫厘不差，一模一样，这在此前发现的青铜器中是绝少有的一件事。

偏巧，我正是赶在这个时候回到阔别数十载的县博物馆，原来一起工作过的老同志，现在都退休了，好在新进馆的年轻人知道我的名字，拿出名片给他们看，就又亲热得如同故人一般，招呼我喝茶抽烟，而我却急于见到这次出土的青铜器，他们就带我兴冲冲地去看了。

这已是此次青铜器出土第14个日头了。省、市、县组织专家在这天召开研讨会，对这批青铜器作进一步的鉴定。一件件还残留着些许泥垢和绿色锈斑的青铜器，就摆在专家的面前，他们眼观手摸，用心地品评着，很自然地，都把精力投注在那两件铸刻着同样长篇铭文的炊器上，大家议论纷纷，己见各抒，而我躲在他们的身后，先被炊器上的纹饰吸引了。不敢说我对青铜的见识有多广，生在周原，长在周原，以后又在县文化馆（博物馆原与文化馆为一个单位）工作了几年，耳濡目染，还是有点儿记忆的，而记忆中的青铜器纹饰，总是特别烦琐，什么饕餮纹类、凤鸟纹类、龙纹类以及各种动物纹类、变体的兽形纹类等，细分下来，千种万种不会少，仅是一件扶风县庄白一号窖藏出土的折觥，不大的器身上就有各类纹饰几十种，兽纹饰里套着凤鸟纹饰，凤鸟纹饰里又套着兽纹饰，环环相套，未有穷尽。偏是这两个完全一样的炊器，纹饰是那么的简洁，一目了然，所见就是几根斜斜的直线，构成环绕器身的几个三角形几何图案。

我想听听专家对炊器纹饰的评论，遗憾的是，没见谁说什么，纷纷研讨的总是那些个铭文。蓦然，不知是谁读出"琱生"两个铭文时，我的耳膜擂鼓似的响了一下。

在我大脑有限的文物知识储存中，早就塞进了两个字，那便是被考古界命名为琱生簋的一组两件器物。因为两件青铜簋上的铭文有五年和六年的纪年之分，也便有了"五年琱生簋"和"六年琱生簋"的区别。遗憾的是，前者早已流落国外，被美国的耶鲁大学博物馆收藏，后者历尽坎坷，为爱国人士张少铭先生收藏，新中国成立后，他毅然捐献中国历史博物馆（即今中国国家博物馆）收藏。

早些年去国家博物馆参观，有幸看到六年琱生簋，知道这件器物通高22.2 厘米，口径 21.9 厘米。器口侈，内腹较浅，腹壁上部偏直，两边饰有凤首形环耳，而凤首高出口沿，耳下有较长的垂珥。可惜的是，收藏在美国的五年琱生簋完好无损，而留在国内的六年琱生簋在劫难中被打残了环耳下的垂珥。

两件器物均有很长的铭文，五年琱生簋上记有文字 104 个，六年琱生簋上记有文字 103 个。经过专家学者反复解读研究，发现两件器物上的铭文实为一篇文字，五年琱生簋的铭文为上篇，六年琱生簋的铭文为下篇，记述了西周晚期的一场土地争讼。

这起争田致讼的记载，是现在所知最早的一次事件。其时，作为贵族的琱生因擅自扩大所封的土地，受到周王室管理土地机构的侦讯，琱生是亏了理的，但他不想输了官司，就去求助于同宗的召伯虎，并用璋、圭、璧等玉器，以及帛束等行贿，召伯虎因此而偏袒于他。打了一年的官司到此有了结果，输了理的琱生赢了官司，喜出望外的他，还请了铸铜工匠，给他铸造了两件铜簋以示纪念，并且不知廉耻地把他行贿的底细，一字一字铸在器身上，永结后世。

我们现在阅读琱生簋的文字，除了觉得可笑之外，大概还是可笑了。这该是周朝贵族的真实写照，在他们眼里，行贿受贿，徇私枉法，原来是那样的稀松平常，拿人钱财，为人消灾，如此丑事，却也不以为丑，反以为荣地铸刻在青铜器上，炫耀于世。这让今天的我，都要为他们而脸红了。

当时的情况是，厉王的儿子静躲在召公的家里，国民听说后，包围了召公家。召公出面给国民说，以前我多次劝谏厉王，厉王不听，所以招致这场灾难。如今杀了王太子，君王会认为是我发泄愤恨。事奉国君的人，既身处危境也不应仇视和怨恨君主，即使受到责备也不应愤怒，更何况是事奉天子呢！国民暴动正在火头上，大家一时还不能接受召公的劝导，万般无奈时，召公就用自己的儿子代替王太子，而使王太子逃过一命。

此后，召公携同周公共同管理周室政务，直到共和十四年，周厉王死在逃难的彘地，而太子静也在召公家长大成人，召公就与周公一起拥立静为周王，史称周宣王。

召公虎呀！你这个危难时机敢于承担，也能承担的大君子，为什么在血亲宗室面前是那样的糊涂，这不是给自己生命抹黑吗？我想不明白，一个连亲生儿子的命都不惜的人，却为什么不能抗拒琱生财贿的腐蚀呢？

我想不明白，就只有为这位远古的君子慨叹了。自然地，我也更不想纠缠在琱生簋的铭文中，而忽视这次出土青铜器的研究，看看可有新的发现和认识。

正像聚集在扶风县的专家们一样，大家在对那些青铜器作了必要的、程序化鉴定后，最后都把注意力放在了那件铸刻了长篇铭文的炊器上。

与琱生簋不同的是器物的名称和纹饰，如果能对最新出土的这件器物作出公认的命名，我的这篇文章也会是一个新的题目，现在的这个题目实在是一个无可奈何的选择。

我们知道，琱生簋的器型和纹饰铸造是很繁复的，而这两件炊器的纹饰却是简单的，琱生簋的腹部以下有很高的圈足，下部圆收，底部近平。粗壮的圈足把主体托起，使其更显庄重大方。簋的腹部和圈足上，都有浓重的饕餮纹饰，线条之粗犷，图案之明丽，是要让人叹为观止的。在其绵延相连的饕餮纹里，偏又凸置了一篇扉棱，由口沿直抵足缘。这样的饕餮纹在所见识过的青铜上是独特的，变得抽象而清新，失却了原来的狰狞和神秘。但这并不影响器物铭文的联系，几乎写实的记录，都是发生在那个时候的一场土地之争。

琱生簋的铭文，为五年器的那一件是这样记述的："惟五年正月乙丑，琱生有事，召来合事。余献妇氏以壶。告曰：以君氏令曰，余老，止公仆庸土田多刺，式伯纵许。公宕其三，汝宕其贰；公宕其贰，汝则宕其一。余惠于君氏大璋，报妇氏帛束、璜。召伯虎曰：余既讯，我考我母令，余弗敢乱。余或至我考我母令。琱生觐圭。"为六年器的那一件接着记述："惟王六年四月甲子，王在莽，召伯虎告曰：余告庆。曰：公厥禀见，用狱刺为伯，有祇有成，亦我考幽白幽姜全。余告庆，余以邑讯有同。有司曰：余典勿敢封。今余既讯，有司曰：命，今余既一名典，献白氏，则报璧。琱生奉扬联宗君其体。用作联烈祖召公尝簋。其万年子孙宝用，享于宗。"

像琱生簋一样，两件炊器的铭文记述是相同的："惟五年九月，初吉，召姜以琱生织五寻壶两，以君氏命曰：余老，止我仆庸土田多刺，弋许，勿变散亡，余宕其叁，汝宕其贰。其皇公弟，乃余惠大璋报答妇氏帛束璜一，有司及□两犀。琱生对扬联宗君体，用作召公□用祈通录得纯灵终，子孙宝用，止享。其有敢乱兹命，曰汝使召□公则明殛。"（注：□里为一未知字，争议非常大，因为这个字就是这件炊器的命名关键字。）

周室贵族之间的这场土地争讼，铸造了这么多的青铜重器铭文以述，这是耐人寻味的。

《华商报》在第一时间作出的解读是"西周贵族行贿之事刻上青铜器"。他们也是找了专家的，想来那些专家的金文底是不错的，因此我相信了他们的解读，说是在西周厉王五年（公元前873年），一个叫琱生的贵族，大量开垦私田及超制收养奴仆，多次被人检举告发。因为那个时候，严禁开发不用纳税的私田，也不允许多使奴仆，琱生的行为是知法违法，按律当究。正月的一天，有司再次前往琱生的庄园调查。看到朝廷要动真格的，琱生害怕了，他便想到贿赂有司官员。其时主持调查的有司官员为召伯虎，琱生不敢直接贿赂他，转而找到召伯虎的母亲，送了她一件珍贵的青铜壶，希望她能给在朝廷做大官的丈夫，向他们的儿子召伯虎说情，网开一面，给他一个出路。为了保证事情办成，召伯虎听从了父母的请托，答应了琱生的要求，放了他一马。为表达他的感激之情，琱生在事过之后，也给召伯虎送去了一些朝觐用的玉质礼器。

行贿受贿的事情，在他们贵族之间做得这么明目张胆，这么的理直气壮，让人就只有瞠目结舌了。

纵观一个国家的政治文明发展过程，在贵族和权势的面前，行贿受贿这样的腐败问题，就从来没有消停过。为此，都曾制定过严厉的法律制度，杀头夺命，抄家没籍，多么残酷的刑律和制裁措施都用上了，可就是砍不断行贿受贿的脏手。好像在威严的法堂之上，这样的丑事表现得更充分一些，正如民间的一句顺口溜说的那样：天下衙门朝南开，有理没钱甭进来。

看来是，官司都是用钱来打的！

珊生簋上的铭文和这次出土的两件炊器上的铭文，为民间的这一说法，提供了一个历史的证明。从这个意义上讲，我们是该感谢这位不知羞耻的周室贵族珊生了。但我说不出那样的感谢话，因为从有文字记载以来，从他开始的这种丑恶行状，发展到今天，不仅不见削弱，反而有愈演愈烈之势。

话题回到珊生簋和扶风县最新出土的两件炊器铭文上来，分明是一起贵族之间行贿受贿，从而导致有司执行官召伯虎贪赃枉法的记录，却在专家的解读下，成了一个"谦让化解干戈"的君子游戏。对此，我一个古文献研究的门外汉，是不敢向专家挑战的，我也许还应该承认他们权威，尊重他们的判断。但我还有疑问，堵在心头，如铅块一般沉重，全然不能化解，我挡不住自己，想要求教威严的专家，铭文中记录的珊生，是否违制私垦了田地？不可否认，他绝对地私垦了田地，而且还不是一点点，而是大量的，这该是他的违法事实了。召伯虎作为有司官员前来查处，他的母亲，他的父亲，在他查案时收受了珊生的铜壶、帛束、大璋，他自己事后也收到了珊生贡献的玉圭。既如此，还能指望他公平公正地查处案件吗？

有司召伯虎在这里和了一堆稀泥。

好个一堆稀泥！我不敢说这就是我们国家司法制度的写照，但这样一种现象总是存在的。就像专家在解读珊生簋和出土炊器铭文的另一种说法一样，"在三千年前的奴隶社会，王室间的馈赠送礼是一种惯常的礼节。"啊哈！多么精辟的说法呀，如果不是纠缠在一起土地违法案件，这样的送礼应该是没有问题的，珊生给召伯虎和他的父母可以送礼，召伯虎和他的父母也可以给琱生送礼。可悲可叹的是，铭文记录的都只是琱生给召伯虎和他父母"送礼"了，因为他身陷大量私垦田地的官司里，这样的"送礼"时机是值得怀疑的，动机也是值得怀疑的。要我干脆点儿说，这样的"送礼"就是行贿，这样的"收礼"就是受贿。

但愿我的疑问永远是个疑问，不致影响我们业已走上正途的法治建设，变得温情脉脉，从而失去法律的尊严。

利簋：文明战胜暴虐的见证

想念一种草，一种摇曳在历史深处的叫作蓍草的草。我在《新华词典》找到了它的影子，把它俗称为锯齿草。茎直立，花白色。全草供药用，可治毒蛇咬伤，也可制香料。古人用它的茎占卦。

神秘的蓍草啊！那个最初用它占卦的古人是谁呢？不用问，学过一点中国远古史的人都该知道，他就是德昭天下的周文王了。史书记载，早在商代末期，身为国君的殷纣王，荒淫残暴，上下怨恨，而他还不自知。其时，为商之诸侯国的西周，在国君姬昌（他死后被儿子追封为文王）的谋划下，有计划地发展生产，以节制租税，使劳动者得到一定的休养生息，从而引起中原一带靠近西部的奴隶不断向西周逃亡。多疑的纣王对此大为不满。恰在其时，纣王迎娶了九侯的女儿，这位美貌的女子刚烈有节，对纣王的淫邪行为极不适应，惹得纣王大怒，抽刀刺穿了九侯女儿的心脏。既如此，还不能解纣王的怒气，转而又杀了九侯，接着又杀了与九侯通好的鄂侯。与九侯、鄂侯同为商朝三公的西伯侯姬昌，叹息声咽，以致失措。但他不知道，早有纣王安排在他身边的一个叫崇侯虎的人，向纣王添油加醋地密告了一番，引起了纣王更大的不满，把他抓起来，囚禁于商都郊野的羑里。

无所事事的西伯侯姬昌，便是在这里折蓍草而推演《周易》的。

伏羲的先天八卦，在姬昌的推演下，改造成后天八卦，以此为基础，他又发愤推演，最终完成了六十四卦和三百八十四爻的大格局，进而为每一卦、每一爻都写下了精彩绝世的卦辞和爻辞。

我们知道，西伯侯姬昌在羑里被囚禁了8年，对《周易》每一卦、每一爻的推演，都是和着忧愤和痛伤而实现的。在此期间，殷纣王以种种野蛮手段，对他施行侮辱和折磨，更为残暴的是，竟把前来探视他的长子杀死，熬成肉羹，逼他吞而食之。幸亏有热爱的族人，给纣王送了许多美女和珠宝，才使忍辱负重的姬昌逃离虎口，回到周原的故国。

2005年的大暑时节，我怀揣满腹的崇敬，驱车来到安阳的羑里古城，西伯侯姬昌当年的"演易台"还在，只是后人在那个1米多高的砖台基上，建起了一座歇山式楼宇，并且塑了一尊加冕为文王的金身，端坐其中，一双深邃的眼睛，平静地审视着世间的万物，仿佛仍在解析他的迷离卦爻。

演易台前的蓍草，在蒸腾的暑气里长得生机勃勃。并有点点白色的碎花，开在繁茂的枝叶间。我很想折一枝在手，像我敬仰的西伯侯姬昌一样，在他演易的高台上，也做几个卦爻的推演，但我伸向蓍草的手又缩了回来，我不能折蓍草，一根都不能……眼前一片蓍草园，仅有矮得几乎不见的竹篱相隔，却不见一枝一叶被折。我想，游人如织的羑里城，来到演易台前的人，像我一样有折蓍冲动的人绝不会少，但都像我一样没敢折，生在这里的蓍草，该是圣物一般，只能受到我们的爱护，而不应该被我们所折断。

演易台前的蓍草，那是生给西伯侯姬昌的，从那个时候生起，一直生到今天，还将一直生下去，与西伯侯姬昌和他推演的周易一起，永远光耀神州。

蓍草成了一个伟大的记忆，它记忆了西伯侯姬昌的智慧，也记忆了殷纣王的毁灭。而这样的记忆，就铭刻一个出土在临潼县的被专家命名为利簋的青铜器上。

1976年3月，临潼县零口乡西段村和南罗村的农民，在他们两个村庄交易的地方开展春季农田基建劳动，偶然地发现了一处西周文化遗址，在专业考古进行深入调查时，又意外地发现了一个西周时期的青铜器窖藏，出土了如鼎、簋、尊、盂、盘、钟等珍贵文物达160余件，其中就有名闻天下的利簋。利簋还有一个命名，曰：武王伐纣簋。这是专家根据器物上的铭文来说的。现藏在中国国家博物馆的利簋，在我去那里参观时未能看到，但我获得了一份资料，知道这件大有名堂的青铜器，腹深若瓮，高28厘米，口径22厘米，圈足下有方座，双兽首衔鸟头状耳，并附有纹饰简约的垂珥。器之腹及方座表面，灌注了颇为夸张的兽面纹，圈足上的云雷纹，托起数条腾空辗转的龙纹，显得利簋的无限神秘与尊贵，而方座上的几只蝉纹与四角上的夔纹交相映衬，又平添了许多日常生活的趣味。

我所获得的资料，便是这样一张利簋的照片，以及一页利簋铭文的拓片。利簋的铭文刻在深幽的腹腔底上，整齐划一地排列成4行，我数了一下，统共32个字。青铜铭文素有字字如金的说法，而利簋上的铭文，表现得则是尤其珍贵，为我国夏商周断代工程的顺利实施，发挥了不可取代的作用。

众所周知，古代中国，与古代埃及、古代印度、古代巴比伦一起，公认为世界四大古老文明。然而，有信史记载证明的中华民族历史纪年，只能追溯到公元前841年的共和元年。但同时又有考古实物证明，中华民族的历史纪年要远远超过那个时限。利簋的铭文，为模糊的历史传说，作了清晰的分野。

我们把利簋的铭文译为现在的汉语来看，知道周武王征伐商纣王，当在甲子岁那年天多星的早晨，一举攻入朝歌，灭亡了商政。辛未那天，武王在阑地赏赐青铜给有司利，让他铸造一件祭祀祖先檀公的宝器。

有司为周朝时的官职名称，利为人名。这位受到周武王赏赐的利，绝对没有想到，他在当时铸器时撰写的铭文，传之后世，为后世研究远古断代史所起的作用有多么巨大，它以青铜宝器的特殊形式，从一个侧面，有力地佐证了《尚书·牧誓》《逸周书·世俘》及《史记·殷本纪》等古代文献关于武王克商的准确时日。我在书房的灯下，端详着利簋的摄影图片，辨识着铭文的宣纸拓片，把那个铸造了利簋的有司大人，想像得如他铸造的利簋一样宝爱，利簋让一个化为历史尘埃的有司大人，再次鲜活在后世儿孙的眼前了。

凝神静气地端详着利簋的摄影照片，却突然在我的眼前幻化出一场血腥的战争。

这是一场著名的战役，就在公元前1046年时发生在河南省的新乡。交战的双方，一为以周武王为代表的新兴势力，一为以殷纣王为首的商朝军队。后来的文献在描述这场战争时，形容其惨烈程度，用了一个"血流漂杵"的词。此外还有文献作完全相反的记载，这场战争是"兵不血刃"的，以周武王为代表的正义之师不费吹灰之力，就轻松地战胜了殷纣王。战争的状况究竟如何，惨烈还是轻松，到今日历史地来看，似乎都不重要了。重要的在于暴虐的纣王兵败后，逃回他的老巢朝歌，登上他平日歌舞作乐的鹿台，换穿上饰有珍珠宝玉的华服，纵火自焚而死。

这场战役，就是耳熟能详的牧野之战。

利簋又一个很大的贡献，就是有它在，让我们总能牢记那场战争，知道正义之师必然战胜邪恶，战胜寡义。

阅读过《封神演义》的人应该清楚，历经600年历史的商朝统治日益走向衰弱。帝乙去世后，他的儿子辛立，是为帝辛，也就是我们所说的纣王，至此而始，商朝的无道统治达到了极点。对此，司马迁在他的《史记》里作了充分的记述。

自然，作为史圣的司马迁没有完全否定殷纣王，在殷本纪第三之殷纣王的那段文字里，一开头还夸"帝纣资辨捷疾，闻见甚敏。材力过人，可格猛兽。知足以距谏，言足以饰非"。这些话是什么意思呢？翻译成现在的话就是说，帝纣天资聪颖，反应敏锐，能说会道，口才过人，且膂力奇强，能徒手与虎豹搏斗。但他把自己的聪明才干用不到地方上，只是一味地以他的智慧拒绝他人的劝谏，以他的口才粉饰自己的过失。如果仅此而已，还不足以酿成大祸，他还特别地（以下为《史记·殷本纪》语）喜欢饮酒淫乐，宠幸妇人。尤其宠爱的一个妃子为妲己，妲己说什么他就听什么。于是让师涓创作淫荡的音乐，还有鄙俗的北里之舞，整日沉迷在淫声艳舞之中。为了满足他的享乐需要，大量增加劳苦百姓的赋税和租粮。

总而言之，聪明的殷纣王干起坏事来，也是非常过人的。

此后，他还从全国各地搜刮来许多狗马珍玩，充塞于宫廷之中。同时又扩建沙丘楼台，捕捉了大量的野兽飞鸟放在里面。这时的殷纣王对鬼神也都轻慢无礼的了，由明到黑，钻在沙丘里戏游玩乐，以酒为池，挂肉成林，让一大帮少年男女赤裸着身体在其中追逐嬉戏，通宵达旦地狂饮滥喝，弄得天下百姓怨声载道。似这般还觉不够，又命人作"炮烙之刑"，也就是横空架起一根铜柱，抹上油渍，在下面架起炭火，烧得火烫时，强迫他所认为的犯人赤脚从上面行走。往往是行走之人走不了几步，或是忍受不了铜柱的火烫，或是被铜柱上的油渍滑倒，跌入铜柱下的火坑里活活烧死，而纣王和妲己却以此为乐。

残暴到这样的程度，他身边的大臣比干是看不下去了，深深地为着商朝的江山社稷犯着愁，横下了一颗心，冒死进谏。被触怒的纣王，咬牙切齿地说，"吾闻圣人心有七窍"，说罢，即命手下人等，持利刃挖出比干的心……血淋淋的现实，是谁都要寒心了，正如《诗经·大雅·荡》所记述的那样，整个社会生活"如蜩如螗，如沸如羹。大小近丧，人尚乎由行"，陷入到全面混乱的境况。

这给了周文王一个复仇立国的机会，他在位时，求贤四方，在磻溪访到了钓鱼的吕尚（也就是姜太公），发现他是个人才，便自己躬身拉车，把他接回宫里，与他朝夕相处，认真听取他的意见，君臣同心协力，积极从事伐纣灭商的宏伟大业。他们在政治上，积极修德行善，裕民富国，发展生产，形成了一个"耕者九一，仕者世禄，关市机（稽）而不征，泽梁无禁，罪人不孥"的清明局面，赢得了人们的广泛拥护。

仁慧贤明的周文王审时度势，一边修明内政，一边向商纣王开展积极的外交攻势。他从羑里大狱回到岐山脚下的宫里，所做的头一件事，就是献上洛河两岸的大片土地，请求纣王废除炮烙之刑，纣王高兴地答应了他。为此而获得了诸侯各国的支持和爱戴，最大限度地孤立了商纣王。其时，虞国和芮国因为土地纠纷闹得很别扭，差不多都要兵戎相见时，周文王出面，公平公正地化解了两个诸侯国的矛盾。通过这些措施，周文王瓦解掉了许多商朝的附庸，使他制定的"伐交"政策取得了基础性的胜利。

作为政治家的周文王，在数千年的中国文明史上，始终为人所敬仰，所爱戴。正如《诗经·大雅·文王》篇所刻画的那样：

文王在上，於昭于天。

周虽归邦，其命维康。

……

王国克生，维周之桢。

济济多士，文王以宁。

……

上天之载，无声无臭。

仪刑之王，万邦作孚。

可惜时不假人，就在剪商工作准备得差不多时，文王姬昌却溘然长逝，使得他的壮志历史地落在了儿子武王姬发的身上。

经过全面周密的准备，也就是利簋记载的公元前1046年正月，周武王亲率兵车300乘，虎贲3000人，士卒45000余众，会合了西南的蜀、庸、羌、卢彭、濮等诸侯国，向商纣王盘踞的朝歌大举进发。下旬，周武王率领的军队已进抵孟津，在这里，又与微、髳等方国部落相携手，并且利用商地居民人心归周的有利形势，统率全部兵士以及协同作战的诸侯方国的军队，于月末时分，冒着大雨迅速东进，大约走了6天的路程，到2月初四黎明时抵达牧野。

轰动历史的牧野之战就这样拉开的序幕。

商纣王是在他的沙丘鹿台上宴饮舞乐时听到消息的，而这时的武王已经打到他们的城门口了。便是这个时候，淫逸残暴的纣王还没有意识到这将是他的末日。他传令迎战时，才知道手下没有可用的人了。无奈之下，他只好自己上阵，临时把朝歌的奴隶武装起来，连同守卫国都的商军共约17万人（也有史称70万），开赴牧野迎战周师。

武王那时已经布阵完毕，正在进行庄严的誓师动员。

我们知道，不论是远古的战争，还是现代的战争，不论是一场大的决战，还是一场小的冲突，战争的双方都要进行誓师仪式，特别是手握正义的一方，周武王要打赢这场战争，有必要在战斗爆发前来一场动员。他站在军阵前，以其洪亮如钟的声音，历数纣王的罪行，说他"听信宠姬谗言，不祭祀祖宗；招诱四方的罪人和逃亡的奴隶，暴虐地残害百姓"，等等。誓师后，武王即下令向商朝军队发起攻击。商军中的奴隶一定听到了武王的誓师动员，临阵不是冲锋陷阵，而是纷纷起义，掉转戈矛，帮助武王的军队作战。成语"反戈一击"就来源于这次战争。

现在想来，不仅纣王的军士奴隶听到了武王铿锵有力的讨伐声，纣王自已也听到了。数倍于周师的商朝军队，经不起一个日头的搏杀，到天黑时已土崩瓦解，纣王自己也感大势去矣，趁黑逃回朝歌，自尽在他精心设计建筑的享乐之地鹿台。

这就是战争史上有名的牧野之战了。《诗经·大雅·大明》描述这场战争时，用了区区三十二个字，然每一字、每一句，都形象生动地表现了战争场景的宏大与壮阔。诗如下：

牧野洋洋，檀车煌煌，驷骠彭彭。维师尚父，时维鹰扬。凉彼武王，肆伐大商，会朝清明。

是啊，牧野之战的意义是重大的，它完成了新兴的周室王朝对没落的殷商王朝的致命一击。史籍有记，战争结束后的第七日，周武王举行隆重的庆功活动，他奖励了作战有功的人员，有司利是受奖赏中的一员。幸甚有哉，正是有司利把他的奖赏化成铜汁，铸造了这件永久纪念的利簋，使得我们后来的人，对于发生在3000年前的那场战争有了一个清晰的认识。

我感激有司利，是他铸造了利簋；我还感激临潼县零口乡西段村和南罗村的农民，是他们重新挖掘和发现了利簋。在冬日一场薄雪初霁的早晨，作为临潼区（近年新改）的经济文化发展顾问，我到他们区上参加一个新年新打算的发展战略研讨会，绕道去了一趟利簋的出土地，那里的一片台地，经过那次的整修，已变得地平如镜，绿汪汪的麦苗儿棉毯一样铺在地上，我问往地里运送农家肥的几个农民，他们摇着头，竟然不知这里曾有青铜器出土。好在被称为"东霸天"的赵君康民健在，与西府罗西章齐名的他，在临潼区的文博部门工作了一辈子，现在退休在家，享受着含饴弄孙的幸福生活。从与渭南接壤的零口乡田野走访回来，我请了临潼一位朋友，他与赵君康民是熟悉，一起登门拜谒赵康民，而他果然没有使我失望，极尽详细地给我讲述了利簋出土时的情况，说是他们专业考古队到达西段村和南罗村土地平整现场时，包括利簋在内的一窖青铜器，已经由西段村的人用架子车拉回到生产队的库房，悬空搁在库房的土坯楼上。

　　赵康民感动农民兄弟的纯洁厚朴，言说没有他们的精心保护，利簋就有可能砸碎卖了废铜。

班簋：隐身在杂铜里的宝贝

那一年，我还在扶风县文化馆工作，给工作成绩突出的罗西章评了先进，向上级要报一个典型材料。罗西章是不屑于给自己写这东西的，馆里的领导找到我，让我代为草拟。因为我对罗西章的敬重，领导咋说我咋做，满碟子满碗地应承了下来。我想我是有思想准备的，可到我拿来一堆零散的材料看下去，还是让我的心灵得到了一次很大的震动。

罗西章是太优秀了。据不完全统计，从 1969 年至 1982 年，13 年的时间，他从扶风县的几家废品收购站拣回来的珍宝就有 600 余件。怕我的记忆不准确，我掰开新修的《扶风县文物志》核对了一下，发现这 600 余件文物还不包括各种古钱币，把那个数字加起来，就该是数千累万了。

在废品堆里搜拣文物的窍门，是省文管会的雒忠儒师傅教给罗西章的。1969 年的秋后，雒师傅来扶风进行文物调查，作为文化馆分管文物的干部，罗西章少不得要与雒师傅接触。那时的他，对文物虽然爱得心疼，却也是仅知一些皮毛。看到这种情况，雒师傅便有意培养他，抓住一切可能的时间，给他讲解文物知识。也是罗西章的悟性好，雒师傅一句建议：有空多到废品收购站跑跑，那里铜钱很多，样品也不少，你见有不同品样的钱，多拣些回来。这就把罗西章的注意力和双脚，与遍布扶风县境的废品收购站联系了起来。还别说，他到废品收购站去搜拣，不到半年的时间，就把清代钱币中同、福、临、东、江、宣、原、苏、蓟、昌、宁、河、南、广、浙、台、桂、陕、云、章、工、户等背文不同的清代钱币都找齐了。除此而外，他还找到了一些过去从未见过，也从未听过的古钱币，像"共"字圜钱，"重一两十二铢"等。有时还能拣到汉、唐时铜镜一类的东西。

"那时的废品站，古钱币真是太多了！"前不久拜访罗西章，与他说起当年事，他不无感慨地说了这样一句话。

自然了，罗西章是不会妄说的。他送了我一本自撰的《周原寻宝记》的书，其中就记述这样一件事。在20世纪70年代初的一个暑天，他去绛帐火车站的农副公司废品收购站，负责人李志启告诉他，收购站最近收了一批铜钱，大约有两吨多重，分装在10多条麻袋中。罗西章说，能不能让我看看？李志启说，那还有啥问题。说着打开了仓库门，让罗西章在里边翻拣。10麻袋的铜钱，罗西章早饭起一直拣到下午4时多，不仅从那数不清的铜钱里找到了一枚弥足珍贵的"太平天国"小平钱，还意外地找到了一枚更加罕见的"库车拉丁汗钱"，钱币上的文字为察合台文。这枚钱币昭示了一段血腥的故事，那就是1864年（同治三年）6月，一个叫拉锡丁的人，趁着库车农民起义的便利，在偏远新疆一隅的库车建立了一个地方小朝廷。是这样用许多人生命建筑起来的小朝廷哪儿能够坐得安稳，三年不到，就又被另一支外来的侵略者阿古柏所杀。这枚麻钱就是拉锡丁在他执掌政权时铸造的。

在废品收购站的收获，极大地调动了罗西章的兴趣，如果日子多了不去脏臭杂乱的废品收购站，他会像抽烟上瘾的人一样，失魂落魄，坐卧不安。为此，他与县境内废品收购站的许多人都成了朋友，他们那里有什么古物，都乐意拣出来，等罗西章来鉴别。

毫无疑问，建在陇海铁路线上的绛帐废品收购站是扶风县最大的一个，其他废品收购站的物品最终都要汇集到这里来，再发送走。李志启当着绛帐废品收购站的领导，罗西章与他打了几次交道，使他也初识了一些文物知识。1970 年 12 月的一天，罗西章从西安出差回来路过绛帐，顺道去了废品收购站，在院子碰上李志启，李即高兴地告诉他：近些日子我给你拣了不少宝物，你要不要看？罗西章听后那个高兴，一串子笑声从他的嘴里便滚了出来。罗西章能怎么说呢，连着道了几声谢，便拉了李志启的手向仓库去了。李志启刚一打开库房门，罗西章就看见立在墙边的一个大架板上，排列整齐地放了许多宝物，有西周的铜鼎、铜戈、铜车马器，还有汉代的铜炉、铜锅和明代的宣德炉等，罗西章数了一下，竟达 31 件之多！其中仅汉代到唐代的铜镜就有 18 面之多，而且面面花纹精美，铭文清晰，使人观之，爱不释手。

古遗址集中的地区废品收购站，更是发现古文物最多的地方。像地处周原遗址中心的法门寺及周原遗址上的召公、城关等，罗西章自然也是那里的常客。在这些地方的废品收购站里，被罗西章拣回的商周铜器中，为礼器的有鼎、簋、瓶、爵、觯、盘等；为兵器有戈、矛、戟、戚、殳等；为车马器的有銮、铃、衔、橛、镝、当卢、节约等；为生产工具的有锛、斧、凿、削、刀、钻等，应有尽有，不一而足。其中起于周朝，终于清朝的铜镜一项，就有 300 面之多，办一个颇具规模的铜镜展览馆是有余的了。

前些日子，我回了扶风县一趟，去博物馆又一次看了那些从废品堆里拣回来的宝物，心里是有些感慨的，觉得这许多宝物是幸运的，它们遇到了一个痴心不移的罗西章。我把这句话在拜访罗西章时说给了他听，罗西章却不以为然，咧着大嘴一乐，言说幸运的是他，是他遇上了那些宝物。

最为惊险、也最具戏剧性的是被罗西章幸运地从废品堆里遇上的几件汉代的青铜器。1977 年冬季的一天，罗西章去地处渭河北岸的扶风县揉谷乡石家村调查了解文物保护情况。当他刚一到达村口就有村民给他反映，二队有人在村西北的土壕里挖出了文物，有陶器，有铜器，听说把铜器已经卖给大队废品收购站了。得到这一消息，罗西章不敢怠慢，骑着自行车立即跑到废品站去问，获得的讯息是，三天前已转卖到公社废品站了。还好有一些烂铜没拉走，就搁在柜台下的一个木箱里，废品站的工作人员让他看，把他看得喜出望外，木箱里竟放着一件完整而精美的汉代铜甗，此外还有一件汉代的博山炉底盘。不用多问，罗西章知道被转卖到公社废品站的废品里还有好东西。他给这里的工作人员交代了几句保存铜甗和博山炉底盘的话，走出门来，骑上自行车就又去了公社废品站。

在公社废品站，罗西章张嘴一问，心就凉了半截。原因是那批废物前天下午又转卖到绛帐车站的县废品收购站了。

顾不上喝一口水，罗西章骑着自行车又去了绛帐的废品站。那里他的熟人多，特别是负责人李志启，在他的影响下也极重视文物保护。但这一次却是个例外，他们连废品包都没打开，又都转移给段家公社的农机站了。这让罗西章的心又凉了一大截，特别在他听说段家公社农机站要用那些废铜铸造什么物件时，屁股在大家给他搬来的凳子上沾都没沾，跳起来骑上自行车就又往段家农机站跑。

去段家农机站要爬一面三里长的大坡，自行车骑不动，罗西章就推着跑，跑得他头顶上的汗水化成雾气，像是一个移动的蒸锅一样，惹得路人直朝他看。便是这样，到他赶到段家农机站时已到了下午4时多。顾不上与农机站的领导沟通，罗西章直奔后院的化铜炉。大老远地，罗西章就看见了熊熊燃烧的炉火，旁边有个工人，抡起铁锤正向一件汉代高柱铜檠砸下。罗西章急忙大喊：别砸！却也没阻止铁锤的落下，檠盏和檠柱在铁锤下发出一声沉闷的呻吟，当下断为两截。罗西章向工人说明来意，并让他叫来农机站的领导，当场在他们买来的几麻袋废铜里翻找，不仅找到那个与底盘已经分家了的博山炉，而且还又找到了一件完好的汉代蒜头铜壶和一面汉代瑞兽铜镜。

把这些宝物带回到县博物馆，罗西章一件一件仔细观察研究，深感自己的幸运，又一次挽救了这么多文物。当他把注意全部集中到那件十分难得的博山炉上时，顿觉他自己仿佛有置身高峰陡立，云蒸霞蔚的仙山神境之感。罗西章用眼睛小心地触摸着博山炉，突然发现炉盖上少了一件东西。是个什么东西呢？应该是个小钮吧。他再仔细看，这就看见了盖顶的一个小孔，那可就是装置小钮的孔洞了。从茬口上看，出土时那个小钮一定还在。于是，第二个日头里，罗西章再去石家村访探，找到挖出这批文物的那位农民，他稍加回忆，就说博山炉的顶盖有件小鸟，很好看，很漂亮，他的孩子很喜欢，他就掐了下来，给了孩子玩。不幸的是，找到孩子一问，当下把孩子吓哭了，哭得哇哇的怎么也说不出在哪里。好在孩子的母亲从田里干活回来，说她前两日还在炕上见来着。于是又翻被子又揭毡，翻箱倒柜地一番找寻，最后在炕席背后的麦草垫子上找见了。罗西章那个喜呀，接过小铜鸟就贴在嘴巴上亲了一口。

这只铜鸟钮的造型太生动了，展翅、昂首、张口欲鸣，拿回到县上的博物馆，把鸟爪下的榫子插入博山炉盖上的小孔，不偏不倚正合窍，也更增加了博山炉的神韵。

那时候的废品站里，有着太多的宝贝，太多的惊喜。扶风博物馆的罗西章只是全国从废品堆里拣宝贝和惊喜的一个人，像他这样的人肯定还会有，而且一定不会是小群体。我的手头收集了一份班簋的资料，就是一个叫呼玉衡的人和他的徒弟华以武从北京市物资回收公司的废铜仓库里拣出来的。

首都北京，自元朝以降，即为中国的政治经济文化中心，其深厚的文化积淀，使这座城市遍地为宝。特别是有清一朝，皇家宫苑里，不无嗜好文物古玩的君臣，使得搜古求宝以供己玩的风气达到了登峰造极的程度。数百年来，紫禁城收藏了数不尽的国家珍玩。然而，伴随着封建社会制度的衰落，以及西方列强的欺凌，许多宫廷旧藏，或遭敌寇劫掠，去了国外，或被宫人偷窃流入民间。到新中国建立后，北京城内的古物市场火爆了好一阵子，来这里淘宝的人络绎不绝。时光流转，忽然到了 20 世纪的 60 年代中叶，一场大破"四旧"的狂风刮起，原来视为珍玩宝贝的物件，突然变得粪土一般，甚至比粪土还不如，放在手里还怕惹出事来，就都偷偷地砸烂，当作废铜烂铁卖掉，换几个糖豆儿给孩子吃。

受过良好教育的呼玉衡，早就注意到这一非常现象。1972 年秋的一天，他如往常一样，带着他的徒弟华以武，来到北京市物资回收公司，在堆得小山一般的废铜堆里搜拣文物。他们仔细地注视着每一个有价值的线索，过去的日子，他们已经获得许多意想不到的发现，今天还会让他们喜出望外吗？

期待的心在师徒二人的胸腔里跳动着。但他们哪里想得到，正有一个惊天的发现，就在眼前的这堆废铜里隐现着。

一块一块的废铜，被师徒捡起来扔到身后，突然地，一块带有特殊纹样的铜片翻到了他们的手里。师徒二人敏锐地感觉到这是个难得一遇的机会，便仔细地将其拣选出来，擦去上面的泥垢，再看时，两双警觉的眼神被拉直了：青铜铭文！深厚的专业知识告诉他们，这应该是一件西周时期的重器了。兴奋之情教他们难以言表，立即发动废品回收公司的职工，大家一起上手，搜寻这件器物的剩余残片。功夫不负有心人，翻遍了堆积如山的废铜堆后，把这件西周重器的相关残片基本收集到了一起。现场拼接，却又让呼玉衡、华以武师徒产生了莫大的遗憾；虽然器物腹底的铭文保留得比较完整，而其他部位都遭到程度不同的损毁，尤其是器物的四足，损毁得很难收拾到一起。

便是这样，师徒二人也是该大呼庆幸的。

因为在他们这一文物拣选小组里，还有一位著名的青铜器鉴定专家程长新先生。经他初步鉴定和考证，得出的结论让所有在场的人都大喜过望。你知道这是为了什么？是因为这件器物便是 70 年前从清宫流失了的班簋。

班簋是周穆王时期的一件青铜器。做器人的名字叫班，是铭文中提到的

"毛伯"的后辈，因而为金文研究者称为毛班。毛班之名，在《穆天子传》中多次现身，可知他是周穆王时很受器重的一位军事统帅。班簋上的铭文，有一些文字就是记述其赫赫战功的。

班簋的出土地点和时间已经无据可考，仅从铭文上的人物和事件来看，大约不出周原左近，原因是后来出土的一些青铜器可以佐证，毛公（也可称毛伯）的封地原就在这里，他的后辈铸造了这件重器，所刻铭文，也许只有一条理由，在记述自己因功受到周天子册封和赏赐的喜悦时，亦不忘追述先祖生平的辉煌成就，他是要让毛氏家族永享这份尊荣的，他不把此器置放在自家封地上，还会放到别的地方吗？

不论怎么说，班簋在黄土里埋了许多年后又出土了，而且成为了清朝皇室的收藏，这应该算是班簋的运程，它是不会被埋灭的。清之嘉庆年间，大学问家严可均编撰了一部《全上古三代秦汉三国六朝文》的书，其中就对班簋的铭文作了详尽的记录。特别是自称"十全老人"的乾隆皇帝，自从得到班簋后，就将其藏在内务府，视为不可多见的爱物。及至《西清古鉴》成书，其第三卷中，专目收录了班簋的图型和铭文。便是新中国郭沫若先生编著《西周金文辞大系》一书，也不忘收录班簋的铭文。但先生仅只是一种转抄而已，却未能见到班簋的真面目。

那么，班簋是怎么流失到民间的呢？想来那样一件重器，绝不是哪个宫廷内贼可以偷出来的。既然没有这样的可能，就只能相信这样一个传言，1900年八国联军侵战北京，兵荒马乱，到处都是劫掠的大鼻子，深藏内务府的班簋亦不能幸免，而为人盗运出宫，从此不知所终。

班簋的失而复得，让一生酷爱金文器物的郭沫若先生欣喜不已，为此而著文加以介绍，轰动了整个文博界，使班簋在这一时期声名大涨。

是这样的一件稀世珍宝，何以被砸毁卖了废铜呢？这应该是不难说清的，仅凭今天的猜想可知，自从班簋流出清宫后，肯定没有一日清闲，倒卖复倒卖，大约就进入到一个普通收藏者的手中了。虽然收藏者一直秘不示人，但到了"文化大革命"的年代，收藏者怕了，怕这样一件封建时代的器物给他和家庭带来灾难，故而砸碎卖了废铜。

这样的猜想，我自是没有把握的。然而，我们大家想想，在兵荒马乱、人人自危的境况下，有什么事不会发生呢？别说是一件班簋，就是千件万件班簋一样的珍贵文物又能怎么样？结果是不言而喻的，所能遭遇的，有怎样的乱象，就会有怎样的浩劫。

从废铜堆拣回来的班簋，经过专家的精心修复，现已十分完整地收藏在首都博物馆里，成为该馆一件名震四海的馆藏宝器。我曾去那里参观。隔着透亮的玻璃罩子，目睹了班簋的真容，知道它通高22.5厘米，口径25.7厘米。四耳装饰的兽头呈象首状，首背依靠器壁，下垂着象鼻状的垂珥，底端向内弯曲长垂成足。器身上雕饰着不尽的饕餮纹，古朴而凝重，198个铭文赫然在目，向世人炫耀着它亘古不变的光彩。

何尊：废品堆里的"中国"

"狞厉之美"这个词，想来是最适合描写青铜器上的饕餮纹饰了。要不然，贵为"镇国之宝"的何尊在最初出土时，不会把发现者陈堆和张桂兰夫妇吓得魂不守舍。而且是，它的名字最初也为人叫成了饕餮纹尊。

时在1963年的秋季，刚下过一场大雨，到晚上天放晴了，皎洁的月光照得大地如同白昼一般。那时还很年轻的陈堆，白天吃了些糠菜一类的东西，到半夜闹起了肚子。他从炕上爬起来，到后院蹲茅坑。可他还没蹲利索，就又跑回到屋子，给睡在炕上的婆娘张桂兰说，崖背上有张鬼脸，瞪着眼睛看我，把我差点吓死。说话时，陈堆已经迅速地钻进被窝，贴着婆娘的身子直打战，还不忘催促婆娘烧几张纸钱，把鬼送一送。婆娘张桂兰倒比男人陈堆的胆子大，给他说，世上哪有鬼，别是你看花了眼吧。陈堆依然心惊胆战，给婆娘说，真真切切的是鬼，张着眼睛盯着人看，冒的都是绿光呀！婆娘张桂兰知道，人的病十有八九是被吓出来的，别是男人陈堆中了邪，精神上受了刺激。于是，给男人大讲了一些破除迷信的道理。偏在这时，男人又闹起了肚子，婆娘张桂兰便陪着男人，一起到后院蹲茅坑。陈堆自小学了点医道，家里的境况不好时，就和他的女人张桂兰去了口外的固原讨生活。1963年，固原的情况比老家更差，常常是吃了上顿愁下顿，夫妻俩一商量，就又回到了贾村镇的老家。刚回家时，因为没有地方住，就租了本家隔壁的两间土房安顿下来。他们镇上的庄院，大都是前院后窑的格局，也就是前院里的平地盖房子，后院靠着的断崖上打窑洞。白日的大雨下过后，有窑的崖面垮了一角。陈堆前次看见的那张鬼脸就在这一角垮塌的崖背上。

尽管月光很亮，张桂兰陪着男人陈堆去解手，手里还是端了一盏灯。他们双双到了后院，这一次吓着的不是男人陈堆，而是女人张桂兰，也不管男人的茅坑蹲完了没有，抬头朝院后的崖背上瞄了一眼，果然有双绿森森的鬼眼在月光中明亮着。张桂兰哎哟一声惊叫，把她端在手里的灯盏也差点扔到地上，转过身就往屋里跑。

陈堆自然跟着也跑了出来，钻进了四面露风的土房里，也不知是不是一惊一吓起了作用。是夜，男人陈堆没再闹肚子，夫妇俩关门闭户，守在昏黄的灯头下，一夜没敢眨眼，生怕惹鬼进屋。熬到天亮，陈堆招呼婆娘张桂兰，一起又去了后院，想要看个究竟，可是夜里发着绿光的那双眼睛，晨光里也还冒着白光。

但毕竟是白天了，人的胆子要壮一些。陈堆抄起一把老镢头，朝着崖背上的鬼眼睛处挖去，咚的一声，就掉下一疙瘩铜来，差点砸了陈堆的脚背。

纯朴厚道的夫妇俩，哪里知道他们挖出的是一件价值连城的宝物。他们从后院里把这件后来命名为何尊的珍贵器物，搬到住人的屋子里，看着也没个啥用场，就把手头有的烂套子（棉花）啥的，顺手塞在里边。时间一长，却引起了老鼠的兴趣，在何尊里的烂套子里做了一个窝，下了一群小崽子。

也就是那一窝小老鼠生在何尊的烂套子里时，陈堆又打算上宁夏的固原去了。他和婆娘在老家的日子并不怎么好过，仍然是吃了上顿愁下顿，饿得肚皮贴到了后背上。便是挖出了一个宝贝青铜尊，也不能给他的生活带来转机，倒像是比以前更加困难，逼得婆娘张桂兰要到田地里去挖野菜来充饥。这样就不如去固原了，那里他是有个很好的人缘的，于是吃野菜、啃树皮，动员婆娘张桂兰，就又上了固原。临走时，陈堆把他挖出的那口大铜尊交给了镇上的胞兄陈湖代为保管。

就在陈堆、陈湖兄弟交割大铜尊的时候，这才发现里边的那窝老鼠崽，把困难时期满脸愁绪的兄弟俩惹得好一场笑。

也是陈堆的老哥生活得太难了。到1965年时，一锅饭连点盐味都没有。老哥陈湖想起了老弟陈堆托他代管的大铜尊，觉得还有些分量，就找来一个破麻袋，背在肩上下了贾村原，去了宝鸡市的废品收购站，想要卖给人家当废铜。就这还卖不出去，人家市内的废品站，一定要他除了铜锈才肯收，而他又不同意，这就转到了群众路上的废品站，那里的工作人员好说话，没除铜锈就给了陈湖30元钱。

别小瞧区区30元，到现在简直不算什么，在那时可是个大数目哩，一下子解了陈湖的难，使他们贫危的小家过上了有盐有醋有滋味的日子。

以上就是发现何尊的故事。到宝鸡市青铜器博物馆去参观，讲解员心情好时，总会给你讲一遍。

我就是听了讲解员的故事后，决计要去贾村镇拜访何尊的发现者陈堆夫妇的。我听说，重上固原的陈堆在那里谋了个医生的职业，退休后携同婆娘张桂兰又回了老家。但在朋友吕向阳的接风宴上，他给了我一本他新近出版的《三十六个挖宝人的命运》的书，再听他说陈堆已经下世了，我才打消了要去拜访他的主意。但我仍然放心不下何尊的命运，它被陈堆的老哥陈湖卖到废品站后会有怎样的遭际呢？我想大家和我的想法应该是一致的。

朋友吕向阳在他的书中大概写到了。正如古语说的，踏破铁鞋无觅处，得来全不费工夫。这一次，何尊真正遇到了一个识宝的人。

这个人叫佟太放，在他未发现何尊前，已经卖作废品的何尊，静静地待在废品站里，与不断收购来的废铜搅和在一起，在常人的眼里，一点都看不出它的尊贵来。但它有幸被佟太放发现，这便绽放出一系列意想不到的光彩来。

1965年那个炎热的夏天，头戴"右派"帽子的佟太放除了接受革命群众的批斗外，他几乎是没事可干的。这倒给了他许多机会，逮空儿就到宝鸡市的几处废品站去转悠，看着能否抢救出几件有价值的宝物来。

出身不好的佟太放，早些年上了学，刻意钻研文物考古知识，是陕西文博界少有的一个人才。如果他能夹紧尾巴做事，或许还能获得正常的工作机会，偏他性子太直，对业务上的事一丝不苟，见着糟践文物的事总要发表意见，这就不可避免地在反右斗争中，被划进了敌对阶级的阵营里，从此便没好日子过。但他痴爱文物的心不死，发现农民兄弟因为不明文物的价值，常把一些珍贵的文物当废品卖掉，这让他既痛心又痛肝，不顾自己的身世命运，不断地到废品站里去转悠。何尊就这样进入了他的视野。

记得那日的玉泉废品站，堆积起来的废铜有一人多高。走近废铜堆的佟太放仔细地审视着每一件可能成为文物的东西。忽然，他的眼睛一亮，一件带有特殊纹饰的器物引起了他的注意。凑到近前一看，兴奋得他差点大叫起来。凭他深厚的文博知识和经验，知道眼前的这件青铜器非同一般，其造型凝重雄奇，纹饰严谨而富变化。于是，他决定立即回单位向领导汇报。

佟太放的脚步是轻快的，可当他走进单位的院子，脚步又变得迟疑起来。一往的教训还摆在那里，他给领导汇报人家不听，把他申诉一顿，甚至开个批斗会不是没有过。他该怎么说呢？这么想着时，不由悲从心头起，为着从废品堆里发现的那件青铜器，还为着自己的身世，想想真是一言难尽，感觉他就如被卖到废品站里的文物一样，怎么就不为时势所器重呢？有些年头了，多少旧时王侯将相的宝物，到了无知者的手里，当作废铜烂铁卖掉，再被塞进熔炉里化作铜液铁汁。这么想着，佟太放不敢再往下想，在院子里打着转转，不知道该向哪位领导汇报好。他心里太清楚不过了，在以阶级斗争为纲的时代，由他一个右派汇报发现了国宝，还不把革委会的领导惹得发火，批斗他一顿是轻的，弄不好把那件东西再扔进废品堆也未尝不可。到这时他的眼前甚至出现了幻觉，看见他在废品堆里发现的那件青铜器正由人往火光熊熊的化铜炉里扔。

佟太放听到他的心嘶喊了一声：不！

随之，佟太放的眼睛也闭上了。可就在闭上眼睛的一瞬间，他想起了单位保管部的主任王永光。他的考古知识渊博，经他发现，由他再给单位的领导汇报，事情或许要好得多。

事不宜迟，佟太放这么想着就去了王永光的办公室，拉了他一起再到玉泉废品站，验证了那件器物的真伪，这才回到单位，由王永光将这一情况报告给了馆里的负责人。一听是宝贝，馆里来了不少人，到了废品站，按当时的废铜收购价值 30 元赎了回来。

王永光把这件青铜器拿回馆后，先是放在库房里，仔细地揣摩，觉得不是一般的宝贝，怕被革命分子所毁坏，还去找了市长，要来一笔钱，买了个保险柜，把这件青铜器锁在了里边。他这一锁，就使这件青铜器在保险柜里待了近 10 年，到 1975 年，北京举办新发现贵重文物展览，这件造型独特、画案精美的青铜器被陕西省文博部选中，送到了国家文物馆。至此，这件出土发现已经 13 个年头的青铜器物还没有一个正式的命名。

老天开眼！负责筹备这次展览活动的人是我国著名的青铜器鉴识专家、时任上海市博物馆馆长的马承源先生。

在陕西暂定名为饕餮纹铜尊的这件青铜器，甫一运抵北京，就到了马承源先生的手里。一般情况下，青铜类的器物出土时，因为长期埋在地下，浑身布满了铜锈。所以，要向社会展览时，使其达到较好的效果，就要进行一定的技术处理，而除锈是必不可少的一环。正是马承源先生对这件他见所未见、闻所未闻的青铜器进行铜锈处理时，又使一个惊天的发现展现在了世人的眼前。

我在一份资料上摘录了一段话，就是马承源先生清除这件青铜器锈迹的记述。说是马先生见其内腹底部平坦，当时揣度，肯定会有一篇铭文在那里。于是，他便小心地清除铜锈，细心地观察锈迹下的变化，很快发现了远古铭文笔道的痕迹。作为文物来说，青铜器之所以珍贵，很大成分在于它上面所刻的铭文。铭文的字数越多，记载的资料越丰富，那么这件青铜器的价值就越高。原因是，早期（特别是夏商周三代）历史文献对当时的社会情况虽有一定记载，但与近现代历史记载相比较，还是很不够的，而且还有许多谬误，或语焉不详，弄得人扑朔迷离。要想准确地还原古代历史，就还需找到当时的实据给予佐证。但是历史研究家能够获得的直接材料少之又少，除了一些甲骨文外，最重要、最直接的材料就只有青铜彝器上的金文了。很大程度上，这些留传下来的文字可以起到"证经补史"的重大作用。当然，器物本身的铸造艺术和装饰艺术，也是不容忽视的，也有其弥足珍贵的历史文化价值。

经过细致认真的清理，一篇 12 行共计 122 字的铭文，赫然出现在这件青铜器的腹底上。马承源先生解读铭文，发现铜器是一位何姓古人所制，因此就为这件青铜器起了正式的名字：何尊。

尊是一种盛酒器，主要用于古代的宴席上。一般先将酒注入尊中放在席旁，然后再舀到壶里，放在席上饮用。有两句古诗"座上客常满，尊中酒不空"，讲的就是这回事。有了正式命名的何尊，圆口方体，通高 39 厘米，口径 29.6 厘米，重 14.6 公斤。相互对称地铸造了四道扉楼，口沿下饰有蕉叶纹，再下到了颈部又衍变成蚕纹。到腹部及至圈足部分，就一满都是高浮雕的卷角饕餮纹了，自然地，处在落脚的部位就又是衬底的云雷纹。这便是后来，由马承源先生多次说过的"镇国三宝"何尊的基本造型，无处不庄严厚重，无处不美观大方。器内底部的铭文，除残损 3 字，余均清晰可辨。译成现在的话，其大意为：

　　周成王"初迁宅于成周"，告祭武王。四月丙戌日，王在京室训诰小子。何的父亲辅弼周文王。很有贡献。文王承受到上天授予的统治天下的大命，等到武王攻克了商，则告于天说：我要建都于天下的中心（宅兹中国），在这里统治民众、周王室。周王赏赐给何贝三十朋，何因此作尊，以为纪念。

　　这就是何尊至为珍贵的价值所在了。其铭文可与先秦时的典籍《尚书》中的《洛诰》《召诰》等篇章互为补充，是研究周初政治历史的重要史料。

　　除此而外，该就是铭文"宅兹中国"四字了。我在著录译为白话文的何尊铭文时，专意在括号里保留了铭文中的这几个字。是想要引起大家的特别注意。我们都是中国人，身上流中国祖先的血脉，对汉语组成的"中国"二字，也便如自己的魂灵，渗透到了自己的每一根血管和每一根神经末梢上了。但我们有必要对这个可爱的名字做一个追根溯源的了解。

　　在此之前，从历史文献中可以查到"中国"这个词组的文章，最早见于《尚书·周书·梓材》对周成王的追述："皇天既付中国民越厥疆土于先王。"什么意思呢？就是说皇天把中国的土地和人民交给周武王治理。当然，这时候的"中国"有很大的局限，专指以洛阳为中心的中原地区。《诗经·大雅·民劳》中，也提到了"中国"二字，所谓："惠此中国，以绥四方。"《诗经·小雅·六月序》中同样地提到了"中国"二字。即："小雅尽废，则四夷交侵，中国微矣。"现在有了一个青铜何尊，使得"中国"二字的记载一下子有了至为厚重的证明。诚然，现在的中国随着时代的推移，逐渐变得浩大而广袤，其意也不是"宅兹中国"那个样子，而成一个多民族团结友爱的庞大国家的国名，然其所具有象征意义仍然是重大的，深远的。

　　1976年，中美外交的坚冰刚刚打破不久，我国文物部特拟组织一批文物赴美国展览，美方有识之士，来函要求，参加这次展览的文物务必包括何尊在内。而美方为了保证何尊的安全，为其投保高达 3000 万美元。

这是何尊赴国外展览少有几次的头一次。2002 年，国家文物局制定文物等级，拟定 64 件文物永久性不准出国展览，何尊是其中最无争议的一件。

是啊！既为镇国之宝，何尊就该寸土不离地守在中国的土地上。

小臣艅犀尊：一件铜雕艺术的绝品

如果没有看到小臣艅犀尊，对于西方人嘲笑中国传统雕塑不懂解剖学的言论，我是无话可说的，尽管心里不怎么服气，但我们能拿出什么东西为自己证明呢？不知别人能否找得到，总之，我是找不到的，而且从没见谁为此著文辩驳过。但在我看到小臣艅犀尊后，我忍不住要为此而一辩了。

现藏美国旧金山亚洲艺术博物馆的小臣艅犀尊，是他们馆所有陈列品中最为显眼的一件，其写实性是无与伦比的，仿佛一头来自古代中国的活犀牛，庄严地挺立在西半球的美国，以它独具特色的艺术风格，彰显着东方文明古国高超的艺术特质。对中国古典艺术青睐有加的邻邦日本，早年曾经出版过一部《中国美术》的鸿篇巨制，在第四册的《青铜卷》里，起首就是闻名天下的小臣艅犀尊，着墨不多的几行图片说明，毋庸置疑地称其为"中国雕塑史上的开篇之作"。

东洋人的评价是不错的，从我手头所有的资料来看，小臣艅犀尊的体重不是很大，通高有24.5厘米，首尾长有37厘米，整体形象淳厚而朴实，凝重而肃穆，极富艺术气韵。我找来几件同时代动物造型的青铜器与之比较，这件小臣艅犀尊的艺术风格是独特的，头部极尽可能地向前伸着，鼓起的两只眼睛圆乎乎像是两盏青铜的灯笼，大嘴微张，上唇呈尖状下垂。鼻子的上部竖立起一尖状的角，往上到了额头，又有一角耸起。两只大耳朵对称地翘立在硕大的头颅上。尊的器身也就是犀牛的身子，滚圆壮硕，肥大敦实，腹下四只粗壮有力的短足，连接起三趾巨蹄，让人怎么看，都有一种踏实可靠的感觉。腹背上留出一个圆口，想来是有一个相匹配的盖子，可惜在流落过程中不知去向。但这并不影响小臣艅犀尊的美感，倒像是残缺了一个盖子，以及器物身上斑驳的铜锈，使得我们远古的小臣艅犀尊更显生动和真实。

已知小巨艅犀尊出土于清朝的道光年间，可在我着手要写这篇文章时，查阅一份资料，却又说出土于清朝的咸丰年间。究竟出土于何年何月，我一个考古学界的门外汉是说不清的，请教专门研究家，恐怕如我一样，也是不好说清的。我们国人总是这么大意，许多重要的事情，别说过去了百年千年，就是过去个三两年，回头要说，常常也是说不清楚。

小臣艅犀尊的出土地点在山东省的梁山上。

北宋时的梁山，可是热闹了一阵子，那个后来为朝廷招安了的宋江，在这里占山为王，聚集了林冲、李逵、鲁智深等 108 个好汉，除暴安良，劫富济贫，很是红火了一场，但他们无缘得见小臣艅犀尊的出土。如果见识到了，他们会视之为宝物珍藏起来呢？还是会视为一疙瘩废铜而弃之呢？这我就不好猜测了，历史上，我们国人好像并不是特别珍爱老祖先留下的东西，一朝换一朝，常见以砸烂先朝的东西为快。

还好，小臣艅犀尊出土在了清朝。不论这个没落的朝代有多少让人悲叹的往事，但对祖先所留下的遗物还是比较珍爱的，特别是康熙帝和他的孙子乾隆帝，都天生有这样一份雅兴，搜罗了无以数记的古物珍玩。但他们爷孙俩错过了收集小巨舱犀尊的机会，这不能怪他们，因为在他们健在的时候，精美的小臣艅犀尊还埋在梁山的深土里。这应该是小臣艅犀尊的不幸，它在那个时候出土的话，就有可能留在故土，是故土博物馆赖以炫耀的宝贝。可它出土晚了些年成，这便流离失所，辗转国外，成了他国博物馆的珍贵藏品。为此，我们也许只有徒叹奈何了。

我们听到了的都是传说，关于小臣艅犀尊的传说呢。

美丽的传说至今还在山东的梁山一带流传，那一年我去山东公差，绕道去了梁山，在当地的博物馆里，有一个复制的小臣艅犀尊，赫然地陈列在一个玻璃的展柜里，柜顶上有一盏光照强烈的射灯，打在小臣艅犀尊的身上，使这件复制的东西也尽显神秘和高贵。讲解员声调优美地向参观者介绍，说是小臣艅犀尊刚一出土，就在当时当地引起了很大的轰动，想要一睹芳容的人争先恐后，可惜看到的人凤毛麟角。不久即被私家秘密珍藏起来，失去了消息。但这挡不住人们好奇的传说，说什么的都有，直到日本鬼子打进中国，霸占了山东省后，派出了专门人员，四处搜寻小臣艅犀尊的下落。听说，日本鬼子搜寻得非常残暴，却也未能搜寻到哪怕一点的蛛丝马迹。

与小臣艅犀尊一起出土的还有六件青铜器物，是什么样子？叫什么名字？因为我的孤陋寡闻，所以说不清楚，只知后来的学者笼统地称其为"梁山七珍"。小臣艅犀尊是其七珍的代表，已知为代表的它流失到了海外，其他六珍的命运是可想而知的了。

小臣艅犀尊的珍贵，我们在前边说过了，既有其中国雕塑艺术的不朽意义，而且还有其重要的历史资料价值。犀尊的腹腔底部，刻铸了27字的铭文，曰："丁巳，王省夔京，王易小臣艅夔贝，佳王来征人方。佳王十祀又五，肜日。"什么意思呢？译成现在话是说，小臣艅跟随商王，参加征伐人方的战争，卓有功绩，受赏而制作了这件器物，其时在王十五祀。铭文所反映的历史事件，与同时期的其他青铜器铭文，以及甲骨文都有很好的证明，是一件不可多得的信史资料。

众所周知，夷方是商王朝时封地之外的许多方国部落的一个。这些方国，有的臣服于商朝的统治，有的则称霸一方，伺机与商王朝及其诸侯国相对抗，双方不断爆发战争。商王征伐夷方，表明了商王朝维护社会稳定的决心。职务为奴隶总管小臣艅，参与了这次战争，他因功受赏，制器以及纪念，在当时也许只是一个家族的荣耀，留传下来，到今天就该是一个民族的荣耀了。

但我有一个问题，想要追问3000年前的小臣艅，他为什么不浇铸一个别的尊，而要浇铸一个犀尊呢？我的问题是没有答案的，别说早已化为灰土的小臣艅回答不了我，就是现在的研究家们，同样没有人能回答我。这就给寻找答案给出了一个广阔的猜想空间。我们知道，作为盛酒器的尊，在王公贵族的酒席上是一种品质的体现，其形制因为主人的喜好，是非常多样的，从已经出土的器物样式来看，有圆形，也有方形，自然也有许多动物造型的，正如这件小臣艅犀尊。一般说来，用以盛酒或者是温酒的尊，其状大约似瓴，而中间部分较粗，口径较大；似少数方尊，在商王朝及西周时期，也有一段大的流行，到了周王朝的末期乃至春秋战国时，就已经很少见到。倒是类型特殊的鸟兽尊，贯穿了青铜时代的整个过程，让我们后世儿孙有幸看到智慧的祖先，以自己的想象和喜好，为我们铸造并留传下来了许多鸟兽造型的青铜器。著名的除了小臣艅犀尊，此外还有四羊方尊，蠡驹尊等以象、虎、马、牛为形的青铜尊。可说这些鸟兽造型的尊，无一不是巧夺天工，既有写实的一面，也有夸饰的一面。在我欣赏这一切时，不能说哪一件比哪一件就好，但我掩不住自己的偏心，似乎对写实的那一种要喜爱一些。这是小巨艅犀尊的功劳，正是它的写实风格俘虏了我的眼力，让我对它的主人也有十分的好感。

看来，小臣艅的选择是对的，他没有以别的动物形貌铸造这个记功的青铜尊，一定是他太喜爱那个憨憨的、笨笨的大犀牛了。他入骨三分、极尽写实地铸造了这个大犀牛尊，可是他生活的那个时代、那个地域可有犀牛的存在？

答案是肯定的：有。

这从其他出土文物上可以得到佐证。到目前为止，带有犀牛形象的青铜器还有几件。其著名者当属现藏中国国家博物院的"错金铭方纹犀尊"。1963年在陕西省兴平县出土，被专家鉴定为战国中晚期作品。该器通高 34.4 厘米，首尾长 58.1 厘米。与小臣艅犀尊相比较，其写实性更为突出。我到国家博物馆看了这件犀尊，当下被它逼真的造型所震慑，其体态之雄健，非它物可以比拟。平抬的头部，上面生着一对尖角，四条粗壮的短腿，是那样的孔武结实，有力地支撑着肥美健硕的身体，仿佛一座活体的青铜小山，给人的感觉是，犀牛的每个部位都是那样的富于质感。颧骨和肘部强烈地突出着，似可透过鲜活的血肉，看到内在骨骼的起伏与盘结；口部和腹部的皮肉较为松弛，但却紧密有致，极富韧性；便是那对眼睛，为珠饰镶嵌而成，虽然不大，却充满了奕奕的神采。器物身上，动用了其时已经很发达的金错银工艺，适时适地地装饰了银质的流云纹，再配以华丽细密的金丝嵌饰，使青铜的犀牛像是生了一身金色的毛发，显得是那样的华贵和超然。

在中国国家博物院的展厅里，我久久地面对着这件云纹犀尊，想像东瀛的日本出家界再编一套《中国美术》在青铜卷里，起首会用这件犀尊换下流落到美国的那件小臣艅犀尊的，因为这一件比起那一件，古老中国的艺术家，到这时匠心更为成熟而独特，其精湛的工艺，让一头远古的青铜犀牛造型早早地有了现代艺术的特质，是我们中国古代艺术珍品中难得一见的典范之作。

现藏上海博物馆的"嵌红铜狩猎纹豆"的青铜器，所嵌狩猎纹上可见猎人持矛狩猎的情景，猎物中有一对犀牛，其中一头的体内还有个小犀牛，想来该是相依为命的母子俩了。这件器物出土于 1923 年的山西省浑源县，是战国早期墓葬中的陪葬物。此外还有一件现藏北京故宫博物院的"四祀必其卣"，相传为河南安阳的殷墟所出土，卣的颈部有两个链接提梁的耳子，造型即为犀牛状貌。

以上旁证，可以充分说明，古代的中国，是有大量犀牛活动的。

科学家对此作过深入的研究和考证，已知中国至汉代以前，黄河及长江流域的气候之于今天，要温暖湿润得多，非常适应犀牛等亚热带大型生物的生活。而且，由于其时人口较少，不易破坏自然环境，遍地河流大泽和森林，不仅犀牛便可生存，就是已经灭绝的貘和其他生物，也能在自然环境的遮护下，自由自在地繁衍和生活。如不然，我们的古人，怎么能如此写实地铸造出如小臣艅犀尊及错金银云纹犀尊那样的青铜器物。

杨钟健、刘东生合著的《安阳殷墟之哺乳动物群补遗》一书，就有记述犀牛的文字，称在发掘中发现了两枚犀牛指骨和一枚掌骨。这段记述可能是对犀牛最早的发现记录了。后来，考古工作者在浙江的河姆渡、广西的南宁、河南的淅川下王岗等地遗址中，也发现了上古犀牛骨的存在。不过，当时称犀牛为"兕"的，这在商代的甲骨文里可以看到，《殷墟文字乙编》第2507片甲骨上就有一段记载，称其一次田猎就射获"兕"达71头之多。东周时期，犀牛依然大量生活在长江流域的广大地区，如《墨子·公输篇》载："荆有云梦，犀兕麋鹿满之。"如《尔雅·释地》载："南方之美，有梁山之犀、象焉。"此外，《华阳国志》还称犀为巴蜀之宝，引用《国语·楚语》的话说："巴蜀之犀象，其可尽乎。"

古文字的简约，常常使我一样古文字修养有限的人读了总是一头雾水，但对犀牛的几段文字描述，我还是读得明白的。就说"巴蜀之犀象，其可尽乎"的话吧，今天到巴蜀之地去，还能碰上与之相比照的遗存。前年去成都小住，朋友带我去一个名叫犀浦的小镇去吃红油抄手，听他们说，这里的红油抄手最是地道，流传也最是深广，四方显达和小老百姓，慕其名纷涌而至，整条街的食客，嘴巴一张一合，就满是辣得"吸噗、吸噗"的吐气声，这样就把镇名改叫了吸噗。后来，觉得这个名字太不雅了。而且失去原来的古意，就又叫回了最初的犀浦。我去的那日，蜀地天高气爽，万里无云，老远就看见小镇入口的一个拱形彩门，上边染了红漆的"犀浦"二字显得特别的醒目。

我凝目照看着，李商隐那句"身无彩凤双飞翼，心有灵犀一点通"的经典词句蓦地映入我脑际，使我对这个小镇有了别样情感，不知在这里吃上一顿红油抄手，可否也是我迟钝的心窍为灵犀的开通。心是这样想着，却不知道这样的镇名是否与"犀"有关，进得一家红油抄手的小铺，从一侧墙上的墨宝上获知，倒也是其所然的。《元和郡县志》卷三十一说："犀浦县，本成都县之界，垂拱二年分置犀浦县。昔蜀守李冰造五石犀，沉之于水以厌怪，因取其事为名。"我轻轻地"噢"了一声，知道犀浦的用意，原来在于记事的。这也应是一个证明，在李冰为蜀守的时代，以至他以前的时代，蜀地是大有犀牛活动的，而且是很灵异的那一种动物，如不然，李冰又怎么能想起以石犀沉水以厌怪的做法呢。

此外，古文字中"南方之美，有梁山之犀、象焉"的字句，其中梁山二字说的可是出土小臣艅犀尊的梁山？对此我不敢妄加猜测，但我敢说，山东的梁山，在远古时是大有犀牛活动的，我到那里旅游过，登了梁山，也游梁山下的水泊，感觉这里是很适合犀牛活动的。但我们在这里是见不到犀牛了，很早很早就见不到了，除了出土的那件小臣艅犀尊，在这里一点犀牛的踪迹都找不到了。

这是为什么呢？历史文献告诉我们，西汉晚期以后，中原人口迅速增加，犀牛迫于人类的压力，逐渐向南方退却。到了汉末魏晋之时，战乱频仍，人口又大面积南迁，可惜犀牛就只有困居边鄙之地了。而且是，战乱中的军队，又都特别喜欢装备犀牛皮制作的盔甲，像《楚辞·国殇》起首说的那样，"操吴戈兮披犀甲，车错毂兮短兵接"，如此，能有犀牛的好日子过吗？殷墟甲骨文所载，一次猎获 71 头犀兕，所为何来？还不是为了得到大量的犀牛皮，制作兵士身上的甲衣征战而用吗！

"所赠千金剑，通犀间碧玙"，曹植的诗句是有说服力的，纵使灵犀可通的犀牛，为人多所珍贵，最后还不是落得被人所害！

四羊方尊：吉祥如意达永年

萦绕在心头的一个问题是，那么多的青铜器，有铭文也罢，没有铭文也罢，怎么就没有制器作者的名字呢？我着手要写的四羊方尊也不例外，不仅不见制器作者的名字，甚至连制器主人的名字也不见。

这我就很糊涂了，不明白我们的祖先是不好留名呢，还是本质上就视名利如粪土？这与今天的情况太不相符了，有名没名的人都把名看得那么重，小有侵犯，甚至根本称不上侵犯，也要找来律师，到法院去告上一状，美其名曰：保护名誉权。骨子里，把法院和社会舆论都当了猴子耍，最后的结果是，原来没名的官司打下来有名了；原来名气小的，官司打下来名气大了。有名了好啊，到哪儿去都好唬人弄钱的，君不见，蝇飞鼠窜在社会上的名人，谁的眼睛不是瞪成了铜钱的样子！

老祖先倒好，把出名看得那么淡，这就使我们后人不能不刮目相看了。当然，有人可能不同意这样的观点，认为他们不出名，是其时的社会制度使然，制器作者的地位受到限制，他们不便于出名。我想，便是这样，制作了那么多艺术精品的作者，也是值得我们尊敬，而且是大尊敬。

这是我初识四羊方尊时，从心头泛起的一段话，说出来但愿不会惹出麻烦。

让人感慨良多的四羊方尊，现藏在中国国家博物馆里。我们知道，这件国家级的青铜文物是非同寻常的。这么说，不只因它的弥足珍贵、价值连城，更在于它离奇曲折的发现、转移和收藏的过程。

湖南省宁乡县的月山铺村是宁静的，但从1938年出土了四羊方尊后，这种宁静即被一种神秘的力量打破了。那年春天的一个早晨，村民姜景舒和他的兄弟想着开垦一片荒地，种上些红薯，对于家计也是一种补充，恰好他们的家背靠着一座转耳轮的孤山，姜家两兄弟便扛着锄头上了山，选了一块较为平坦的地方挖了起来。听听山的名字，转耳轮，不难想象山有多小，形有多普通，就像人的一个耳朵一样。可就在这样一个不起眼的小山上，姜家兄弟挖着荒地，没挖几锄头，就挖到了一个硬物上，而且体积还不小，便以为挖到了石头上，心里就有些泄气，因为在这荒僻的地方，能找一块可资开垦的荒地太不容易了。兄弟俩没有办法，绕过这块地方，还算幸运地挖出了一片荒地，适时地种上了红薯苗。珍贵的四羊方尊因此在土里又多待了一年。那一年，姜家兄弟的红薯大丰收，给他们穷困的家庭生活添了不少色彩。第二年，为了扩大种植面积，兄弟俩又到这里来，不管去年崩了锄头的那块"石头"有多大，也要把它刨出来扔掉，留出土地多种几苗红薯。

决心既下，兄弟俩就从"石头"周遭刨起来。这一刨，到隐埋的东西露出真容时，兄弟俩惊得目瞪口呆：石头不见了，呈现在他们眼前的是一件青铜宝器！

是福是祸，忠厚老实的姜景舒兄弟不知道，只把那件铜锈斑斑的大家伙往地头上一撂，仍然很有耐心地开垦着可以种红薯的荒地。在他们的心里，多种几苗红薯，显然是比那一件青铜物件重要得多。到吃饭时，兄弟俩歇了工，把刚出土的青铜物件抬回家，除去器身上的黏土，这便看见四方形的器身周边，各有一只活灵活现的羊头，这使兄弟俩难得地笑了一下。

仅仅如此而已，出身农家的俩兄弟，并没有认为这是一件日后会引起大轰动的宝贝。

兄弟俩在家一边育苗，一边碎土，认真地准备着种植他们赖以糊口的红薯，可是他们挖出宝贝的消息像长了翅膀的蝴蝶一样，飞得满天世界，飞得所有人都知道了。

最先赶到他们家来看宝贝的是黄材镇万利山货号的老板。生意人的感觉是灵敏的，而且深知当时的中国，正处在一个风云激荡的时候，政府的统治力量孱弱，内外交困，导致盗贼纷起，与之同生的是一些不法之徒，把手伸向了埋藏地下的文物身上，大肆盗掘古墓，赚取不法之财。更有甚者，借此机会与外国文物贩子相勾结，把国家的珍贵文物偷运出境。偏僻的月山铺村出土了青铜宝贝，且挖出宝贝的姜家兄弟都是老实巴交的农民，不知道这件宝贝的价值，这位首先到来的山货号老板在心里盘算了一下，张口就给姜家兄弟出了 400 个大洋的价码，要买下那个从荒地里刨出来的青铜物件。

初听山货号老板的报价，姜景舒兄弟没听清楚，以为人家说错了话，张着眼睛又问了一遍，证实山货号老板报价不错时，就没话再说了，很干脆地脱手卖给了山货号老板。俩兄弟心想，400 个大洋，要他们在荒地里种红薯，牛年马月种得出那个数？他们兄弟高兴得一脸的花。

这是四羊方尊出土后的头一次易手。

而这个时候，姜家兄弟挖出的这件青铜器还没有命名，直到 1949 年新中国成立，把这件青铜宝贝调转北京，收藏于中国国家博物馆后，才由专家根据器身上的四只羊首的特点，正式命名为现在所叫的四羊方尊。

没见过四羊方尊的人，不知道该尊有多精美，见过的人都知道，它的造型独特别致，雍容大方，端庄典雅，其凝重高古的韵味中，婉转流动着十分鲜活的自然气息。这在我国出土的商代青铜器中是绝无仅有的。

我所说的绝无仅有，不是说商周时期再没有以羊为主元素制作青铜器的，这样的物件还有，较著名的，就还有一个被日本人弄去藏在根津美术馆的三羊尊，以及一个现藏英国大不列颠博物馆的双羊尊和一个还留在国内的青铜羊尊灯。

这为我们引出了一个问题，商周时期的国人，在制作青铜器时，为什么会如此热衷于作出羊的形象呢？我想这是不难理解的，因为在古人的心目中，羊是一种神圣的动物，是上天赐予给他们的，可以供应人们食用，如古人发明的那个"鲜"字，就是"鱼"和"羊"紧密结合的产物，此可证明古人的口味，是很会享受的，让我们现在的人想起来，也要禁不住流涎水的。因此，在古人祭祀上天和祖先时，羊和猪，还有牛，是最为神圣的牺牲。我国是世界上较早驯养羊的国家之一，并视羊为善良的化身，人们追求"吉祥"，没有别的参照物，就把羊请出来相托了，称之为"吉羊"，这个组合词，在众多古器物上的铭文中，都能看得到。人们还视羊为美的化身，比如汉字中最叫人动心的"美"字，就是"羊"和"大"字的组合，所谓"羊大为美"，实在是古人实用审美意识的体现。

自然了，羊还象征着安泰。如古语所说：三羊开泰。考证其来源，可能会有另一种解释，但流传下来的，是这样一个词，而且是一个妇孺皆知的吉祥之词，谁还好意思再作别的解释吗？而且是，羊亦体现着正义。据王充《论衡·是应篇》透露，唐尧之臣皋陶治狱，辅以独角之羊。此羊对嫌犯"有罪角触之，无罪则不触"，极为灵验。至战国时，秦楚等国的御史、狱吏等执法者皆看带有独解图案的冠服，以示法律的庄严神圣。当然，这只独角羊还有一个官名，曰："獬豸"，它的图形在执掌刑狱官员的服装上，一直就没下来，直到清朝末年。

然而大美如圣的羊儿，并不能由着自己的天性生活，看它跟着谁，如果是跟着出使西域的苏武，这样的羊，就会如苏武一样流芳百世。而如果跟了晋武帝司马炎，也就会如司马炎一样荒唐可笑。

我们读史知道，靠着他的爷爷司马懿，父亲司马昭的拼搏，成了晋朝开国皇帝的司马炎，也太缺少他爷爷和他父亲的智谋和胆略了。便是缺了这些也还不大紧，他还有一帮前朝留下来的忠臣良将，能够帮他当个太平皇帝。可他偏偏地喜好淫乐，原来的后宫已蓄养了5000粉黛，在他初接皇权的日子，于公元280年，由一班能臣干将替他把东吴政权又一揽子接收了过来，这使他昏昏然不知所以，命令下来，让把吴地掳来的5000娇娃，一股脑儿又塞进了后宫来，这一下他有了上万名的"美眉"，而且个个玉骨冰肌，雪肤花貌，让在皇帝位上的司马炎犯了难：他该怎么消受众多的美色呢？

如何治国，司马炎也许办法不多，如何消受美色，司马炎微动了点脑筋，就想出了一个办法，命人做了一辆用四只羊儿拉着的车子，任凭四羊在后宫里随便走，走到哪儿停下来，他就在哪儿过夜。

我们可以试想一下，司马炎信羊由缰，坐着四羊拉的车子在后宫转悠的情况，他自己该是悠哉乐哉的，很不乏浪漫创新的色彩，但却苦了万名佳丽，倚门或是倚窗站着，怎么能够让拉车的四羊停在她的门前，那她该是幸运的了。然四羊是不解其中风情的，它们只晓得哪儿有好吃的，就一定往哪儿去。其中一个妃子，可能放过羊吧，知道羊的习性，就在她的门前投放了一堆竹叶，并在竹叶上撒了盐，四羊就极殷勤地把司马炎往她的门前拉，让她得了不少的宠。后来，大家看出了门道，纷纷效仿，后宫里就遍是竹叶和盐末了，把拉车的四羊弄得好不茫然。

还好，晋武帝司马炎坐在四羊车上，享尽了他的淫靡荒唐福，到他的儿子司马衷接班坐上龙庭时，西晋的大好江山已被他的父皇坐在四羊车上，一点一点地走进了死胡同。到"八王之乱"中，可怜的晋惠帝司马衷，就只能一次一次地做着悲惨的"替罪羊"了。

以上所说都是闲话，我们言归正传，回头再说四羊方尊，有头一次的倒手贩卖，就有第二次、第三次的倒手贩卖。

山货号的老板轻而易举地从姜家兄弟手中购得四羊方尊后，并没有留着自己收藏，他深知这件宝贝的价值所在。他把东西从不算很远的月山铺村运回到他的号铺里，就四处打问要货的识家。通过长沙市西牌楼怡丰祥牛皮商号店主赵佑湘，他很幸运地与犁头街古铜号店主朱文斌接上了头。赵和朱相约到黄村镇看货，乍一看，两个眼力不错的人就下了弄到手的决心。但山货号老板的要价让两位识家还是吓了一跳。1万现大洋，少一个子儿都不卖。赵朱俩识家心想，这人穷疯了？要打劫吗？可这个念头在两位心里打了个转转，便已因为四羊方尊的特殊价值，使两位识家咬牙答应了山货号老板的要价。

很自然，赵佑湘和朱文斌把高价购来的四羊方尊也不想留着自己收藏。他们打算找个好买家，再一次把四羊方尊倒手贩卖，而且是越快越好。但这么大的一件青铜器，一般文物贩子收购不起，他们必须找到一个财大气粗的主儿。因此，他们还得稳住脚，把四羊方尊寄放到时为长沙县的清港镇一秘密地方保存，伺机寻找合适的买主。赵朱二人反复磋商，给四羊方尊定了20万大洋的一个价码，谁想要货，必须先交10万大洋的订金，然后才能看货，否则免谈。

正在赵佑湘、朱文斌为四羊方尊做着发财的美梦时，国民党长沙县政府的官员得到了一个内线消息，于是乎，派出人马，把赵佑湘从他的商号抓来审问，还没动家伙，赵佑湘即供出了同伙，并供出了四羊方尊的保存地点，带着县政府的一干人马，把四羊方尊起获到县，没放两天，又快马加鞭，上缴到了省政府。

可悲可叹赵佑湘、朱文斌，原来想借四羊方尊发个大财，到头来却是白日梦一场，没能发财，还倒赔了许多钱，到这时，大概欲哭也没有泪了。

时任国民党湖南省政府主席的是张治中将军，传说，四羊方尊上缴到省政府之后，亦为张将军所宝爱。他把四羊方尊索性调到自己的办公室，置于几案之上，每日把玩不已。然时局不容张将军与四羊方尊相厮守，到1937年，日本人疯狂侵略中国，全民族的抗日战争事业风起云涌，抗日前线上，国民党的军队节节败退，经过几次惨烈的战斗，日寇的铁骑已侵入到长江以南的地区。迫于形势需要，到1938年11月，国民党湖南省政府决定迁往沅陵，此时，从张将军办公室转移到省银行的四羊方尊也随之迁往沅陵。

便是在这个过程中，珍贵的四羊方尊遭到了一次几乎灭顶的浩劫！

这次浩劫是日本人造成的。他们于1938年10月疯狂地攻占了武汉后，又于11月攻占了岳阳。而长沙距离岳阳仅有130公里的路程，原本为抗战大后方的长沙被推到了前线。国民党政府要从长沙撤退，为了不让囤积在那里的资源和战略物资落入日寇之手，即决定对长沙实施焦土政策。1938年11月12日，张治中将军接到蒋介石火烧长沙的电话和电报后，没敢迟疑，立即召集相关人员研究布置放火事宜。可就在那日深夜，长沙南门外的伤兵医院不慎失火，预先安排在各处的纵火队员，误以为南门外的火光是为放火的信号，即纷纷点燃火把，投向油桶和民房。刹那间，长沙城处处大火，烈焰冲天，热浪灼人。这场毁灭性的大火烧了两天两夜，全城80%以上的房屋被烧毁，市民与伤病员丧生者亦达3000余人。便是非常珍贵的四羊方尊，似乎也被这场大火烧得从人们的记忆里所消失。

新中国建立后，四羊方尊的消息才重新为人们所提起。但所有的消息，都是叫人心碎的。有说四羊方尊已被侵占长沙的日军盗运出境了；也有说四羊方尊让国民党政府的败类勾结文物贩子卖给外国人；等等。就在人们议论纷纷的时候，却从中南文化部传出一个好消息，说是四羊方尊还在长沙。大家喜出望外，却又痛心不已，因为放在湖南省银行仓库的四羊方尊已成了一堆碎铜片。

这是日本侵略者强加给四羊方尊的劫难。当时，载着四羊方尊的国民党湖南省银行车队，逶逶迤迤走在迁往沅陵的路上，日本侵略军的飞机追来了，丢下一颗又一颗炸弹，其中的一颗炸中了装载稀世珍宝四羊方尊的车辆，就这样，使我们完好绝伦的国宝，被炸成十几块碎片。还好押送国宝的人员没有丢下一块碎片，他们从炸弹爆炸的硝烟中拣回了四羊方尊的全部碎片，依然视其为难得的宝贝，跟随他们转移，再转移，最后落脚在新中国成立后的湖南省银行。

残碎了的四羊方尊，为我们记忆了被侵略的伤痛。

我们愤怒，我们遗憾，我们要使饱受战争创伤的四羊方尊恢复原有的模样。在周恩来总理的直接关怀下，国家组织专家对四羊方尊进行修复，专家们的心是热的，情是暖的，过了不多一些时日，珍贵的四羊方尊又完好如初地呈现在人们的面前。

现在，我们在中国国家博物馆看到的四羊方尊，便是历尽劫难，重新修复的产物。从一开始，它的口沿就被姜景舒兄弟的锄头刨掉了一大块，据说这块长10厘米、宽8厘米的口沿残片还保存在姜家后人的手里。我们现在看到的四羊方尊完好无损，都是由文物专家的巧手修补起来的。

中国国家博物馆的资料介绍，四羊方尊通高58.3厘米，尊口边长52.4厘米，净重达34.5公斤。侈口，鼓腹，圈足，是目前所见商代青铜器中最大的一个方尊。对该尊的艺术进行细分，可分为上中下三个部分。最上部的口颈部分制作最是强劲有力，形成一个恰到好处的弧线；下部的支座又最是稳重牢靠，形成一个直线围绕的圈足；中间的四个卷角羊首，堪称器物的核心雕饰，其形象在宁静的神态下，独具一种超拔的威严感。尊腹被巧妙地雕饰为羊的前胸，其上下及颈部饰有鳞纹。四只惟妙惟肖的卷角羊，四足皆脚踏实地，贴附于方形圈足之外，承担着尊体的全部重量。在尊的颈部，饰有晚商青铜器常见的蕉叶、夔纹和兽面纹，肩部饰有4条高浮雕蛇身而有爪的龙纹，互相蟠缠，龙首探出器表，从尊的每边右肩蜿蜒直达前肩中段。

这样的一件青铜文物，似乎只能用美轮美奂这样的词来形容了。

　　其造型是独特的，简洁而又大方，轻灵而又雄奇。集线雕、浮雕、圆雕等工艺于一身，把平面图像和立体雕塑手法结合起来，采用合范铸和块范铸等高超的铸造技艺制作的四羊方尊，让人赏之愈多，爱之愈切，也更感动铸造了这件青铜器的古人，他是匠心独运的，使四羊方尊达到了一个浑然天成的艺术至境。

　　文章写到这里，我是应该收笔了，但我欲罢不能，我还想问，是谁制作了四羊方尊？大概没人能说得清，但看过四羊方尊的人，大概都会如我一样，对那个制作了四羊方尊的无名之人，心生无限的感动与尊崇。

　　我们感动他的高超智慧，还感动他的默默无名。

蚕桑纹尊：小虫儿乖乖惠斯民

　　要我说，青铜器所以为人所宝爱，除了它的悠久历史和铭文的可知信息外，其神秘莫测的纹饰，该是又一个重要的因素。

　　研究者发现，在青铜器上铸造纹饰的习惯，最早可以追溯到夏代晚期，那时的纹饰是简单的，多为实心的连珠纹。往后发展，就又产生了兽面纹、龙纹、凤鸟纹等，尤以兽面纹所常见。通常情况下，研究者又把兽面纹称为饕餮纹。饕餮之名本于《吕氏春秋·先知览》：周鼎著饕餮，有首无身，食人未咽，害及其身，以言报更也。这该是青铜器上铸造吓人的兽面纹的权威解释了，对此，我们不该有异议，但要细究，又不知其代表的物象，是要传达给人一个怎样的内容？然而，这并不影响我们对于青铜器纹饰的欣赏。

　　按照时序来看，较之连珠纹晚一些出现的兽面纹，说它"有首无身"是基本准确的，因为有那么一些青铜器上的兽面纹也是铸造了曲张的爪子，或是左右两侧展开的躯体和兽尾。有资料证明的为商代早期兽面纹，在青铜器的表面只铸造一对简单的兽目，其他的部位都省略了。商代中期的变化，使兽面纹的图像结构复杂起来，而开始出现象征性的体躯和尾部，而且配合了大量的回曲形雷纹和并列的羽状等纹饰，因此，强化了兽面纹的神秘气氛。商代晚期，兽面纹又有了大的变化，使其形象具体可感，一个鲜明的特点是，扩大的角的铸造，使兽目相对缩小，采用的手法，也是平雕和浮雕相结合，使兽的面颊以及两腮额顶、腿、爪、体躯，看上去更加生动活泼。这一改变一直持续到西周早期，是兽面纹在青铜器上表现最为发达，也最丰富的时期。以后每有变化，也从不出这个规范，只是在其中加上小的龙蛇纹饰，用以强化兽面纹的美感。直到恭穆之后，兽面纹才又出现了革命性的变化，这一变化的特点在于，很难辨别纹饰图像的角度，或仅有象征性的无定状的角型。同时没有了明确的兽体，除了目纹（有时小得可怜）之外，其余都是一些无意的、对称的横和竖的弧线，整体看去，依稀能够看到一个极不稳定的兽的模糊轮廓。

伴随兽面纹出现在青铜器上的，以后又有了龙纹，也就是研究者所说的夔纹和夔龙纹，以及凤鸟纹、火纹、几何纹、人面纹等，就其艺术性而言，都是无与伦比的，但我却很难为其所感动，倒是去了一回长沙，在那里的博物馆看到了一个春秋越式的蚕桑纹尊，眼睛里一下子热喷喷的，仿佛铸造在尊上青铜蚕儿，也都活了过来，钻进了我心窝里，挠得我的心痒痒。

应该说，青铜尊上的蚕桑纹是少见的，特殊的，它摈弃了青铜器纹饰的冷峻和神秘，而变得温暖和日常。

高不过21厘米，口径15.5厘米的蚕桑纹尊，从上到下铸造了三组纹饰，最上边的一组在其颈部中腰，分别用直线、斜线和曲线，构成大的几何形纹样，再以锯齿纹勾出底边；最下边的一组为圈足部分，如颈部的那组纹样一般，所呈现的还是回转曲折的几何形图案，并以锯齿状纹饰封边。以上两组纹饰在那个时期的青铜器上是普通的，多见的，因此也不需要我在这里多唠叨。我必须多费功夫，多花力气叙述的，该是器物的腹部纹饰。

这是一组核心纹饰，也是该件器物所以为专家命名的蚕桑纹尊的那一组图样。

我的眼睛在湖南省博物馆光线不是很好的展室里，聚焦在这一组纹饰上，发现它的主题是突出的，缠绕在鼓突的腹部上的是四片图案化的大桑叶，桑叶的表面上，布满了健硕的蚕宝宝，有爬着的，有蠕动着的，还有啮食桑叶的。所有的蚕宝宝都不见足迹，身材极其短小，双目圆且凸出，仿佛从甲骨文里脱胎而来，非常符合"身屈曲蠕动"的蚕桑文献记述。

我们国家的植桑养蚕的历史十分悠久，蚕的种类也极为丰富。仅以体色而分，就有黑稿、虎斑、斑马等，蚕桑纹青铜尊上的蚕虫，清晰可辨的，全属虎斑类的蚕种了。

由此上溯，在《诗经》里可以找到多处关于植桑养蚕的诗句。可知养蚕业在我国古代的农业生产中，就是一个十分重要的门类。而且尤以长江流域为盛，蚕桑纹尊的出土地恰在这一区域，证明这里的古老先民，是多么热衷于植桑养蚕，而且又是多么尊重蚕儿，把它小而乖乖的形象铸造在以祭祀为职能的青铜尊上。

颇具匠心的铸造者，不仅在腹部的主题纹饰上极尽可能展现了桑蚕的可爱与美丽，而且又在尊口的沿面上，也铸造了十几组栩栩如生的蚕宝宝，它们两只为一组，相互翘首以对，做眠蚕之状。其憨态之可掬，惹得我伸出手来，想要去捉一只来，在手心里把握一番。但我是捉不来的，一道厚厚的玻璃挡住了我伸出的手，我就只好用热切的眼光抚摩那憨憨的可爱的蚕宝宝了。

自春秋乱世以降，在青铜器上以桑叶的纹饰表现田园生活的图形，这一件出土在湖南衡山霞流的铜尊，绝对是一个特例。

仔细地观赏揣摩，发现那面积有限的纹饰上，纪实性地表现了桑林人工放养的景象。我们知道，智慧的先民，在发现蚕儿这个小乖乖，以它吐的丝线，可以织成衣被温暖人的生活后，是有一个很长的发展过程的。最初只是野蚕采摘，慢慢地有桑林放养，其后才有科学的家养。这是自然教给人的方法，因为以往的野蚕采摘和桑林放养，所受的自然影响是很大的，常常是忙活上几个月，也不见得一定就有收成。而家养是不同的，起码可以免除鸟虫等天敌的危害，而且可以防止气候灾害的侵蚀，并且有利于发现和培养优良蚕种，提高蚕桑的品质和产量，是蚕桑发展史的一大进步。

蚕桑纹青铜尊的价值就在这里，堪称流传最久的一幅蚕桑养植生息图。

可我觉得，这样的蚕桑养殖生息图还不能满足我的期望，我知道还会有更详细的图像，为蚕桑的生息作传。当然，可能那样的图像不会在青铜器上，就如我前年到四川的剑门关，去了皇泽寺看见的那组蚕桑碑。记得其时，我的眼睛与蚕桑碑对视的一瞬间，仿佛有一股强大的电流涌来，当下亮了许多。

此前，我在剑门关前为那"一人荷戟，万夫趑趄"的雄关所感慨，而且还为在雄关之上曾经的英雄所感慨，感慨生活需要壮美，需要英雄。可我面对蚕桑碑时也感慨了，感慨的是生活也需要吃喝，需要穿戴。这么反差极大的感慨在我自己都有些恍惚起来了。没有办法，人就这么矛盾，一忽儿东，一忽儿西，但更多的时候，其实都是在庸常的吃穿上动脑筋。

这就是蚕桑碑当初给我的感受，就像我在湖南博物馆面对蚕桑纹尊时的感受一样，显得特别的日常和温暖。几块石碑，采用平图阴刻的手法，把蜀地人民植桑养蚕要做的事，一件一件地刻画了出来，怎么着，都是一件功德千秋的好事。

当然，湘人的蚕桑纹尊也是功德千秋的事，但它太简单了。不像这里的蚕桑碑，先在首图上刻绘了一匹白马，嫘祖倚马小憩，身边有一棵枝繁叶茂的桑树，有一只丝连身悬的蚕虫，正欲坠向嫘祖的头顶，使嫘祖沉入感念蚕桑的憧憬之中。我知道，这其实是一个不很真实的传说故事，但传说的嫘祖是那么聪慧善良，勇敢勤劳，让人想着她的时候，就不再怀疑传说的真实性了。

传说中的嫘祖，在上古时，是一位部落酋长的女儿。嫘父一日外出狩猎，与另一部落首领发生了纠纷，被对方捆绑俘虏。嫘祖姑娘闻讯后，万分焦急，在他们部落放出话来，谁能救回我父，我就是谁的女人。众人闻言，有蠢蠢欲动者，摩拳擦掌，终了又缩回自己胆怯的头颅。这时，嫘祖家的大白马一声长啸，脱缰飞驰而去，赶在太阳西下，满天彩霞的傍晚，驮回了一身是伤的嫘父。从此，大白马不吃不喝，嫘父问其究竟，不禁怒从心头起，举刀杀了白马，剥皮晒在烈日之下。岂料一阵风起，马皮卷了嫘祖姑娘，飘飘摇摇直上九天，直到一声旱雷裂响，高天下晃晃悠悠悬丝而下的嫘祖姑娘，已经幻化成一只透亮似玉的蚕虫。掩埋白马尸骨的地方，则瞬间长出一棵巨大的桑树，蚕虫不偏不倚，正好悬落在树梢之上，悠然自乐地噬食着树上的桑叶。

沉浸在传说里的我，感觉自己的眼睛湿了，伸手一摸，竟也是一掬思古的热泪。

往下仔细地看，连环相接的是《选桑葚》《种桑》《树桑》《条桑》四幅刻绘，不难看出，这样的刻绘展现的是民间培植桑树的情景，至今依旧相沿而用。接下来又是《窝种》《休蚕》《喂蚕》《起眠》《上蔟》《分茧》《腌茧》《缫丝》八图，如一组制作精美的幻灯片，一幕一幕，清晰逼真地再现了民间养蚕、缫丝、纺织的全部过程。

我知道，这都是个名叫曾逢吉的广元地方官所初创的。他为民众创修了一部石质的植桑养蚕农书。

在广元，曾逢吉经历了12年的苦心营造，境内的驿道两旁，桑树成荫，翠盖夹道。不仅如此，还有田头地角，荒山野岭，能够植桑的地方，差不多都染上了桑树葱郁的翠色。道光七年（1827年）仲冬，广元百姓收获了又一季蚕丝，曾逢吉却接到一纸调令，升任松潘知州。广元的老百姓却不舍得他走，但又挡不住朝廷的旨令，县衙门口，每天都是人山人海，至夜不肯散去。曾逢吉无可奈何，便召来一干民间石刻艺人，由他书图画形，石刻艺人雕石刻线，紧赶慢赶，在他离开广元的那一日，把这一组蚕桑碑光光彩彩地立起在了县衙门口。

广元人民热爱蚕桑碑，也热爱教民蚕桑的曾逢吉，一直小心地保护着，直到新中国成立后移入皇泽寺。

搜古索今的我，知晓蚕桑之于我们伟大的中华古国，是太有意义了。要不，曾逢吉不会刻树蚕桑碑，湖南无名者也不会铸造蚕桑纹铜尊。也就是说，所谓的"丝绸之路"，绝不是一个字面上的虚名。即以历史上的"务本"派学者的观点，从来都是讲究"农桑并重"的。便是浪漫的诗人，也注意到了蚕林的诗意，写出了不少脍炙人口的好诗句。

我能记得的是一首《魏风·十亩之间》的诗，在三百首的《诗经》里虽然够不上经典，却也赚足了后世人的欢笑。诗曰：

十亩之间兮，桑者闲闲兮。
行与子还兮。
十亩之外兮，桑者泄泄兮。
行与子逝兮。

什么意思呢？我们不是古人，无法准确知道诗所描写的具体情景，但也从那惜字如金的字里行间感受得到，在春天的日子里，有一群漂亮的女子，穿梭在桑林里采摘着桑叶。那是坐落在原坡上的一座规模巨大的桑园，抬眼望去，绿油油的桑叶连成了一片。有些若有若无的春雨，浸注着连天接地桑林，采蚕的女子兴致起来，唱起了心爱的歌谣。不远处的一群男子，被女子美妙的歌声所吸引，停下手里的活计，也跟着哼唱起来。其中还有胆子大的，从人群里悄然退出，潜进了浓密的桑林，去见日思夜想的采桑女……哦哟，叫人销魂的桑林啊！

貘尊：往事不堪回首中

"您能想象吗？在远古时代，咱们西安人生活的渭河流域，到处都是丰茂的草原，高大的森林，密集的河流。在这温暖湿润的气候里，聚集着众多类型的野生动物，它们中既有野牛、野驴、野马、野骆驼外，还有大象、羚羊、四不像鹿等。"不厌其烦地摘录下记者原建军刊发在《西安日报》上的一段消息词语，是因为他采访得扎实，描写得精彩，让人读来，有种饮酒灌蜜般的快活，心里可能还会因此而慨叹的，我们的西安原来是这样的美丽！这样的令人神往！

谁说不是呢？2007年的日历翻过去没有几页，陕西省考古研究所召开记者通气会，由石器研究室的副研究员胡松梅向大家通报了这个喜人的好消息。

好些年了，渭河滩地因为挖沙，或者是因为筑堤，出土了不少的动物化石。我能记得的是在2004年3月1日，《西安晚报》的新闻热线获得一条线索，有人在沣渭口的滩地上，挖出了一个巨大的动物头角化石。记者黄亚平闻讯没敢迟疑，叫了一辆跑热线的越野吉普车，一路风尘，向动物头角化石的发现地狂奔而去。他们持续地翻越着沙壕，一个一个又一个，在热心人的指点下，黄亚平见到了那位性格开朗的张姓农民。正是他在河滩地挖沙时挖出动物头角化石的，而且挖出来有好几天了。听到黄亚平的来意，张姓农民就带着他去了家里，搬出一个大大的纸箱，揭开来，就见一个巨大的动物头角化石非常完整地装在里边。黄亚平是喜出望外了，他让随行的两名实习记者从纸箱里取出动物头角化石，合抱着，连拍了几张照片。

这是个不错的开始。接下来的几天，黄亚平从挖沙人的嘴里又得到几条线索，于是，他马不停蹄，逐一上门拜访，还真让他看到了不少古生物化石。

最叫黄亚平难以忘怀的，是在沣渭口的河滩上走着，让细细的沙粒抚摩着他们脚板，就在他们打算再走几步回家的时候，却在一个废弃的沙壕里，一脚踩出了一棵已成化石的古木。这个发现让他们的脚板直发痒，招呼来几个热心群众，就在这个沙壕里刨起来。古木上的细沙，仿佛历史积存下来的面纱，有几多神秘，有几多感叹，被他们小心地清理着。沙去真形见，他们拍打着坚硬如铁的古木，惊叹埋在深沙里的树木，竟然不见一丝朽迹，保持了最为原始的形态，枝干遒劲，根梢盘结，表皮上满是龟裂的甲纹，交错纵横，像极了征战沙场的勇武之士。黄亚平们喜不自禁，挖出了一棵古木，又一棵古木……最终，在这个沙壕里挖出了四棵大小差别无多的古木。经测量，古木的胸径都在 2 米以上。

附近的村民赶来看了，说他们过去也挖出过古木。还以为有点用处，拉回家，既解不成板，又烧不着，纯粹都是一些废物。

是啊，就看在谁的眼睛里了，这样的古木对于讲究实用的村民来说，也许只能是废物，而对于考古研究者来说，却是一些不可多得的宝物了。

黄亚平把搜集到的全部资料，带回到西安，送到西北大学地质系，找到专门研究生物地质和环境的薛祥煦教授，经她初步测定，那些生物化石和古木化石，距今该有 2 万年的历史了。为了证明她的测定，薛教授还去了现场，找来一些样品，送到一些权威性的机构，让他们进行了同位素碳十四的测定，结果与她的初步测定相吻合。

这是一个契机，后来就有了进一步研究，如我在文首引用记者原建军的话那样，经过陕西省考古研究所石器研究室数年的研究，向世人宣布，远古的西安地区，是一处生态十分美丽和谐的地方。

应该说，这是个迷人的新闻发布，用词之讲究，之华美，是很能开启人们的想象能力。当其时也，我读着新闻报道，恨不得时间倒回到远古的时期，让我能够享受一下那样美好的生活。然而我只是有那么一瞬间的迷糊，很快我就又回到了现实当中，这是因为，我不是个太爱白日做梦的人。要是西安总是千古不变地保持着远古的自然景象，那就不会有历史上高度文明的周、秦、汉、唐……自然也就不会有初步现代化的今日的西安。

文明与自然的冲突，就这么叫人遗憾地存在着。人们比向往太阳的光明、比向往月亮的神秘还要强烈百倍地，向往着文明。而文明却又偏偏的，以牺牲美好的自然环境而达到。这是一个悖论，可能有人不同意，但事实历历在目，谁又能否认得了。我只是想用自己微弱的呼声，恳求文明的发展，能够照顾到自然的存在，把无所不包的自然也纳入自己的怀抱，与自然共荣辱，共发展。

我内心检讨西安的文明发展时，一双眼恰好正一眨不眨地，注视着那些从渭河流域的滩地上挖掘出来的古生物化石。我知道，我的眼睛在一块标明为"貘"化石的骨骼上停留了很长时间，这是因为，祖祖辈辈生活在渭河流域的我，没有从父辈的嘴里听到这样的动物，而且也从教科书上没有读到这个动物。可它的骨骼化石却在渭河滩地的深沙里出现了，这能不能说，貘与我们今天还能看到的牛、马、驴、羊、羚等动物的先祖，一起在这里生活着，只是它不能适应这里的变化，渐渐地绝迹了。

我想说，一定是这样的。

我检索资料，发现已故著名古生物学家杨钟健，携同著名地质学家刘东生，早年曾对河南安阳殷墟出土的兽骨进行了科学鉴定，结果发现了除牛、马、羊、犬等家畜骨骼时，还鉴定出了虎、豹、熊、猫、兔、狐狸、犀牛、象、猴、鹿等大量动物骨骼，有意思的是，其中还有一块貘兽的下颚骨。当时，两位治学严谨的专家没敢下结论说中原地区曾有貘兽存在。但据已故著名科学家竺可桢先生的《中国近五千年来气象变迁的初步研究》一文推断，貘兽在中原地区的存在是可能的。原因在于，公元前3000年至公元前1000年间，黄河下游和长江下游地区的月平均温度，及年平均温度，比现在要高出两摄氏度。据此推知，便是到了商周时期的陕西、河南、湖北一带，依然保持着很好的自然生态，森林茂密，水草丰茂，潮湿炎热，是很适应貘这种热带动物生存的。

是的，貘在出土了它骨骼的陕西、河南是找不见它活的身影了，而它在世界范围并没有灭绝，人们在马来西亚、苏门答腊、泰国及中美、南美等广大地域，还能发现它活奔乱跃的身姿。

我于2006年的春天，有幸去马来西亚旅游，被热情的东道主安排上了大汉山，在原始的密林里住了一夜，次日早晨起来，听着林中的鸟叫，我推开所住木屋的小窗，竟看见几只像是野猪一样的东西，就在我们居住的木屋窗下，悠然地踱着小脚。当时，我的欣喜多于我的惊骇，又喊又叫。

我喊叫的是野猪。让大家快来看，野猪。

可是陪同我们的当地人，在我们去吃早饭时，告诉我们，清早来拜访我们的客人不是野猪，是貘。

老实说，世上存在的貘兽，我是头一次在异国他乡才知道的。回国来，就有一次去宝鸡出差的机会，因为是自己的老家所在地，人熟地也熟，就与几位喜欢古董的朋友，去了我很想一去的西周青铜器博物馆，在那里很是诧异地看到了一件青铜貘尊。我的眼神被拉直了，目不转睛地看了好一阵，并给大家说，我在马来西亚看到了野生的貘。

是吗？大家有点不甚相信地问我了。

我不怪大家的怀疑，如果是我，不是在马来西亚的真实所见，任何一个人在宝鸡的西周青铜器博物馆，说他见识了野生貘，肯定也是要怀疑的。原因是，大家如我一样，生活在渭河流域，对貘这样的动物是太陌生，太无知了。

没办法，我费了一些口舌，把我在马来西亚大汉山的见闻备细说了一遍，大家才都点头认可，并对我的眼福大夸了一顿。

而我要夸的是考古工作者了，在1974年的末尾，组织人马扎根在岐山县的茹家庄，对一组西周早期墓葬进行挖掘清理，出土了多件青铜宝器。到1975年进行后期整理研究时，有个似羊非羊，似猪非猪，体态肥硕，圆耳大张，圆目怒睁，长吻前伸的青铜尊引起了大家的特别注意，反复观摩察看，没人说得清这是个什么动物。

正因为它的独特，考古工作者在整理时就用了些心。

这是我从西周青铜器博物馆印制的一份资料上看到的，在描写其体貌特征时，还用了这样一段话，腹部饱满微垂，兽蹄与腿较短，尾巴细短卷曲，器体中空，背部开有方口，上覆四角椭圆方盖。盖上挺立一只欲望腾跃的猛虎，虎头前伸，双目前视。此外，器物之两耳、两肩胛和两后臀上，均饰有圆涡形卷曲兽体纹。

如此描述，纵使未能目睹貘尊的人，也能大概知道其神形之精美，该是非常迷人了。

而更严谨的记载还在后面。就是说，考古工作者仔细地测量过貘尊的体量了。它通高18.6厘米，通长30.8厘米，重3.25公斤。

是这样的一件青铜器物，出土后许多年，竟没人能给它定名，后来，不知是谁执笔写作茹家庄西周墓葬发掘报告，很草率地给这件有点似羊的青铜尊注了一笔"羊尊"的字样，接下来就糊里糊涂地一直叫着。直到1993年春，享誉青铜器研究界的上海博物馆馆长马承源先生来宝鸡考察，看了这件已被命为"羊尊"的器物，他摇头了。老先生几天时间，仔细观察，反复琢磨，到走的时候，给宝鸡的同行说，还是把那件器物定名"貘尊"的好。

几乎要隐名埋姓的一件西周青铜器，这才堂而皇之地恢复了自己的真姓名。

有了这一次的正名，伴随着的，就也有了一次伤痛，很久很久的一个伤痛呢！在宝鸡的西周青铜器博物馆，我关注的眼睛从貘尊的身上滑过去了，但我的心像所有热爱自然，热爱自然中的一草一木、一禽一兽的人一样，是要为它伤着，为它痛着的。

伤着痛着它在这一聚居地的灭绝。

我不想用灭绝这个残忍的字眼，但我躲不过去，就只有忍受伤心的痛，扎人眼睛地使用了。而且我们面临的现实，比起灭绝的貘兽，似乎还要更为触目惊心，更为残酷无情。

为了资料的准确，我在互联网上检索，发现有一个世界濒危珍稀动物的名录，列入其中的动物种类，有节肢类的，有两栖类的，有爬行类的，也有鱼类的，共达89种。

对于这个名录，我想可能是保守的，或者是留有余地，不甚全面的。因此，我在互联网上同时检索到了一个中国濒危动物名录，那可是由国家权威部门发布的"红皮书"公布的，居然有厚厚的四大本，数百种之多。在"红皮书"里，权威部门表示，他们是下了功夫的，全面详细地论述了我国濒危动物的濒危状况、致危因素、保护措施等。旨在使政府部门、科学界和公众较为清楚地了解我国的动物物种现状，提高政府官员和民众对濒危物种的保护意识，并针对现状制定和实施相应的保护措施。

我在互联网上粗粗浏览了一下，发现朱鹮、熊猫、藏羚羊、金丝猴等我们熟悉的一些珍贵动物，全都上了"红皮书"，成了令人提心吊胆的濒危动物。

还好，这些动物虽面临濒危，却还有活体存在，另有一些，竟然悲哀地找不到活体存在了。例如长江里的白鳍豚，20世纪的90年代，科学家在作水上调查时，还有2000多头在飞驶的客、货轮船的间隙里偷生，到2006年11月份，汇集了中国、日本、瑞士和美国专家的调查组，再次踏江考察，搜寻长江白鳍豚的踪影。专家们分乘两条科考船，从武汉出发，先航行至宜昌，再航行至上海。两条科考船，分别沿着长江的一侧航道，不仅搜寻了长江干流，还搜寻了包括鄱阳湖在内原有白鳍豚活动的所有区域，遗憾的是，没有发现一条白鳍豚。

是白鳍豚已经灭绝了吗？

科学的界定"灭绝"这个概念，还留了个50年的时间期，在此期限，如不能有所发现，才可宣布此物种的灭绝。我在这里为白鳍豚祈祷了，希望它不致灭绝，在某一天又能出现在长江滚滚的流水中。

我的祈祷，想来应是所有善良的、理性的人们共同的心愿。但我们不能因此推卸自己的责任，正是因为我们人的作用，才使白鳍豚遭此厄运。早期的长江，是包括白鳍豚在内的，许多水生动物的乐园，只是后来的经济大开发，导致长江的严重污染，使白鳍豚等长江水生动物面临危急和灭绝。

这是不应该的，大不应该呀！我们扪心自问，我们爱白鳍豚吗？回答毫无疑问，我们爱白鳍豚，因为可爱的白鳍豚如世间一切动物一样，是我们人类至为亲密的朋友，我们不能眼看着自己的朋友，因为自己的过失和罪孽，在我们面前灭绝，到最后只剩下人类自己，那该是怎样的孤独和无聊。

像我家乡的人一样，在一个孩子受惊后，会有几个老人为孩子叫魂的。但愿这次的长江白鳍豚调查，只是让可爱的它受了一次惊吓，我愿意成为那个叫魂的老人，在距长江遥远的黄土地上为它叫魂：

回来吧，白鳍豚！

皿天全方罍：割心剜肉伤别离

很偶然地，我看到了一本《美帝国主义劫掠我国殷商铜器集录》的书，心便揪得紧紧的，仿佛书中的每一个字，都似一颗射出枪膛的流弹，洞穿了我的心脏，使我脆弱的心鲜血淋漓，感到一种割心剜肉般的痛伤。

这本书出版于 20 世纪 60 年代，是由中国科学院考古研究所的专家编辑的。书中揭示，现藏在美国的商、周青铜宝器多达 845 件。还说这只是个不完全的数字，其中包括器型精美或有铭文的祭器和礼器，而像车马器具、兵戈器具和日用器具均不包括在内，相信那该是一个更大的数字。已知藏在芝加哥美术馆的西周善夫盨，1890 年出土于古周原的岐山县，是西周贵族的重要礼器，原为我国青铜器收藏家丁□年 [1] 的旧藏，后被日本某氏重金豪夺而去，在日本存留了一些时日，又被他们的山中商会贩卖到了美国。清朝政府的西江总督端方，也是一位好古的藏家，他在位时，千方百计弄了一件西周重器颂簋，簋腹里有一篇铭文，共 14 行 150 字，记载西周策命制度颇为详

---

[1] 姓名缺字待考。

尽，端方把这件得之不易的宝物藏在家中有年，也不知怎么到了日本的山中商会，又被他们盗卖到美国的纳尔逊艺术馆。端方的旧藏中，还有一个成套的柉禁，以及盛昱旧藏的一件齐侯敦，早在旧时的中国，便是大家公认的国宝，却也躲不过美国人的眼睛，被担任过张作霖、袁世凯及国民政府顾问的美国人福开森所盗走，成了纽约市博物馆的藏品。其他还有小臣艅犀尊、中义文鼎、公诘鬲、土上盉等著名青铜器，从不同渠道流出国门，漂洋过海，成了美国散布各地的美术馆和博物馆的宝藏。

到美国去旅游，每每在他们的美术馆和博物馆看到我们国家的珍贵文物，从心底总会泛起一股酸涩的滋味来，让人既痛心，却又无奈。

在那众多的青铜文物中，还有一件名叫"皿天全青铜方罍"的宝器，是我在这篇文章中要重点来写的。

考古学家商承祚先生在他的《长沙古物闻见记》一书里，对皿天全青铜方罍有着较为详细的记述。说是 1920 年时，湖南省桃源县立女子中学扩建校舍，工匠们在挖掘校舍地基时，侥幸挖出铜鼎一件，高约七八十厘米，通体华文（纹），作瓜皮绿色。商先生记述的铜鼎，就是我们今天所说的四天全方罍。

就是这样一件宝物，刚出土时，并不为人所看重，以为寻常之物，随手丢弃在学校的走廊里，作为痰盂，供过往老师学生吐痰用。一日，学校里走来一位卖毛笔和墨靛的小贩，搭眼看见了皿天全方罍，知道这是一个古董，便顺手牵羊，将较为轻便的器盖偷拿了去。自然，小贩偷走皿天全方罍的器盖，并不是为了个人收藏，而是为了卖出去，换回一些银两。这是小贩的悲哀，很容易让人想起沙漠中的敦煌，那个与小贩几乎同时代的王道士，都太浅薄无知了，仅只是为了一点眼前的小利，便使国家弥足珍贵的部分文物，流失到了国外。

笔墨小贩偷来皿天全方罍后，即跑到常德古玩商石椿庭那里，向他告知了这件事。石椿庭知道皿天全方罍的价值，听到消息，心里一阵窃喜，但他强忍着没有表露出来，给小贩说了几句不冷不热的话，自己又去了长沙城，找到了长沙的古玩商杨克昌。二人碰了个头，当即决定收购这件青铜器。为了卖出一个好价钱，由石椿庭转告小贩，只要他能把器身也弄来，他们可以给他 2400 文的酬金。大家可能不知道，那时的 2400 文实在不值几个钱，换算成银圆，也就两个子儿。便是这样，小贩已觉得他捡了大便宜。于是，挑着他的笔墨担子，又一次来到桃源县女子中学，使了几文小钱，买通了看门的校役，将皿天全方罍偷运出学校，交给了石椿庭。这时的石椿庭，在长沙城跑了些日子，探知青铜器在古玩市场极为抢手，其间，他已与上海的古玩商李瑞清、马长生取得了联系，把皿天全方罍的器身拿到手后，唯恐夜长梦多，在长沙也不与杨克昌联系，当即搭乘火车去了上海，以 3 万银圆的价钱卖了出去。杨克昌在长沙等不来石椿庭，猜想事情可能有变，就去寻找石椿庭，知他已去上海，就托他的家人拍了电报，要他出价 7 万银圆，方可倒手变卖。其时，杨克昌说什么都晚了，皿天全方罍在上海古玩商的手里就没咋放，已经转手卖给了一位东洋商人，并已乘载汽轮出了国门。

石椿庭腰缠 3 万银圆回到长沙，脚还没有站稳，杨克昌就找了来。两个人话不投机，没说几句就吵了起来。

正是两位不法商人的争吵，使湖南省地方政府知道了这件事。于是，派了人去，把涉案的 10 多个人，全部捉拿入狱。也不知石椿庭是怎么想的，在往上海倒卖皿天全方罍时，只拿去了沉重的器身，留下了轻便的器盖。在狱中，几次提审，使石椿庭知道了事态的严重，他不敢保留皿天全方罍的器盖了，让家人暗中将器盖送给了驻军团长周磐，以求获释出狱。1951 年土地改革时，脱下军服回到老家的周磐，为了向新的政权立功，减轻自己的罪罚，就把藏在家里数十年的方罍器盖取出来，交给了人民政府。1956 年，湖南省博物馆征集文物，这才把皿天全方罍盖接收过来，并一直珍藏至今。

我在 2003 年的夏日，去长沙参加一个新闻研究会，为会议主办方安排，参观了皿天全方罍盖，当时心里很不是滋味，深为器身和器盖隔洋跨海，天各一方而喟叹。心想，什么时候，皿天全方罍能够在出土地重新结合在一起，那该是多么喜人啊。

青铜器的器盖和器身分家的事，不独皿天全方罍一个。素有青铜器之乡称号的古周原上，就发生过不止两起。这是我到扶风县采访考古专家罗西章时，听他给我说的。其中的一起，与皿天全方罍的故事有些相同的地方，也有些不同的地方。相同的地方是，把宝物挖出来后，起初并不当作宝物看待，很随便地撂着，很随便地就使原来完整的器物分了家。不同的地方是，分了家的器物并没流失很远，还在周原的村村寨寨绕着圈子。

这件事发生 1971 年的夏天，在县文化馆工作的罗西章照例被抽调去参加农村"三夏"工作。所谓"三夏"，指的就是夏收、夏种、夏管。这是一项非常劳力的工作，特别是夏收，人称"龙口夺食"，来不得一点马虎，收割的动作慢了，或拉运堆垛不及时，遇上天雨，到手的麦子就可能发芽霉坏，一年的辛苦泡了汤，接下来就该饿肚子了。罗西章那时正年轻，自己又是农村生农村长，与农民兄弟很有缘分，下到农村后，正和大家干得热火朝天，县里向公社打了电话，公社又向大队打了电话，让他赶快回县，说是有一批宝物要他清理。

是些啥宝物呢？前脚踏进县文化馆的大门，馆里的领导后脚领着他去了馆里召集大家开会的办公室，发现就在办公室的一头，摆了许多粘着铜锈和土渍的青铜器。他走过去，粗略地数了一下，既有青铜鼎，又有青铜簋，还有青铜壶、青铜盘和青铜匜，共 18 件，且件件器型精美巨大，其中几个青铜鼎和青铜簋都在 50 厘米高以上。

看着这一堆为人献来的宝物，罗西章心里甭提多高兴了。他连自己的单身卧室都没去，就在大办公室里清洗整理这批文物，黑天清洗，白天整理，到他为那些散乱的青铜器配套合盖时，这才发现缺了几个青铜簋的盖子。是这些青铜簋原来就没盖子吗？问题在罗西章的脑子刚一浮现，立即就被他否定了。多次的考古发掘经验告诉他，这些青铜簋肯定是有盖子的，而且还就在献宝者的手里。

心里这么想着，嘴里就给馆里的领导作了报告，接着就马不停蹄地去了献宝人所在的齐镇村，找到了献宝人陈志坚。罗西章把他的话说了个开头，就被陈志坚截了去，十分肯定地说，就他交的那些，再没有了。罗西章还拿话激他，但怎么激，陈志坚咬死一句话：都交了，没有了。

或许是陈志坚说的那样吧。罗西章都已松了劲，打算回单位去，正走着，脚下拐了个弯，去了当时的庄白大队李家村废品收购站，刚一进门，就看见了一堆破碎的青铜器片。罗西章现场拼对了一下，竟是一件西周重环状的鳞铜盘。这会是那批青铜器中的一件吗？罗西章在心里问自己，他不敢肯定，就又问废品站的收购员，进一步知道这些铜片是陈志坚的女儿拿来卖的，而且卖过好几次了。

罗西章的心疼了，招呼收购员保存好那些砸碎的青铜片，转身就又去了陈志坚的家，把他堵在家里，要他老实说，废品站砸烂的青铜器是怎么回事？有了证据，陈志坚不好再欺瞒了，老实说，女儿正在上学，买支笔要钱，买个本子要钱，他没钱，就拣好砸的青铜器砸一个，让女儿卖到废品站，换几个钱买笔买本子。

你糊涂！罗西章听得牙痒，朝陈志坚吼了一嗓子。这一嗓子把陈志坚吓得收不住嘴，接着又说了一件簋盖的下落。还好，用一斗谷子换了簋盖的陈三老汉，听人说那是"文王的百子碗"，放在家里，避邪是一方面，还能保他家人丁兴旺，发财致富，就很恭敬地收藏了那个簋盖。罗西章赶了去，从陈三老汉那里讨回了簋盖，并把废品站里砸碎的铜片收拾起来，一并带回县上，完好的那只簋盖与其中一个铜簋刚好配套，接着，又修复了几个簋盖，一个一个地，与原来无盖的铜簋都很合窍地盖在了一起。

另一件器身与器盖分身的事，发生的年代就很远了，想来该有 2600 多年的历史，是制器人家族在掩埋那些青铜器时，就使器身器盖分了家。

1961 年的农历二月，齐家村的农民在村东土壤里取土，很幸运地挖出了三件青铜器，他们没敢隐瞒，迅速报告当地政府，派人把青铜器拉回来，一级一级地往上缴，最后缴到了省博物馆。罗西章见过那三件青铜器，奇怪该有盖子的器物，怎么就都没有盖子呢？为此事，罗西章在齐家村打听过，终究没有打听到底落，他便也把这件事从心里删除掉了。时过 23 年，到了 1984 年 3 月的时候，齐家村一个叫李惠芳的妇女，去村东的土壤里背柴火。这时的东土壤已不再作取土用，李惠芳无意识地朝断崖上瞥了一眼，这就发现一处雨水冲刷的豁口处，露出点点深绿色的铜器痕迹，她没敢乱刨，托人到附近的周原遗址博物馆，找到罗西章，和他一起去了那里，挖掘清理了半晌午。一共清理挖掘了 7 件青铜器，其中就有三个盖子。罗西章当下就又活了起来。那三件青铜器，疑惑这三只盖子，该不是 23 年前没有盖子的那三件青铜器上的。为了证实他的猜想，罗西章顾不得拿回去，便在现场清除三只器盖上的土渍和铜锈，在器盖的内腹发现了铸造上去的铭文，恰与那批文物铭文的族名一致，心里一下子有了谱，肯定是与那三件青铜器相配套的。

几天后，罗西章出差西安办事，随身背着新出土的三只器盖，来到省博物馆，与藏在那里的三件青铜器身核对，果然无错，对得严丝合缝，一点不差。事情就是这么蹊跷，无端分身了那么久远，却又一朝相合，让在现场的罗西章和省博物馆的领导和专家，无不欣喜有加，感谢老天开眼，成就了文物界一桩美事。

我也在想，是该感谢老天的，冥冥中没有天帮忙，哪里会有这样的巧事。但我冷静下来想，在感谢老天时，还得感谢我们可敬可爱的祖先，他们是痴爱着青铜器的。正如历史和考古学家所考证的那样，安享在祖庙和家室里的青铜器之所以埋在地下，是我们古人遭遇了不测。便是这样，他们在人与器物分别时，也要挖个土窖，先把喜爱的青铜器珍藏起来，自己再去逃生。

用这两起器身器盖先是分身，而后又合在一起的故事观照皿天全方罍，我们就只能悲叹它的悲哀了。

原因是，天各一方的皿天全方罍，也有一次千载难逢的合璧机会。

这个机会出现在 20 世纪的 80 年代末期，我国著名青铜器研究专家、上海博物馆馆长马承源先生赴日本访问，在一个名叫新田栋一的私人收藏品里，发现了这件精美的青铜方罍。这让马承源先生心里一亮，当即想起藏在湖南省博物馆的方罍盖子，于是他想，莫非这件方罍器身与那件方罍器盖就是亲密的一家子？

马承源先生的这一猜想，勾起了他所听到的关于皿天全方罍发现，丢失的另一个传说版本。

这个传说版本与此前所知道的版本最大的区别在于，皿天全方罍发现在 1921 年，湖南省桃源漆家河流域下了一场暴雨，平地起水三尺，水退后，有人在山间沟畔发现了被水冲出来的一个青铜器，它通体雕饰着华纹，并呈深绿色铜锈。发现它的是当地的一位农民，因而，开始就由这位农民收藏。

在其时，不仅这位农民没有把皿天全方罍当作一回事，就是知道的人，也没有觉得太了不起。皿天全方罍就在那个农民家里平静地待了一段时日。然而，挖出有着精美纹饰的大型青铜器，毕竟不是一件平常事，乡亲们口口相传，而且是越传越远，这就传到了湖北省一位石姓商人耳朵里。石某知道这件青铜器物的惊天价值，得到消息后，就只身跨省来到桃源县的漆家河一带寻访。经过一个多月的苦心探问，却总是打探不出准确的讯息。到他失望得几欲罢弃探访而打道回府的时候，突然路遇一场大雨。这场雨与发现皿天全方罍那天的雨差不多一样猛烈，石姓商人去一户农家避雨，想不到踏破铁鞋无觅处的青铜大器就存放在这个人家里。

是这家的小孩告诉石姓商人的。当时，石姓商人的口袋里是装了些糖豆儿的，他在探访皿天全方罍的日子里，口袋中就没断过糖豆儿，他知道童言无忌的道理，每到一处，是个醒事的小孩儿，他就送给小孩儿几个糖豆儿，也不知他送出了多少糖豆儿，但都没有生发作用，这一次，给这家农户的小孩子送几个糖豆儿，小孩子就手指他们家的土楼，给石姓商人说：大铜器就在上面搁着。

可以想见，石姓商人听到准信儿后的心情，该是怎样的激动。但他没让自己的激动心情表现出来，拍了拍小孩儿的脑瓜，笑了笑，就又和农家的主人套上了近乎，缠着人家，非要一睹青铜大器的容貌不可。主人家是厚道人，拗不过石姓商人的纠缠，便答应了他的要求。这一看，石姓商人喜出望外，竟然给人家撂出了400块现大洋的价码。当然，这不是皿天全方罍的实际价值，商人心里明镜似的，只要到了他的手里，再转手贩卖出去，至少还不多赚7万8万块现大洋。厚道老实的农家主人，却不知道这件青铜大器的价值，一听来人愿出这么高的价，心想这太出乎咱的意料了，便是再老实的人，也不能不有所警觉。于是乎，他就把石姓商人稳在家里，给他又是泡茶，又是点烟，同时偷偷嘱咐大儿子，抱了较为轻便的器盖，到附近的一所学校，找有学问的人问个底细。学校里的老师都上着课，一时找不到人问，农户家的大儿子就等在学校，听到学生的下课铃响，看见一窝蜂乱跑的小孩儿里，有位身穿长衫的教师，这才迎了上去。他迎上去的教师不是别人，正是学校里的钟校长。这位在外上过大学堂的钟校长，最是懂得青铜器的宝贵，二话不说，就以800块大洋要购此件青铜器。钟校长给了农户家大儿子一些定钱，让他把器盖先放学校，并嘱他回家去，把器身一并给他送来，他把余下的银钱再给他们。可当农户家的大儿子回到家时，石姓商人也买了器身走得没了影子。

石姓商人从农户主人的热情招待中看出了破绽，预料事会有变，而把到手的宝贝再丢下来。因此，他拿话激发农户主人，说他不想卖，也就不要耽搁他的时间，说话，还真站起来要走。也是农户家的大儿子去得时间长，急忙回不来家，农户家的主人就失了主意，担心商人真的一走，他得不到那么多的银圆，心一横，就让石姓商人给他数足了银圆，用一个旧麻袋装了皿天全方罍的器身，让他背上跑了。

石姓商人把皿天全方罍背回到湖北的老家，以高出数倍的价钱，卖给了一位美国的煤油大王。

在日本人新田栋一的私藏里发现了皿天全方罍的器身后，在青铜器研究领域享有盛誉的马承源先生有了一时的恍惚，不知道买了它的美国煤油大王，什么时候又把它倒手卖给了日本人。

这个问题在马先生的心头一闪而过，因为他所知道的皿天全方罍的传说故事还没完。他听说，那位姓钟的校长得到方罍的盖子后，心里还想着方罍的器身，总欲得到而后快。

钟校长想起了一个人，那就是时在桃源县手握兵权的驻军团长周磐，要求他"缉拿奸商"石某，希望能使皿天全方罍合璧。其时，得到器身的石某也希望获得全器，他在钟校长之后，也托人找了周磐，愿以4万块银圆买方罍盖，希望周磐帮忙，并许事成之后再给了3万块银圆作酬劳。周磐没有答应商人石某的要求。而石某还不死心，又到常德求助军伐贺耀祖，见钱眼开的贺耀祖当即派人到钟校长所在的学校搜查，结果一无所获。便是这样，钟校长也不敢保存皿天全方罍的盖子了。他去找周磐，表示愿把方罍的盖交给国家，条件只有一条，希望能够获得一定数额的办学资助。周磐满足了钟校长的要求，付给他个人5000块银圆，并给了他期票5000元用以建校。

故事发展到这里还没有完。当时执掌国家大政的段祺瑞也知道了出土的皿天全方罍，他下了一道命令，务必追缴皿天全方罍到府。湖南省政府的赵恒惕，亦不甘落后，发下话来，要把皿天全方罍追缴至省政府保存。美国的煤油大王，得到方罍的器身后，又千方百计地打听器盖的下落，他出价14万块银圆，后来又涨到20万块银圆。拥有器盖的周磬，对煤油大王不断加码的报价，总是嗤之以鼻，不为所动，因为他有一个坚持不变的心理要价，没有50万美金决不出手。这样，皿天全方罍的盖子一直保存在周磬的手里，直到新中国成立，周磬被人民解放军俘虏逮捕，交代了皿天全方罍出土和流传的经过，并主动献出方罍器盖。

皿天全方罍扑朔迷离的出土和流传故事，没有遮蔽马承源先生的眼睛，他向新田栋一打问方罍器身下来的流传经过。新田告诉了他，是他20世纪80年代从一名英国收藏家手中花了几十万美元买来的。据说，英国人是从美国人那里买来的，现在到了他的手中，他还以为是一件完整的青铜器，却原来还有一个器盖。新田栋一别说有多高兴了，他向马承源先生打问，能不能把器盖帮他买来，使这件失散多年的青铜器能够合璧。马承源先生清楚地告诉新田栋一，要合璧是件美好的事情，但也只能在皿天全方罍的出土地合璧。新田栋一用他日本人特有的方式笑了一下，他是不死心的，到了1992年，签证到了中国大陆，直接去了长沙的湖南博物馆，带去了皿天全方罍器身的照片和各项测量数据，与收藏在那里器盖进行了对接，发现这个器盖与他收藏的器身完全重合。这使新田栋一喜出望外，当即答应出资30万美元，为湖南博物馆建造一间精美的青铜器陈列馆，并自觉捐赠他收藏着的一件西周初期的青铜器，以换取皿天全方罍的器盖。

对于新田栋一的提议，湖南省博物馆是动了心的，打了报告上报给国家文物局，得到的回答是不同意。并且明确表示，力促皿天全方罍的器身回归祖国。

　　然而，皿天全方罍的器身回归之路是那样的艰难。2000年初，新田栋一遭到了事业和家庭的双重打击，他下定决心要卖皿天全方罍的器身了。获得这个消息后，上海博物馆和保利艺术馆联系筹集了一笔巨款，准备购回那件流失多年的皿天全方罍的器身，使其回到国内，与器盖身首相合。

　　新田栋一委托美国纽约的洛克菲勒中心的佳士得拍卖行拍卖皿天全方罍的器身，时为2001年3月20日，参加拍卖会的人睁大了眼睛，关注着这件历尽劫难的器物。拍卖师手举红木的拍卖槌，叫了一个价，有人就迅速地举起出价牌，其中就有上海博物馆和保利艺术馆的人，几番报价、出价，皿天全方罍的价格已经上升到924.6万美元了。这大大超出了上海博物馆和保利艺术馆筹集到的资金，他们眼睁睁无可奈何地看着，决计要把带回家的皿天全方罍的器身，被一位法国的私人收藏家买了去。

　　罍在古代中国，是被当作一种重要的礼器来使用的，在王室和贵族的盛大宴会上，罍是不可或缺的酒器。其基本形制，有圆形的，也有方形的，尤其以方形的所少见。这件皿天全方罍，是我所知国内出土的青铜方罍中最大、最精美的一件，堪称"方罍之王"。流落在海外的器身，我无法一睹芳容，收藏在湖南博物馆的器盖，我是亲眼见到了，发现有"皿天全文乍彝"七字铭文的器盖，即被制作得美轮美奂。整个器物以细云雷纹为底纹，肩、腹分别以大兽面纹为主纹，并有部分夔纹装饰；上下排列有两个立体兽首；左右两肩部各有一个兽首衔环，圈足饰有凤鸟纹图案。它的四周以及各面中心线共饰有八通粗壮的长条钩戟形扉棱，用以掩盖合范铸痕，也用来装饰边角，增加造型气势。它的外表颜色深褐，莹澈如玉，是典型的黑骨漆。罍盖呈四坡屋顶形，顶上有提手，腹下有盘纽，整个器物给人一种雄浑庄重，富丽堂皇的美感。

　　眼睁眼望地，看着这样的国之重宝又一次流传海外，我可以想象，参加那次拍卖会的上海博物馆和保利艺术馆的人，他们那时候的心头是流着血的。为了祖国的文物宝藏，我们心头流的血不少了，我们还会再流下去吗？

我不知道，谁又能知道呢？没法说清楚时，我们剩下的只有等待了。等待是有用的，皿天全方罍器身于2014年6月回归来了，回来与器盖相合璧在了一起。

夔纹铜禁：血雨腥风斗鸡台

书法大家刘自椟先生与我有一面之识，可就是那一次的见面谈话，知道有一套五册的青铜器物图片册，是他题写的册名：右辅环宝留珍。刘先生说，五大册的青铜器物呢，件件都是珍宝，我是不自觉地为那些图册写的题名，也不知现在都去了哪儿？

刘先生的惦念，从他说给我以后，也便成了我的惦念。如今，刘先生已经作古，我却有可能以此文，为先生的惦念作个交代。

这是因为我去了天津的博物馆，看了一件西周的夔纹铜禁后，才有了这个具体的想法。我记得，先生所惦念的那一批青铜器物里，是说到这件铜禁的，而且是惦念得最切的一件。花钱约请的讲解员，例行公事地率着我们一帮人，呼呼啦啦一路讲来，讲到铜禁前时，我从后排挤了进来，听了讲解员的讲解后，觉得不很过瘾，连珠炮似的向她提了几个问题，结果把一个口齿伶俐的姑娘问得鼻尖上渗出了一层米粒似的细汗。我知道，我问得多了，把人家问得不好意思，便抱歉地退到后边，任由青春靓丽的讲解员带着我们，按着她的节奏又去欣赏别的宝物。我原是跟着大队一起走的，走了几步，又踅回来，立足在铜禁前，凝目着这件历尽劫难的青铜器物。

出土存世的青铜器成千累万，禁是其中的一个种类，而且是存世最少的那一类。就我所知，除了天津博物馆的这件西周夔纹铜禁外，美国的大都会艺术博物馆还藏有一套我国周代的青铜杝禁。是的，我们知道铜鼎、铜簋、铜匜、铜盘等青铜器物在远古时的用途，那么，铜禁是来做什么用呢？通俗地讲，就是古代的王室贵族在祭祀祖先和天地神灵时，置放酒器的器座。在历史文献中，对禁的称呼还有"斯禁""棜"等。当然，对于为什么把这种置放酒器的器座称之为"禁"，目前尚无人说得清楚。但据汉代人郑玄的看法，是所谓"名之为禁者，是为酒戒也"。他的这个说法，或许有一定的道理，但也难以服众，我就觉得，他也只是一个字面的附会而已。古人的心思，我们后世儿孙其实是难猜测的。

家在周原的我，很小的时候，就听说了铜禁的出土过程，并且听说与铜禁一起出土的青铜器物以及玉器达 1500 余件。一份得来不易的资料也佐证了这个数目，并称保存完好的有 740 多件，资料完整可作研究的 153 件。所属时代包括商、周、秦、汉等几个时期，尤以周、秦两个朝代为盛。计有青铜鼎、簋、瓦、豆等饪食器 70 余件；觚、斗、角、爵、觯等酒器 39 件；盘、匜、壶等水器 9 件；斧、削等工具器 2 件；弩机、钩戟、矛、戈等兵器 18 件，以及其他一些青铜的杂器。

如此众多的文物是怎么出土的呢？说出来，人的心是要碎了的。新修《宝鸡县志》有较为详细的记载，称其为割据地方的军阀头目党玉琨所盗挖。

党玉琨又名党毓琨、党玉崑，陕西东府的富平县人。他生性顽劣，极不安分，年轻时又厌读诗书，不愿意从事家务和农业劳动，整天和一帮地痞流氓混在一起，吃喝嫖赌，无恶不作。稍长，即出走他乡，四处游荡，曾在西安、北京等大城市古董店里当学徒，经受了比较专业的熏陶和教育，见识了不少古文物。久而久之，自命为道中高人，尤其对于青铜器的识别，更是眼力不凡，真品赝品，闭着眼睛嗅其味道，也能分出真伪来。

　　是这样的一个人，怎能甘居人之屋檐下，做个忠实厚道的学徒呢。翅膀稍硬，就辞了古董店的工，跑出来自己单干了。但他干得并不顺手，就采用黑道上的手段，动不动与人大动刀子。后来一次，也不知为了什么，与人争勇斗狠时，被对手打断了腿，从此落下病根，走路时小有跛脚，因而又有了一个"党拐子"的绰号。

　　自知很难在古董界打出名堂，党玉琨又毅然弃商从戎，投到盘踞在陕西西府凤翔县的地方军阀、靖国军首领郭坚的部下当了个小头目。在钻营的路途上，他无师自通，颇有一些手段，深谙怎样投好上司，因而为郭坚所赏识，历任排、连、营、团长。但好景不长，1921 年 8 月，冯玉祥整肃陕西的地方军阀，郭坚不服管束被打死。党玉琨顿时失去靠山，带了一部分残兵败将，逃到了陕西的醴泉（今改礼泉）县驻守。不久，奉命驻扎凤翔的主力军队东调，留下的人马钩心斗角，四分五裂。伺机而动的党玉琨没费吹灰之力，又于 1926 年 2 月率部强占凤翔。为了壮大声势，显示威风，他不要谁任命，自封为"师长"，又号称"司令"。

　　这在当时是不奇怪的，整个国家都在北洋军阀的统治之下，相互混战，相互倾轧，一时无法顾及地方治安，导致地方上的小军阀自立为王，称雄一方，政府根本约束不了他们。

　　党玉琨重返凤翔，知道自己只是一个经不起打的小军阀，而他又野心膨胀，不愿永远做个看人眼色的配角。怎么办呢？他吃饭睡觉都在想着壮大自己的势力，唯如此，才可能摆脱受制于人的困境。这也就是说，拥兵自重，雄霸一方，才是他要做的事情。然而，要想做大，就必须有足够的枪械弹药，同时还得招募足够多的兵力。而要实现这一目标，最根本的是钱，没钱一切都是空想。

　　为了筹措军饷，党玉琨挖空心思，寻找一切生财之道。而他想得最多的门道，都是在当地老百姓的身上刮油了。而在当时的情况下，老百姓的温饱已成问题，身上又有多少油水可刮。纵是党玉琨派出兵士，四处搜刮勒索，却总是无法满足他们贪得无厌的欲望。就在党玉琨急得眼睛发红，心头上火时，有个名叫杨万胜的乡绅，通过他的同乡张志贤，给党玉琨透露了一个消息。

消息称，在戴家湾村后的大沟里，有几处断崖，断崖上有几个"山洞"，经常有人在"山洞"里发现古董，拿到西安，就能换个几十块、上百块银圆回来。

党玉琨听得一脸的喜气，想自己挖空心思地弄钱，却怎么把这一手忘了。他盘踞的地方，周、秦两大朝廷在此发迹，地下是埋了许多东西的，而且他在古董店做学徒时，店老板经常收到一个鼎，一个簋，甚至一个盘什么的，就让他来掌眼，告诉他，那一个是从岐山县弄来的，那一个是从扶风县弄来，自然还有凤翔、宝鸡等县弄来的。现在，这些县都在他的控制之下，只要上心，弄点儿古董还不是易如反掌的事。守着遍地的财宝不知道搜寻，党玉琨直在心里怨自己，为什么不早动手。当即，他下了决心，要放手大干一番了。

心里喜成花的党玉琨还能沉得住气，问给他透信的张志贤，杨万胜会不会有什么事求得上我？张志贤因为已经得了杨万胜的好处，就把杨万胜的难事给党玉琨细说了一遍。

原来是，这个祖居戴家湾村的杨万胜是个恶绅，在当地一贯作威作福，鱼肉乡里，无恶不作。特别是他承担起征收苛捐杂税的差使后，自己又多算多收，大吃"过水面"，惹得乡民一片怒愤。是这样还不罢休，为了获得更大利益，他竟然胆大包天，向他管辖的村社民众私加大烟税款，不堪勒索的乡民，终于忍无可忍，搜集了他的许多罪证，决定联合起来告发他。而且有一些血气方刚的人，还放出话来，要放他的血，为民除大害。

党玉琨一字一句听得仔细，淡淡地笑了一下，让张志贤带话给杨万胜，如能挖到古董，他不难为他。

斗鸡台的戴家湾地区的确有宝，这是其特殊的历史地理原因造成的。据《史记》记载，春秋战国时的秦文公、秦献公的墓葬就在此地。而且，这里还是周朝的重要城邑。北依渭北平原，南临渭河的斗鸡台。历史上称为"陈仓北阪城"。秦文公为了祭祀天帝活动，在此建有陈宝夫人祠（俗称娘娘庙），所以也叫祀鸡台。有这样的地理因素，埋藏地下的文物自然不会少，当地人也常发现，每逢大雨、大水冲刷之后，就有古代文物暴露于土崖边上，其中不乏上等的佳品。早在清朝末年，这里就曾出土过重要的青铜文物。

便是这样，党玉琨也没急着动手，他先要到戴家湾村考察一下。时在1927年的春天，他一身绅士打扮，头戴礼帽，手执文明棍，乘坐着一辆豪华的马拉轿车，众多随从，也都骑着彩饰的高头大马，威风凛凛，派头十足。劣绅杨万胜，早已得到口信，那天穿得也像过年一般，毕恭毕敬地迎在村口上，把党玉琨接到家中，大摆宴席，殷勤招待。

盗宝的基本方案就这样在八碟子凉菜、八碟子热菜的酒席上决定下来了。

接下来就是组织工作了。别说党玉琨是个杀人不眨眼的地方军阀，干起盗宝的事，一板一眼，组织得还是很有道行的。他任命驻扎在宝鸡县虢镇的旅长贺玉堂为现场盗挖总指挥；委任凤翔"宝兴城"钱庄总经理范春芳为现场盗挖总负责，此人曾在汉口坐过庄，买卖古董有些门路；派遣卫士班长、绰号"大牙"的凤翔人马成龙，率柴官长、张福、白寿才等人为监工头目；另外，还聘请宝鸡当地一个有名的古董商郑郁文做秘书，此人人称"挖宝先生"，他的具体职责就是作现场指导，并负责对挖出来的各种文物进行整修、鉴定和分级定价；劣绅杨万胜的家就成了挖宝指挥部，许多后勤供应就由他一手操办，事实是，党玉琨隔个几日，都要来盗宝现场查看，一来就到杨万胜家，由他负责全面接待。

在对盗宝的组织进行了周密的安排后，党玉琨下令正式开挖，时为1927

年的秋天。

从事盗宝的工役，全部是从附近县、区抓来的青壮年。开始时，工作量不是很大，仅靠就近村落的强行摊派就够了；随着盗挖墓穴的面积不断扩大，所需人手越来越多，附近的村庄摊派不出，就又扩大到宝鸡、凤翔、岐山三个县的大部村庄。这样，高峰时一天就有 1000 余人在埋头盗宝，七八里长的一条戴家湾后沟里，布满了密密麻麻的盗宝人。

在杨万胜的指点下，盗宝活动的第一天，就在戴家湾东边的一个垮塌的"山洞"里挖出了许多青铜器和陶器，其中有铜镜、铜钫、陶灶等。这些器物都出自同一个汉墓。

翻过一天，在另一个地方又挖出了一件青铜器，现场监督的马成龙说是一个香筒。请来"挖宝指导"郑郁文鉴定，又说是觯。正在分辨器物类型的时候，在同一个坑里又挖出了一件刻有铭文的鼎、一件簋和几件残破的器物。此外，还有戈、铜泡等。几乎同一时间在与这处地方不远，又挖了一座墓葬，人下到里边，从塌实的土里刨出了一个巨大的鼎，鼎里还装着一只小羊羔，皮和肉年久已经腐烂，骨架子却还保留着最初的模样。

盗宝伊始，便有这样的大收获，党玉琨不禁喜出望外，胃口也随之大增，不但在组织上控制得愈加严密，而且在人力上也大力加强。因之，搞得斗鸡台地区风惨云愁，人神共愤。被抓来的民夫，早起晚归，吃住在荒沟野外，稍有不慎就会遭到现场监工的鞭打。更有甚者，监工们还诬赖挖宝民夫，说他们偷窃私藏了宝物，抓起来严刑逼问，有受罪不过的人，捎话给家里，让拿来银圆了事。其中有位家贫如洗的汉子，拿不来银圆了事，竟被监工从后背上切下一刀，一边一个人，拽着薄薄的一层皮，一点点地撕下来，搭到汉子的肩膀上，赶着他在旷野上跑，被风鼓起来的肉皮，像是生在肩上的翅膀，呼呼地扇动着……现场看见的民夫，莫不提心吊胆，生怕这样的酷刑落到自己的头上。

前些日子，我到斗鸡台的戴家湾村走访，听几位老人说唱了一首民歌，我听了，觉得很能反映党玉琨的暴劣和老百姓的愤恨：

党拐子，土皇上，派出土匪活阎王；
指挥穷人把宝挖，抬脚动手把人杀；
斗鸡挖宝八个月，实把百姓害了个扎。

挖宝挖到了当年的 11 月底，老百姓种在地里的小麦都绿成了一片，而党玉琨的盗宝活动一刻也未停歇。他不管地是谁的，种了麦子没有，揣摩哪里埋有宝贝，就指派人在哪里挖，把方圆十几里的麦地挖得千疮百孔，没了几棵禾苗，而他还真挖了不少东西，其中的一个大墓，据参加挖宝的民夫事后回忆，说是墓壁上还画了大片的壁画，内容是大山和牛羊。大山叠嶂盘绵，牛羊成群结队，有立有卧，其中似有一人，漫漶剥落不清。山的画法，简洁成大小整齐的三角形，牛羊的体格也成比例，粗有轮廓，唯头部栩栩如生，突出了一双眼睛，极富神采。

这样的壁画，按现在的研究成果来分析，很有秦人早期游牧时的境况。可惜却被盗宝时的野蛮挖掘破坏掉了。如能完好地保留到今天，相信其独一无二的历史地位，可能是比墓室里出土的青铜器还珍贵呢。

从这座墓葬里出土的器物最多，而且多为青铜制作，既有鸟纹方鼎、扁足鼎，还有兽面纹尊、兽面纹觯等。值得重点一提的是，收藏在天津博物馆的夔纹铜禁，就是从这座大墓里出土的，当时一共出土了三件铜禁，最大的铜禁上放置着鼎、尊、觯、爵等两排酒器。较小的铜禁上只放三件酒器，中间是一件卣。我们现在所能看到的，仅只剩天津博物馆的一件，另两件也不知去了哪里，殊为可惜痛心。

可惜痛心之余，我想问的是，活人为何总与死人过不去？这或许与国人的丧葬习俗分不开，总是乐于隆丧厚葬。殷代以前，人们就已有了灵魂不死的观念。此后，这一观念愈加浓厚和强化。人们普遍认为，魂来自于天，魄来自于地，二者离散之后，魂飞于天转化为神，魄钻于地腐化成水融入土壤，魂和魄都是可以庇护后人的。因此，后人无条件崇拜先人的魂魄。

如何能够安顿先人的魂魄呢？后人所能想到和做到的，就是让死去的先人能够在阴间享受到生前的尊荣。隆丧厚葬之风由是而起，便是贫家小户，不能为先人陪葬青铜器物，陶制的器物是绝对少不了的，不如此，便是不孝，惹先人生气，遭他人唾骂。如果是王公贵族的葬仪，可想而知，能怎么奢华就怎么奢华，就像盗墓者每每盗挖出来的那样。

孔老夫子，对此倒也想得开。如他的学生子游问询丧具。夫子曰："称家之有亡。"子游曰："有无恶乎齐？"夫子曰："有，毋过礼；苟亡矣，敛首足形，还葬，具棺而封，人岂有非亡者哉？"把老夫子的这段话译成今天的文字就是：子游就葬具请教孔子。孔子说，应当与家庭实际情况相符合。子游问，家庭状况有贫有富，有没有统一的礼的规范呢？孔子说，经济条件许可的，不应厚葬过礼；经济条件不足的，只要衣衾可以遮掩尸体，殓后即下葬，又怎么会有人责备他失礼呢？

如此看来，孔子是不大提倡隆丧厚葬的。可是，那么好听孔子所言的国人，在这件事上，却是不甚听话的，总是要把先人的死搞得过分的隆重，如《汉书·成帝纪》所说："事死如事生……奢侈罔极，靡有厌足……车服、嫁娶、葬埋过制，吏民慕效，寝以成俗。"《后汉书·明帝纪》中也说："今百姓送终之制，竞为奢靡。生者无担石之储，而财力尽于坟土。伏腊无糟糠，而牲牢兼于一奠。"时人在死亡事上，铺张浪费到这样的程度，令人怕要叹为观止了。

既如此，无怪乎盗墓活动历久不衰，代有豪强而出，且其手段也越来越高明，气焰亦越来越嚣张。只说今天，就有一句颇有鼓动性的口号："要想富，去挖墓，一夜一个万元户。"的确，巨大的商品利益引诱驱使，盗墓者还管什么道德廉耻，一窝蜂冒着生命危险而走上这条可能没有归途的路。

纵然是拥兵自重的党玉琨，大肆盗宝后不久，就遭到恶报，被冯玉祥将军令其下属宋哲元围剿，死在了凤翔东城墙根。

看来党玉琨不知道他将死到临头，从1927年秋盗宝开始，一直挖到来年的春尽，似乎还不肯罢手。特别是最后的三个月，为了掩人耳目，党玉琨请了几台大戏和皮影戏，扎根在盗宝的现场，连续演了90多天。据知情者后来讲，戏台下摆满了当地人爱吃的风味小摊和日杂小店，每日里人山人海，一派欣欣向荣的景况。

但他哪里知道，时为陕西省政府主席的宋哲元将军，接到冯玉祥的命令后，已部署了三个师的兵力，共约30000余人，分两路向党玉琨的老巢凤翔杀来。

凤翔自古为名城，城内的地势远高于城外，易守难攻。但负隅顽抗的党玉琨能抵抗一时，却不能抵抗半年，当宋哲元组织军队挖了一条秘密坑道，把4000公斤的烈性炸药填进东城墙下，于1928年8月25日上午10时引爆，炸开一个20余丈宽的大口子，使攻城部队一拥而入，仅仅用了一个小时的时间，就全部缴了党玉琨残军的械。作恶多端的党玉琨，自己也遭到了他所应得的惩罚。

就在宋哲元的部队搜捕残匪过程中，士兵们在党玉琨的司令部里发现了一个挂着大锁的铁门，砸开来一看，里面满满当当摆着100多口大木箱，箱内尽是党玉琨盗挖而来的青铜宝物和部分古玉器。接着，又在党玉琨卧室的万宝架上和他二姨太张彩霞的居室里，缴获了一些青铜的、玉石的器物。

宋哲学从剿灭党玉琨的战争中，缴获了如此多的珍宝古玩，转运到西安的新城四面亭军部，展览了一天，让参加攻打凤翔的部属饱了一回眼福。随之，就让他的心腹萧振瀛押送，暗藏在军部的一个密室里。此后，这批十分珍贵的文物，开始了一个戏剧性的流转和失散的过程。

还好，宋哲元初获这批珍贵文物时，在西安的新城光明院，请来文物鉴定专家薛崇勋先生，看着他对他全部的古物逐一鉴定。同时，还请了芦真照相馆的摄影师，为每件文物拍了照片。在为文物作鉴定时，颇为心细的薛崇勋，对有铭文的青铜器，都一一拓下拓片。那些青铜器上的铭文，少则 1 — 3 字，多则十几个字。宋哲元后来调离西安，不知什么原因，却没有带走这些珍贵的照片资料和拓片资料，后在西关的一户种菜农民家里发现。

是个名叫王子善的古董商偶然获知这些资料信息的，他找到那户农民，以与蔬菜价格差不多的钱数买来这些资料，并小心地收藏着。过了些年头，王子善的生意做得颇不顺畅，就把他收藏的 5 大本装裱得仿佛字帖一样的珍宝册子，拿到西安北大街上的废旧物品市场兜售，时为 1945 年仲春。

在西安的一所中学当校长的刘安国，无意发现了这件事。他知道 5 大本珍宝册子实录了斗鸡台盗宝案里的全部宝物，而且是绝无仅有的一套，便有意出资买下来。恰好，王子善的儿子就在刘安国的中学任教，利用这样一层关系，刘安国很容易地买来了那套照片配拓片的图册。

刘安国购到这些照片和拓片的图册后，曾请古董专家杨仲健先生过目，并请当年鉴定过这批文物的薛崇勋先生辨识，均为他们所肯定。

特别是薛崇勋老先生，再次目睹这批文物的图片，不禁感慨万端，唏嘘不已，遂欣然命笔，在图册的扉页写道："彝器景本五册，乃富平党毓琨（玉琨）驻凤翔，迫发民夫在祀鸡台发掘者。戊辰（1928 年）党败死，器为陕西主席宋明哲（哲元）将军所得，邀余至新城光明院注解者，去今已一十五年矣……不意，己酉春，依仁（刘安国）兄在长安市中得之，即当日照本，原题皆余所作……乙酉（1945 年）夏四月二日，三原薛崇勋（定夫）识。"

应当说，宋哲元在最初获得这批文物时的做法是不错的，既作了鉴定，又拍了照片和拓了拓片，这对研究和保护文物是个很好的举措。可是接下来，宋哲元就不像陕西省政府的主席了，倒完全像个文物贩子，首先把一部分经过鉴定的珍贵文物，作为人情送给了他的上司冯玉祥。其余部分，在他离陕时由小老婆和当时赴天津任市长的萧振瀛带到了天津，存放在英租界他的家里。也不知宋哲元给冯玉祥都送了哪些文物，新中国成立后，由冯的夫人李德全只把一件名为水鼎的文物捐出来，收藏在了北京的故宫博物院。他自己保存的那部分，有一些通过天津的古董商卖给了外国人。

日本考古学家梅原末治在他著述的《东方学纪要》里说："宝鸡出土的铜器乃是在纽约的中国古董商戴运斋姚氏（叔来）从天津买来。姚氏说，党玉琨在宝鸡盗掘的铜器先归于冯玉祥之手。又闻，曾为波士顿希金氏藏的告田觥（现藏香港），也是通过在纽约的日本古董商购自天津。"

梅原末治的话，显然是冤枉了冯玉祥，但也证明，党玉琨所盗的宝鸡斗鸡台宝物，大部分就是由宋哲元及其亲信萧振瀛运抵天津后，才开始流失出去的，包括现在在美国、日本、英国及香港的许多珍贵青铜器。

宋哲元这个人是复杂的，后人很难对他作出一个让人服膺的结论。说他好吧，他从地方军阀党玉琨手里缴获来的青铜器，又经他手散失几乎殆尽就是一个例子。说他不错，1933年在长城一线奋勇抗战亦是一个例子。总之，1885年出生于山东乐陵城关镇赵洪都村的他，幼年刻苦读书，17岁入陕西老帅陆建章创办的随营军校学习，后入冯玉祥部，参加了1922年的直奉战争，因军功升任第二十五军混成旅旅长，是西北军的五虎上将之一。冯玉祥十分赏识他，称赞他"勇猛沉着"，"忠实勤勉"，"遇事不苟"，"练兵有方"。但他扛不住自己的病身子，同时又因为政治上的落寞，于1940年3月随着如夫人常淑青去了她的故乡四川绵阳，在那里住了一个月不到的时间，即于同年4月5日因肝病医治无效而殁，终年56岁。

喊破嗓子力主抗日的宋哲元病逝一年，日本帝国主义者发动了太平洋战争，并派兵占领了天津的英租界。由于宋哲元誓死抗日的壮举，日本人对他是恨之入骨的，铁蹄踏进英租界，当下就抄了宋哲元的家，包括西周夔纹铜禁在内尚未卖出的文物全部被扣押。

稀世珍宝落到了日本人的手里，能有个好吗？宋哲元的三弟宋慧泉看在眼里，急在心里。还好，他手里有钱，是贩卖文物获得的钱吗？今天的我们不得而知。总之他是舍得花钱的，通过不断地请客，不断地送礼，又从日本人手里讨回了部分文物，里面就包括了西周的夔纹铜禁。

宋家知道这件西周夔纹铜禁的珍贵，但又怕露富遭灾，不敢把铜禁摆在显眼的地方。思来想去，宋慧泉先生就把铜禁藏在夫人王玉荣的住处，故意很随便地放在屋前公共走廊的一个破木箱里，再在上面堆了许多煤球。这样一个瞒天过海的做法，使我们珍贵的夔纹铜禁安然度过 20 多年的时间，直到爆发了史无前例的"文化大革命"，红卫兵冲进宋家的大门，查抄了包括生活用品在内的全部物品，却也使夔纹铜禁留了下来。然而到了 1968 年，因为家务事的纷争，夔纹铜禁被砸坏了，准备卖到废品站里换几个小钱。恰在这时，有人报告了天津市的文物清查小组，而清查小组也在千方百计地寻找这件文物的下落。闻讯，他们立即派人到王玉荣的住处，把砸成 50 多块的夔纹铜禁，接收了回来。

好端端的东西成了这样，让看到它的专家们无不痛心。这可是价值连城的东西啊！在进一步的拼接中，却又发现少了一块，那是宋慧泉的女儿敲下来当废铜卖了的。文物专家们不敢怠慢，回访自愿捐献夔纹铜禁的王玉泉，知道内情后，就到废品站去搜寻，没有找到，便又往下追，去了天津市的炼铜厂，从堆积如山的废铜里找回了那一块，经过拼对，破碎了的西周夔纹铜禁又可以复原了。

修复西周夔纹铜禁的是中国历史博物馆的几位老专家。他们在北京的一间不很显眼的房间里，经过数月的辛勤劳动，又是焊接，又是打磨，终于使这件历尽坎坷的稀世珍宝，又完整如初了，然而留下来的遗憾，又哪能圆满呢？因为我们知道，这件夔纹铜禁不是单个的一件，与它在一起的还有鼎、尊、觯、爵等数件青铜器物，也不知现在都去了哪儿？唯余一件孤零零的铜禁在天津的博物馆里，成了馆藏中的镇馆之宝。

新中国成立后的 1955 年和 1956 年，保存着斗鸡台盗宝案中的五卷本拓片和照片资料的刘安国，曾两次托人送到北京故宫博物院的唐兰先生及中科院考古研究所的陈梦家先生手边过目，并请设法编辑出版。唐、陈二先生是极重视的，翻拍了所辑文物的部分照片，而且还作了应有的研究笔记，但却因故未能出版，便把原物退回了刘安国。可惜"文革"开始后，刘安国的家被抄，那些他珍藏了许多年的资料不可幸免地又都遗失了。

一件西周的夔纹铜禁，数十年的颠沛流离史，让人看它时，总觉不尽的腥风和血雨。

西瓜敦：汨罗江水抱清尘

屈子祠又称汨罗庙、三闾祠，在汨罗江下游北崖的玉笥山上，东南距汨罗市区约 10 公里。我们知道，这是纪念伟大的爱国诗人屈原的旧祠了。始建于汉代，以后多有整修，但这座昔年的旧祠，我们已是难觅踪影了。现在能够得见的，是长江葛洲坝水利工程建设时，从旧祠搬到现在这个地方的新的屈子祠。便是这座新祠，也将随着长江三峡水利工程的兴建，而进行又一次的搬迁。我就是赶在三峡水库蓄水前，抢时间去了那里的。

祠里人山人海，不论是进山门，还是到青铜像馆、东西碑廊、衣冠冢，无一处不是人挨着人，人挤着人，让一个古朴清幽、肃穆庄严的地方，热闹得像是集贸市场。我想，大家和我的心情也许是一样，都想赶在水淹屈子旧祠之前，再来看上一眼埋在心里的精神之境。

就是这次的精神瞻仰，让我知道了一件震惊莫名的事情，那便是珍藏在祠里的贵重文物西瓜敦，为贼人盗走，又刚为有识之士从国外的拍卖市场讨了回来。为此，我想看一看西瓜敦，了解一下它的历史，但却难遂心愿了。人家为了保护好失而复得的西瓜敦，不仅不作公开展示，便是私下的参观，非得一定的级别是看不到的。我便只有遗憾了，心里怨着自己，谁让咱没出息，达不到私下参观的级别。

由西瓜敦的失而复得，让我想起居家西安的一件事，其情其景，几与西瓜敦的遭际相似。

那是六件黑色的裸体陶俑，在 2002 年的春月，上了美国索斯比拍卖行的拍品名录。是西安市公安局文物处的侦查员发现的，此前不久，他们破获了一宗文物盗窃案，从罪犯处缴获了 34 件黑色裸体陶俑。他们把两处裸俑资料反复比较，认定拍品编号为 32 的裸俑，与他们从罪犯处缴获的裸俑为一个类型，也就是说，都是犯罪分子从霸陵窦皇后墓的一个陪葬墓里盗掘出来的。于是，他们向陕西省公安厅汇报，并与省文物局联系，组成了专案组，写出了专门的报告，通过公安部和国家文物局，向美国有关方面发出特急密传电报，提请他们按照国际公约规定，紧急追索这 6 件汉代陶俑。

在美国的中国大使馆也收到了同样的报告。时任大使的杨洁篪，一面照会美国海关总署，一面与设在纽约的索斯比拍卖行联系，经过一番紧锣密鼓的较量，终于在拍卖举行前，叫他们极不情愿地撤下了裸体陶俑的拍卖。

然而要使 6 件陶俑顺利回国还有许多事情要做。就是美方要求我们提供这批文物真实性的附加材料，并书面回答他们海关提出的 11 个问题。这些问题包括 2001 年 6 月窦皇后墓被定为国家重点文物保护单位时，该墓穴是否已被挖掘和列出墓穴物品的清单？有人能说明这个墓穴里放置了多少件陶俑吗？如何证实墓穴里有什么东西？专家能提供更详细的解释吗？等等。

为了使陶俑早日归国，陕西省公安厅和西安市公安局及时整理了窦皇后墓被盗的现场勘验笔录、现场照片、被盗文物照片和公安机关立案报告等司法证据；陕西省文物局又及时收集整理了窦皇后墓的相关资料，对美国海关提出的问题，一一作了翔实的回答。在事实面前，美方承认了 6 件汉代黑色裸体陶俑为中国西安所有，并于 2003 年 6 月 17 日，在中国驻纽约总领事馆举行交接仪式。9天后，6件被盗流失国外的汉陶俑又回到了祖居地。

在媒体工作的我，安排专人对这件事作了充分翔实地跟踪报道。想不到隔山渡过水的来到汨罗江畔的屈子祠，比西安汉代陶俑还早，发生了几乎如出一辙的事，这叫我不能不瞠目结舌了。

而我想说，屈子祠失窃文物流失国外，最后以国际法准则讨要回国的青铜西瓜敦，是比6件汉代陶俑更其珍贵，也更其惊心动魄。

不能目睹西瓜敦的尊贵容颜，但关于它的资料我是仔细收集到了。知道它为战国时的青铜器物，而战国时的青铜器，其造型之丰富，品相之繁复，是要叫人叹为观止的。加之其时的铸造工艺，多为合范法浇铸，一般一范只铸一品，很少有面目完全一致的青铜器。因此，这时期的出土青铜文物，件件面貌各异，个个神韵不同，有着十分广阔的艺术去向。

这件失而复得的西瓜青铜敦，属于贵族使用的饮食器具，通体装饰有细刻精镂的蟠螭纹。在此之前的商、周两个时期，青铜器中还没有敦这个类别，只是到了春秋战国时期才慢慢地流行起来，是为鼎和簋的复合型器物，用途也与鼎和簋差不多。从目前出土的情况看，敦的形状一般为圆腹、二环耳、三短足，加盖，有盖还能反转使用；而有的盖，和器物本身都为半圆形，合起来是一个圆球形，如我们文中所说的这件青铜敦，通俗的名字都叫西瓜敦。

珍藏在屈子祠，是为祠内镇祠之宝的西瓜敦，是有其很高的艺术欣赏价值和科学研究价值的。而这是要专业人士去探究的。

只是我想问，这件西瓜敦出土于哪里？最初为谁所铸造？又为谁所发现？在什么样的情况下保存在屈子祠？我的问题没人能回答，在屈子祠，追着人问，被问者莫不是一头雾水。然而，这并不影响我对西瓜敦的喜爱，它太有魅力了，其构思巧妙的形态、富丽精致的纹饰、秀美多姿的神韵，像是一幅传世的画作，牢牢地刻印在我的记忆中了。

同时记忆下来的就是1988年6月4日遭遇盗窃的故事。

敢在屈子祠里盗宝，这伙贼的胆子也是太大了。

中国文人里，屈子是最具符号性的人物了。大家想一想，人生自古谁无死，谁都想死得其所，可真正做得到的能有几人？就说咱们中国的帝王吧，生前就都为自己的死准备着了，死后又都葬得非常风光，又是封土，又是树碑，而且是大建陵园，但和走投无路、忧愤而死的屈子比起来，似乎无一不轻如鸿毛。唯有屈子，向汨罗江里纵身一跳，便给中国民族跳出了一个节日，死出了一个榜样。

端午节时，举国百姓，家贫家富，灾年丰年，都要想法包上许多粽子，往江水里投一些，祭祀伟大的屈子，给自己余一些，香香自己的馋嘴。几千年了，如果逼迫屈子跳江的楚庄襄王有知，也许他会与屈子换了身子，让屈子坐在王位上，他去跳了江呢。

清清的汨罗江水，长流着中华斯民对屈子的思念，江河的水不断，斯民的思念不绝。据记载，唐元和十五年（公元820年），归州（秭归县旧治）刺史王茂元，在汉时修建的屈子祠旧址上，扩建了一座规模更大的祠庙，并铭刻石碑，赞颂屈原"义特百夫，文雄千古，其忠可以激俗，其清可以厉贪"。铭文还哀悼屈原"麟出外时，终困于人。剑有雄芒，不用无神。矫矫先生，不缁不磷。举世皆醉，抱志殁身。汨水悠悠，言问其滨。归山高高，独抱清尘"。

好问碑立的我，读着那被岁月浸染得十分苍古的文字，我觉出了眼角的湿润。

可惜我来得不是日子，如是端午节，我一定要向身侧的汨罗江里多投几枚粽子。

怀着我这一想法的人，恐怕不会少，宋朝的神宗皇帝应该算一个了。他对屈子的崇仰是实在的，在他即位三年，一道明黄色的绢质御旨下来，投江一千多年的屈子，有了一个伟岸的谥号：清列公。祠名亦从此改为"清列公祠"。应该说，神宗给他的谥号是实在的，但也是虚空的。而且是，老百姓并不把他的谥号当回事，称呼他的依然为屈子，以及屈子祠。

以后的元、明、清几个朝代，屈子祠断不了修缮和供养。最大的一次是清朝乾隆十九年，一百余年后，同治八年又做了一次大的修整。最近的一次，当属1976年，长江葛洲坝水电工程兴建时，因为江水升高，屈子祠无可奈何有了一次搬迁新建。我所凭吊的该是搬迁新建的屈子祠了。如今，随着长江三峡水利工程的建设，屈子祠将又面临一次搬迁。想着这样的事，我双手合十，站立在屈子的铜像前，祈求他原谅后人的唐突，让他伟大的灵魂受惊扰了。

这样的惊扰，心怀社稷安危和百姓生活的屈子，也许不会太计较。但对蠹贼盗窃收藏在他祠里古文物的事，他肯定是不答应的，甚或是愤怒的。

蠹贼是在1988年6月4日夜下手的。是夜，月暗星稀，伸手不见五指，便是祠里养着的两条狗也没有觉察，何况住在祠里的工作人员。就在大家不知不觉中，包括这件战国西瓜铜敦在内的9件祠藏瑰宝，神不知鬼不觉地被贼人盗掠去了。

天亮后，工作人员从梦中醒来，这才发现文物被盗。大家惊得面面相觑，大眼睛骨碌乱转，急忙拨通110报警电话，向警方报告了文物失窃情况。

警方的动作是迅速的，仔细地察看了现场后，就把侦破的视线撒向周边地区。两周后，一条重要线索抓在了警方的手里。有人反映，十多天前，有两个外地人租用船只去宜昌进货，但船主等了两天不见装货，也没再见那两人的踪影。反映还说，那两人操一口浓重的荆州口音，根据这一反映，当地警方基本断定，此两人有重大作案嫌疑。但是警方所获作案嫌疑人的线索太少，只有两节四川万县生产的"万光"牌电池。

警方不以线索少而气馁，认真梳理临近地区发生过的文物盗掠案，试图从中找出有用的东西。还别说，这一经验性的方法帮了他们的大忙。在文物失窃案梳理中，他们发现同年 3 月，四川省云阳县张飞庙的文物盗案，与屈子祠的文物盗案有一些相似的地方。张飞庙文物盗案也是两个人，两人又都操着荆州口音。特别重要的是，两人在作案的前晚，住宿在人民旅社，一个叫宁学昌，一个叫宁学武。深入地对比分析，警方确认两起案件为同一团伙所为。得出这个结论，还有几点证明：

一、盗窃目标都是春秋战国时期的文物；

二、都是包租船只逃离现场；

三、都是使用监利县工人的工作证；

四、同在现场留有四川万县生产的"万光"牌电池。

有这些证明条件，即对警方侦破案件列出了头绪。恰在这时，湖北省公安厅接到公安部的紧急传真，要求他们迅速侦破此案。这是因为，有位热心的美籍华人，在纽约索斯比拍行于 11 月 29 日的拍卖文物目录里，赫然发现了我国青铜西瓜敦。他把消息反映到中国驻纽约的领事馆，领事馆又把消息传真给国家文物局，经他们调查核实，知道这种镶嵌蟠龙纹的战国青铜西瓜敦在中国仅有两件，一件还在湖北省的随州市，另一件原在湖北秭归的屈原纪念馆。从文物图片资料看，索斯比拍卖行即将拍卖的青铜西瓜敦，很可能就是屈子祠丢失的那一件。

得到消息时，时间已到同年的 11 月下旬，距离索斯比拍卖行的拍期仅剩不足一星期，想要从他们的手里成功讨回西瓜敦，必须准备一套详尽的第一手证据，证明编号为 43 的战国青铜西瓜敦，就是屈子失窃的一件。23 日清早，湖北省组织专家，把青铜敦的全部资料送达北京，又与北京的专家分析对比，一致确认，索斯比拍卖宣传册上的 43 号拍卖品就是我国丢失的西瓜敦。有此定论，国际刑警组织中国国家中心局致电美国，要求他们协助中国警方追讨西瓜敦。

美方的消息却迟迟不见到来。拍卖在即，我们不能坐视自己的珍宝落入他人之手。为了向美方和索斯比拍卖行施加压力，11 月 28 日，新华社驻外分社和国内各大新闻机构，向世界播出了这样一篇电稿：美国索斯比公司计划明天拍卖的 43 号文物，系我国今年 6 月在湖北省秭归县屈原纪念馆失窃的镶嵌蟠龙纹战国青铜西瓜敦，希望索斯比公司暂停这一珍贵文物的拍卖……

国际公约对此有着十分明确的约定，收藏、拍卖属于他国的失窃、走私文物，是不道德的行为。有鉴于此，美国有关方面及索斯比拍卖行在消息发布后，也果断采取措施，在拍卖会举办的当天，通报我国驻美大使馆，正式取消了中国青铜敦的拍卖计划。

消息传到国内，大家都松了一口气。但大家心里明白，他们取消拍卖并不意味我们就能讨回来。我们还有许多工作要做。

果不其然，几天后，索斯比拍卖行对我驻美机构表示，在中国方面能够提供证明该青铜敦的所有权属于中国的详细材料后，索斯比拍卖行才能与其委托人一起，以捐献的方式把青铜敦归还中国。这也属国际通例，我们心里着急，却也得按通例行事。大家把青铜西瓜敦的其他资料梳理了一下，觉得是足够了。唯独缺少的是失窃资料，而这时，国外的一些媒体，也盯上了这件事，在报道中大力加以渲染，有报纸甚至在大标题上使用了"中国内地战国铜敦被盗，警方破案一筹莫展"的字眼。国内各界也十分关注此事，街谈巷议成了当时的热门话题。

警方感到了极大的压力。他们深知，抓获罪犯是解决问题的主要矛盾。为此，参与破案的公安干警，调整破案思路，把侦查的视线延伸到距离秭归500 公里的监利县。

接到任务的监利县公安局，与前来参与案件侦破的他地公安人员一道分析研究，发现被盗案所使用的鸭嘴钳是不多见的，而且与本县工商银行被盗案采取了同一方法。而且是监利县爱民路曾经发生的一件捡拾破烂老头与小孩争夺铁管，铁管里掉出金融债券的奇事，从债券号码看，又恰好为工商银行所失窃。他们由此推断，案犯确实在监利，而且就在爱民路一带。

走访排查是缜密的。当天夜里，参与破案的公安人员在一起交换情报，发现一个有着犯罪前科的人十分可疑，他近期暴富，花钱如流水……大家不敢迟疑，迅速把这个名叫李建新的人请进了公安局，起先还钢牙铁嘴不说话，几个回合下来，便拉了稀。交代了他与栗金飞两人盗窃屈原纪念馆西瓜敦的犯罪事实。而此时，栗金飞因为其他案件，正被公安机关收审在押。

12月8日夜12时左右，在强大的法律攻势面前，栗金飞也交代了他们合谋盗窃屈子祠文物的犯罪事实。同时供认，盗窃的文物有的卖给了广州人陈金明，而剩下的两件无花铜敦和铜壶还埋在栗金飞岳父家的灰池里。

栗金飞为盗窃案主谋，深入挖掘，不仅获得了战国青铜西瓜敦的被盗和走私全过程，还顺藤摸瓜，侦破了1988年3月24日张飞庙文物盗窃案。巧合的是，案情与警方最初的猜想如出一辙。

湖北省的警方在全力侦破案件的时候，在京的公安部和国家文物局也没闲着，他们用与国际刑警组织中心局及美国驻华使馆进行了频繁的联系和交涉，并先期把战国青铜敦的详细资料通过我国驻美纽约领事馆，全部递交给了索斯比拍卖行。现在又有了被盗的详细资料，再向索斯比拍卖行交涉，他们终于同意向我国交还战国青铜西瓜敦。时间约定在1989年5月25日，委托拍卖人在未露面的情况下，由索斯比拍卖行与我驻美纽约领事馆签署了备忘录，并把战国青铜西瓜敦交由领事馆收存。

中国派出的接收代表其时也已赶到了纽约。从领事馆接到失而复得的镶嵌蟠龙纹战国青铜西瓜敦，当即订了返国的机票，赶在5月29日纪念屈原的端午节来临之际，顺利送归屈子祠。那一日，秭归县几十万百姓奔走相告，提前包好粽子，赶到屈子祠，在祭祀伟大的民族精神之魂屈原的同时，也祈祷珍贵的西瓜敦永存屈子祠，不再受劫难。

咸阳宫鼎：笑颜融化无尽的心酸

　　自己的东西被盗了，被抢了，后来还要自己拿钱再买回来，想想会是个啥心情呢？肯定是不好受的。我便亲历了这样一件事，是我骑了几年的一辆自行车，在住宅楼下放了一会儿，再去骑着办事时，却前找后找不见了影子。我想一定是被贼偷走了。那些年，我在报社做记者，没有了自行车，出去采访就成了困难，买个新的吗，觉得才是贼要惦记的，就去了旧车市场，转了一圈，发现自己的那辆旧车也在，就撵上去理论。把持着我那辆旧车的是一位老人，他问了我个问题，你说是你的车子，有什么证据吗？有了我不说二话，你推上走。他这一说，我傻眼了，因为我是没有证据证明的。那个看上去还算慈善的老人，给我提了个建议，说你如果喜欢这辆旧车，没关系，你随便给，给几个钱是几个钱，你骑上走，车子就是你的。没辙好想，我给了人家一百元，把自己丢了的自行车才推回了家。

　　当时，我心里的那个别扭啊，恨不得和人拼上一场。

　　一辆旧的自行车尚且如此，是一件国之重宝呢？被人偷去了，抢去了，现在又要我们自己掏钱再买回来，心里想来肯定会更难受。但有什么办法呢？无可奈何时，还就只有掏钱往回买。

著名的子龙鼎就是 2006 年国庆节时，由国家斥资 4800 万元从香港的拍卖会上买回来的。青铜器研究专家李学勤介绍，回购的这件子龙鼎为我国商代重器，是所有青铜圆形鼎中最大的一件，因其鼎身带有"子龙"铭文，由此得名"子龙鼎"。龙在中国的象征意义是巨大的，我们走遍地球的角角落落，所要捍卫的便是龙的精神，因为我们谁都不会忘记自己是龙的传人。而鼎上的那个"龙"字，也是现存国内外青铜器或其他文物铭文中所知最早的记载。而且子龙鼎的铸造工艺非常精良，器型设计也十分美观大方，保存至今，品相完整，是商周青铜器中极为少见的一件珍品。20 世纪 20 年代，从中国大陆流落到日本，回购回来后，入藏国家博物馆。

我在陕西省历史博物馆工作的一个同学，近日进京交流学习，参观了国家博物馆举办的"中华文明五千年"展，发现子龙鼎作为国博的常规展品，与早期入藏国博的后母戊大方鼎摆在一起展出。同学说他过去到国博参观学习，只见一尊后母戊大方鼎，觉得很是孤单，现在有子龙圆鼎做伴，一方一圆，交相辉映，让人看得眼热心跳，恨不能钻进展柜里去，把两尊大鼎都拥抱一下。

同学的感情是真挚的。我想所有现在去国博参观的人，为那方圆二鼎的合璧展览，都会投去欣喜的眼光的。

这是国家富裕的结果，我们积贫积弱的国家，经过改革开放二十多年的努力，有这样的财力回购我们流失海外的国宝了，这对我们曾经破碎的心是一种抚慰，更是对我中华文明的一种负责。

不仅国家现在出资回购流失的贵重文物，就是民间有识之士，也积极参与，回购我们曾经流失的国宝。

就在子龙大圆鼎回购前 6 个月，即 2006 年 4 月 10 日，由欧洲保护中华艺术协会主席高美斯先生及西安市民黄新兰女士，出资买回了一件咸阳鼎，捐赠给了秦始皇兵马俑博物馆。

沉睡秦陵高大封土里 2216 年的始皇帝嬴政如果灵犀尚存，他今日是会含笑九泉的。因为咸阳宫鼎捐赠入藏秦俑博物馆后，文物界的老专家韩宝泉立即便对宝鼎作了全面研究，他从铭文上看到，这个宝鼎是秦王横扫六合的一件战利品。

这太有意思了。韩宝泉毕其一生研究青铜器，经他眼睛阅读过的器物铭文可谓多矣，但像咸阳宫鼎上的铭文，他还是第一次发现。因为在此之前，他所阅读的青铜器铭文，都是与器物同时铸造上去的，而咸阳宫鼎上的铭文，却是分了几次刻上去的。

圆形素面加盖的咸阳宫鼎不是很大，通高仅 17.5 厘米，两耳间宽 24.5 厘米，口径 17.7 厘米。仔细看，在鼎口外沿处，很容易看清"宜阳""咸""临晋厨鼎"等 50 余字的刻铭，而这些刻铭从字体上看，经历了战国、秦和汉三个不同时期。最早刻上去的应是"宜阳"等铭文，宜阳为古地名，在今洛水旁。战国时期，韩国首先占领了宜阳，鼎上"宜阳"两字铭文，足以证明它该是战国时期的韩国贵族所铸造。历史上，为了争夺宜阳，韩国和秦国打了不少仗，拉锯一般，去年你攻进来，今年他又把你撵了出去，直到公元前 288 年，秦庄襄王派出大军，一举灭了韩国，为韩国领地的宜阳这才完全入了秦国的版图。之后，秦始皇统一六国，"宜阳"之青铜鼎也就入了咸阳宫，刻上了"咸"等字样的铭文，成了现在命名的"咸阳宫鼎"。

事到此处，似乎还不能结束，因为"咸阳宫鼎"上又有了"临晋厨鼎"的新铭文。对此，专家的解读是，保存在咸阳宫里的鼎，因为秦王朝的覆灭，它又经历了一次离乱，是为西汉的王室所拥有呢？还是散失到了民间？现在是不好说了。仅刻铭文"临晋"二字可以知道，它或许是为汉家王朝封赠给下级官吏的，也或许是一个下级官吏获得这个鼎后私带来的，来到了今天的渭南市大荔县。因为它名字上写得明白，汉朝时的大荔县名就叫临晋。至于

"厨晋"二字作何解释，专家们一时还无定论，凭我想象，绝不是放在厨房里当作煲汤的一个器具的。原因是，汉王朝拥有该鼎的人，除了在鼎器上刻铭了那四个字外，还刻了"一斗四升"等度量衡单位字。由此可想而知，珍贵的青铜咸阳宫鼎虽不至于沦落为厨房用器，也可能从此不再作尊贵的礼器了。

重新发现咸阳宫鼎的高美斯，是在一个偶然的机会，从别人提供给他的一份拍卖会宣传画册上看到的。

对中国文化情有独钟的高美斯先生是法国著名的亚洲艺术家，与中国有了20多年的友好交往，特别是对陕西的历史文物保护和文化经济交流，做了许多有益的工作。当他从拍卖会的宣传册上看见咸阳宫鼎后，认定它为中国战国时期的文物，理应让其回到故地来。于是，他多次游说家在巴黎的器物所有人，让他先从拍卖会组织者的图册里撤出咸阳宫鼎，他想办法筹钱，把鼎买下来归还中国。

也是高美斯的一片诚心，让他再一次来到陕西西安，在一年一度的西部交易洽谈会上认识了西安美都房地产开发有限公司董事长黄新兰女士。高美斯听她对文物也很喜爱，就把他在欧洲见识到的咸阳宫鼎给他说了。而且坦诚地告诉黄新兰，他已尽力了，但他的钱不够，还不能买下咸阳宫鼎捐给中国。黄新兰听后冷静地告诉高美斯，那就咱们共同努力，来做这件功德事情。

高美斯为了慎重，把他从欧洲带来的咸阳宫鼎图片资料给黄新兰看，并请陕西的文物专家掌眼，为咸阳宫鼎的回购捐赠确定了一个合适的归宿，这就高兴地踏回欧洲的土地，从那位法国巴黎人的家里购买了咸阳宫鼎，送回到西安来，入藏在秦俑博物馆。

作为新闻工作者，我有幸受邀参加捐赠仪式，看着高美斯先生和黄新兰女士把他们回购捐赠的咸阳宫鼎亲手交给秦俑博物馆的领导时，到会的人都兴奋得鼓起掌来，我也鼓掌了，而且我听得见我的掌声非常的响，眼睛里酸酸的，似有泪花在涌动。我努力地忍着，让自己的眼睛久久地停留在咸阳宫鼎上，看着它，想它的流传经历是太丰富了。先在早期的中国，从这一地流传到那一地，又从那一地流传到这一地，不断地流传着，绝对不会想到，它会漂洋过海，流传到遥远的欧洲大陆去。

现在好了，它又幸运地流传回了故里。

我为咸阳宫鼎的流传回来而感动，更为高美斯先生和黄新兰女士的义举而感动。他们俩的脸满是笑容，是比春风，是比阳光还美好的笑容啊！哪怕我们的心里还有酸涩，看着他们真诚的笑脸，郁积在心里太久太久的酸楚全然融化掉了。

中国人的好朋友高美斯在捐赠现场说：或许我的前生是个中国人，我有一个梦想，我是尽可能地把流落国外的中国文物多一些带回它的故乡来。多亏有这些历史文物，中国将能够更长久的将其文明传播到全世界。正是因为这些原因，也同时让我对历史悠久的陕西和两千年文明古都的西安更加热爱。我希望咸阳宫鼎收藏在秦俑博物馆中，能够继续见证中国的繁荣昌盛。两千多年前，秦始皇统一了中国，并且统一了货币、文字、度量衡；两千多年后，欧洲也在做着同样的事情。因此，我还希望咸阳宫鼎能像见证秦始皇统一中国一样，再次见证台湾回到祖国的怀抱。

热心中国文物回购的黄新兰女士也在捐赠现场说：抢救流失文物，就是保护中华遗产，就是保护中华文明的根。能够参与咸阳宫鼎的回购捐赠活动，我感到自己很幸运。

是啊！黄新兰是幸运的，我们富裕起来的中国人都是幸运的。像这次的咸阳宫鼎回购捐赠一样，在陕西，在中国，在全世界，正在兴起一个中国文物回流潮。

远的不说，就在前些天，由北京的万红、王超敏，上海的施茜，加拿大的刘苹、李涛以及美国的黄翔华、陈勇、蔡明奇、邓清、王雷、王纲、黄岚、范世芳、邓芳等14位爱国华侨，自觉筹资，从国外的文物市场购买了3件西汉文物运回国，捐赠给了西安北原上的汉阳陵博物馆。其中有着衣裸体女俑6件，着衫裸体男俑4件，着塑结合式彩绘俑12件，以及9件十分少见的陶扁钟。

我们知道，在过去，中国文物流失海外主要有四个渠道：

一、鸦片战争中被帝国主义列强从中国掠夺而去的；

二、当时一些来华外国人勾结其时的军阀奸商，以极低的价格买下文物偷运出境；

三、通过正常交易或赠送流失；

四、国内犯罪分子走私贩卖出去。

据不完全统计，全球47个国家的200多座博物馆里收藏的中国文物数以百万计，便是陕西一地流失的即不下十万件，且多是文物中的精品。

为抢救流失文物，除了如高斯美、黄新兰等民间人士的努力外，中国国家文物局也于2002年设立了"国家重点文物珍贵文物征集专项经费"，有计划、有目标地回购文物。但从目前的情况看，由于资金原因，除了收购少量具有代表性的、艺术价值极高的珍品外，大量文物仍无力收购。

从实际情况看，文物的回归还涉及非常复杂的历史问题，根据有关国际公约，其中一部分海外流失文物客观上已难归国，在无法用外交和法律手段索回流失文物的情况下，用经济的、民间的手法赎买文物不失是一个好办法。

外国友人高美斯先生和热爱文物回归的企业主黄新兰女士等，已为我们树起了一个榜样，大家起而学习之，就一定能使中国文物的回流潮掀起更大的浪头来。

后母戊鼎：翘世独立的殷商重宝

攻克南京的中国人民解放军，仿佛神兵天降，突然出现在南京郊外的机场上，使机场上的国民党守军惊恐不已，几乎未作抵抗，便拱手把机场交到了解放军的手里。同时，交给解放军的还有一件国之重宝——后母戊方鼎。

听说，后母戊鼎太大了。它是蒋介石逃台前，计划运往台湾的国宝之一。因为它的体量太大了，负责进行迁台文物工作的人员，可以把它从南京的中央博物院装上卡车，拉运到机场来，却没办法把它装上飞机，这是因为飞机的舱门太小了，没有办法把太大的后母戊鼎装进去。恰是这一个太小及一个又太大的缘故，贵重异常的后母戊方鼎滞留在了南京机场，成了中国人民解放军的一个不可多得的战利品。

出土在河南安阳殷墟的后母戊方鼎，所以能从故土来到南京，是因为国民党第31集团军司令官王仲廉的一次巴结行为。1946年10月，作为蒋介石黄埔军校的学生，获知校长六十大寿，就想着法子要让校长高兴一把。是的，在抗日战争的烽火硝烟中，很能打仗的王仲廉，却在这件事上犯愁了。怎么才能让校长高兴呢？他想到了许多法子，都不能使他满意，这便有人给他建议了：作为礼物，把殷墟出土的后母戊方鼎送去，校长应该是会高兴的。

一语说在了王仲廉的心头上，他带了护卫队，从司令部所在的新乡县北去安阳，把权且收藏在安阳县古物保存委员会所在地的后母戊鼎"借"了出来，装上火车，武装押送，直达南京，作为贺寿的礼物献蒋。也不知什么原因，蒋介石却没有正面接受，但也没有原物退回，只嘱咐下来，由南京的中央博物院筹备处妥为收存。即如此，王仲廉就已非常满足了，善于揣摩校长心理的他，知道他来的礼物，校长绝对是高兴的。果不其然，时过两年，后母戊鼎在南京首次公开展览，蒋介石偕夫人宋美龄，亲往展馆参观，是日，蒋氏夫妇站在后母戊鼎前的摄影新闻，占据了包括南京、北京、上海等城市的所有报纸。

时过一年多，让蒋氏夫妇无法想象的是，他们败逃到了台湾，而他们钟爱的后母戊方鼎，却至为侥幸地留在大陆。

围绕着后母戊方鼎，从出土之日起，有着太多的传奇和不测，发生在南京的事情，只是所有传奇和不测的一个小插曲。

早在 20 世纪初，河南安阳的武官村就有大量甲骨文出土，史学界称其为旷世未有的大发现。而这次大发现的起因，现在叫人听来，是很有点儿哭笑不得呢。1899 年，在北京，任国子监祭酒的王懿荣生病卧床，请来太医诊治，确诊他是患了疟疾。很快，太医开出方来，让家人去宣武门外的达仁堂抓药。很快地，依方抓好的药分包在几个小纸包里拿了回来。粗通医理的王懿荣有个习惯，家人服用的药，他都要照方一一核对，而他自己的药，就更不能放过了。核对着时，有一味龙骨的药，让他的眼睛亮了一下，他发现一块不大的骨片上，隐约有几个字，非篆非籀，十分古朴。素好金石之学的王懿荣，不禁精神大振，未服药，病患似已去了大半。他没有迟疑，派了家人，拿足了银子，到达仁堂去，又多买了些龙骨回来，结果在那些龙骨上或多或少又发现了不少字迹。这些文字在作为药物出售前，显得都被炮制过，都有新的刮削痕迹，但文字契刻较深，虽然模糊了些，却仍看得清字迹。

从此，王懿荣沉湎于刻在骨片上的文字研究之中，原来的疟疾竟也不知不觉地痊愈了。此后至 1900 年，王懿荣悲而以身殉情前的很长一段时间，他一边精心研究这些文字，并且四方搜罗这种刻了字的甲骨。古董商知道王懿荣肯花钱，便纷拥到河南安阳的武官村一带，从农民的手里大量收购刻字的骨片，带回到北京，卖给唯一有此爱好的王懿荣。因此，还导致刻字的骨片价格不断攀升，由最初的"一斤仅值数钱"，变为后来以字数多寡计值，贵者竟达到每字二两银子！

甲骨学的发展由此而生，成了一门独立的学问。自 1928 年起，以国家的名义，在河南安阳殷墟组织实施了共十五次的发掘。冥冥之中，像有祖先神灵的相助，每次发掘都有意外的收获。

最大的意外发生在 1928 年 10 月 13 日，时为中央研究院历史语言研究所代理所长的傅斯年，派遣董作宾先去安阳作了个考古调查，接着又申请了1000 元的发掘经费（现在看，这样的经费是太小了，但在当时可还是个大数目呢）。并请驻扎在安阳的冯玉祥将军支持，从那天开始，对殷墟地下遗存进行首次的科学发掘。

自然，身为古文字研究专家的董作宾把发掘的重点放在搜求甲骨方面。功夫不负有心人，他们在小屯村附近，发掘了 40 个坑，揭露了 280 多平方米的面积，获得了 854 件骨片，其中有字的骨片达 784 件。发掘还在进行中，相继又有考古学家李济、梁思永等人参加进来，成果亦在不断扩大。正在大家踌躇满志，在殷墟更大范围进行第十五次发掘时，"七七"卢沟桥事件爆发，日军疯狂侵华，华北地区相继沦陷，地处河南的安阳也无法幸免，成了日军的占领区。

让人百思不得其解的是，中国政府组织实施了十五次的殷墟考古发掘，虽然也有令人振奋的发现，却没有一件比得上后母戊方鼎这样的重量级文物的。

应该说，青铜重器后母戊方鼎的出土太不是时间了。

这是个没有办法的事。日本人占领了安阳殷墟后，发现西北冈的东区有片茂密的柏树林，他们惧怕柏树林成为抵抗日军侵略的掩遮地，就组织民夫砍了柏树林。过去的考古发掘，董作宾、李济、梁思永他们之所以没有触动这里，是因为柏树林为当地村民的祖坟。然此地为殷商王陵的传闻，也广泛地流播民间。于是，有人趁着乱世，来这里偷挖了。

偷挖者为武官村的村民。他们生活在这里，知道这里为一块不可多见的风水宝地。过去的日子，除了眼见中央政府组织的考古发掘外，他们也曾自发地搞过一些挖掘，而且也有很好的发现，卖给古董商人，弄了不少的银圆。这次他们要有组织地进行盗掘活动了。

具体的组织者是谁，随着时光的流逝，已不好说清了。能够知道的是，他们在1939年，对有殷商王陵传说的那片祖坟墓地，进行了全面的探索和盗掘，可是除了证明这里确为殷商王陵之地外，却少有文物发现，因为有盗墓贼早于他们已经偷挖过了。他们沮丧、咒骂，但却没有善罢甘休，转移地点继续进行有组织的盗掘活动。

是一个初春的日子，武官村有点家业的吴培文，和他的叔伯哥哥吴希增到砍光了柏树的坟地里来祭祖。兄弟二人在覆盖着一层白雪的坟地里走着。发现这里一个坑，那里一个洞，知道坟地又被盗墓贼挖掘过了。兄弟俩看在眼里，急在心上，祭罢祖宗后，回家取来镢头锨，商量着把被挖得破破烂烂的祖坟重新修好。自然，这是需要取土来修的，在离祖坟不远的地方，兄弟俩一个挖土，一个送土，干了有一会儿，挖土的吴希增让吴培文看土，时年18岁的吴培文看不出土的特别来，但他的叔伯哥吴希增看出了不一样。这位很有经验（不晓得他这经验是从哪儿得来的）的叔伯哥吴希增，十分诡谲地朝吴培文笑了笑，给他说，以后你就知道了，咱们往下挖，说不定土下有宝哩！

　　还真是让吴培文很有经验的叔伯哥吴希增说准了。兄弟俩在那块土色土质有别的地上挖着，从 2 月 23 日（农历初五）开始挖，一直挖到 3 月 15 日的深夜，兄弟俩满共向地下挖到近 4 丈深时，吴希增刨进土里的探铲，突然碰到了一个坚硬的东西上。吴希增心里一喜，在把铲头提上来，仔细看时，铲刃卷了，却恰到好处地带上了一些绿色铜锈，在这方面依然很有经验的叔伯哥给吴培文说，我们探到宝了！

　　兄弟俩的心这时跳得快了，嗵嗵嗵嗵像要从嘴里跳出来。他们不约而同地向远处望去，发现不很远的地方亮着一排又一排的电灯，有红，有绿，有黄，像是鬼的眼睛，在黑暗冰冷的晚上，一眨一眨的……兄弟俩知道，那就是日军占领了的安阳机场，那里有一支打着"北支学术调查团"旗号的日本人，到处搜挖探寻殷墟文物。可能是这一团体收获大的原因吧，日本的"东方文化研究所"也跟风来到这里，明目张胆地、疯狂地盗挖殷墟地下文物。

　　黑暗中，兄弟俩把远看的眼睛收回来，相互对视了一下，谁都没有说话，把他们辛苦探掘的土方平整了一下，扛着工具回家休息了。

　　不知叔伯哥吴希增那天晚上睡着了没有，吴培文自己则彻夜难眠。在他前头，是有两个哥哥的，却都不幸早逝，留下 18 岁的他，是要独撑家门了。他和叔伯哥吴希增探到宝物的坟场，恰好是他祖上的，挖还是不挖，都要他拿主意的。

　　挖吧，宝物在祖坟墓下边，挖毁了祖坟怎么办？

　　不挖吧，有日本人在这里，被他们闻听了消息挖出怎么办？

　　再三思虑，吴培文下了决心，挖！就是挖毁了祖坟也要挖。挖出来保护好，总比日本人挖去好多了。

　　决心既下，吴培文祭拜祖先了，这是一个程序，不走心就不安。于是吴培文买了香裱，还蒸了花馍，到祖宗牌位前跪下来，上香，烧纸，祭酒，同时祷告祖宗，说他是不孝男，要得罪祖宗了，求祖宗宽恕他。

从祖宗的牌位前站起来，吴培文满眼是泪，可他倒在炕上，却很快地睡着了。整个白天，吴培文睡得很踏实。到了晚上，他从炕上爬起来，洗了脸，吃了饭，就和叔伯哥吴希增来到探出宝物的地方大挖起来。他们一直挖掘到次日清晨，这才挖出宝物的一条腿。再挖发现宝物太大了，不是两个人取得出来的，就又原封填土，埋成原来的样子。

这个白天，吴培文和叔伯哥吴希增按说是要睡觉的，但在炕上睡了一会儿，刚打了个盹就睡不住了。他们想着祖坟里埋着的那件宝物，知道任凭两人的力量是弄不出来的，就在一起碰了个头，分别联系本家的亲朋好友，晚上帮他们一起挖宝。

是3月17日的晚上吧，联络起来的亲朋好友共42人，悄然进入墓地，合伙来挖大宝了。是夜，没人通知，却不知设在武官村安阳县第十区公所的所长怎么知道了这件事，还主动派了一个排的武装，荷枪实弹，在挖宝现场的周边布哨保卫。人多势众，大家在苍茫夜色中，依着前晚挖出的虚土往下刨，很快就使宝物露出了全貌。至今安在的吴培文回忆说，此之前，尽管他们知道这是件很大的宝物，但究竟有多大，心里是没底的。忽然露出全貌后，让他们还是吃了一大惊，怎么那样大呢？大得超过了他们的想象。于是，他们分工负责，坑上面的人，借用辘轳滑轮的力量向上起，坑下面的人，一边用撬杠撬，一边往宝物下面垫土，这样折腾着，到天亮时，眼看着就要拉上地面，拴在宝物上的绳子断了，骨碌碌又跌进土坑里，所幸没有伤着人。但也不敢再往上弄了，怕天亮被日本人发现，大伙儿只好又把宝物掩埋好，留下人，佯装在坟地干活，小心看守着快要出土的宝物。

有了断绳的教训，吴培文听人指点，到安阳县城买了小娃胳膊粗的新麻绳，赶在天黑后，约着众人来到埋宝的地方，就又忙活起来了。

是夜，繁星闪烁，武官村以年轻的吴培文为首，终于将这件巨大的宝物从坑里弄了上来。为了保证宝物的安全，在场的人，全都对天发了毒誓，就是丢了性命，也决不向外人泄露半点消息。

吴培文和他的叔伯哥吴希增，在宝物出土的那一夜，草草地分了个工，由吴希增率众在祖坟里挖宝，他自己留在家里，挖了一个能埋宝物的坑，等到众人套着马车把宝物拉回家后，当即又侧身埋在家里的土坑中，并用杂草和牲口粪堆起一个粪堆状的伪装体。

应该说，这一切做得天衣无缝，吴培文是可以在家安安稳稳地睡觉了，但却从此，他是再也睡不好觉了，危险时候，他甚至连在家里待都不敢待。

这时候的吴培文，吃惊的不只是初次探知宝物的巨大，而是吃惊这个巨大的宝物究竟是个什么东西。他向人打听，都是些有经验人，例如他的叔伯哥吴希增，给他说宝物是个大香炉；但有人却说不是，是个大方鼎。大家各说各的，谁都不敢保证他说的就对。

吴培文不管大家怎么说，他心里只有一个主意，就是想着把这件大宝物赶快找到买家，让他们弄走，以免夜长梦多，惹出祸端来。他们先在安阳县城找了个古董商，经他介绍，引来了一位北京的古董商。吴培文一直记得，这个古董商叫肖寅卿，他的派头很大，到武官村看货时，是坐着小汽车来的，同车来的还有他的马弁和通信员。吴培文把宝物刨出来让他看，他也是毫不含糊，手执一个西洋进口的放大镜，对着宝物仔细地看，看过来，看过去，把他看得满脸涨红，满眼喜色，对着宝物一个劲地点头，还说，这么大的方鼎世所难见！

古董商肖寅卿对宝物的认定，吴培文是佩服的，以后他给人说起宝物时，也以大方鼎来称呼了。

至于之前所称呼的"司母戊方鼎"，则是新中国成立后由金石学专家郭沫若确定下来的。1959 年，中国革命历史博物馆建成开馆，暂时保存在南京的大方鼎调拨来京展览，郭沫若现场考证，对铭刻在大方鼎腹内的铭文进行破译，确认为"司母戊"三个字后，这才使大方鼎有了一个明确的命名。不过，在进一步的研究中，这件商代大鼎被改称为"后母戊鼎"，使其有了一个更准确的名字。

古董商肖寅卿与吴培文谈价，向他伸出了两个指头。吴培文问，两万现大洋？肖寅卿说，不，是二十万银圆。这样高的价值，是吴培文和众村民想不到的。他们没再讨价，当下答应卖给肖寅卿。可肖寅卿说，器物太大了，他没法运走。希望吴培文把大方鼎分割开来，装上箱子，他就交钱取货。

有20万大洋的诱惑，吴培文和协议中分享这笔钱财的人，进了安阳县城，买了几把钢锯和德国进口的锯条，在夜深人静时，轮换着分割大方鼎了。

分割的步骤先从锯腿开始，锯了半夜，把钢锯的锯齿都磨平了，却只在腿上锯了一道浅痕，大家惊呆了，不晓得大方鼎何以这么硬！吴培文有位本家哥，一身都是力气，从别人手里夺过钢锯，说他不信锯不动，但也只是锯断了几根钢锯条，还把自己锯得腰酸胳膊疼，照样锯不动坚硬的大方鼎。

钢锯锯不动，惹得众人急了眼，寻来一个5公斤的大铁锤，抡圆了往大方鼎的身上砸。那一声巨大的响声，在静夜里能传几里远，吓得大家赶忙挡了大铁锤，而且抱怨他，想把日本鬼子招来你就砸，放开手让你砸。

抱怨使大家冷静了下来，你一言我一语地想着别的办法。想来想去，还是想到了大铁锤上，只是取来厚厚的棉被，蒙在大方鼎上，隔着棉被砸，一个人砸累了，再换一个人，直到换了五六个人，这才砸掉了一只鼎耳。大家捡起来一看，这只鼎耳本来就是拼铸的，后来被严丝合缝地锶在了鼎身上，经过大铁锤的一场狠砸，却也没有砸坏，只是从合缝的地方震了下来。

便是这一只鼎耳，大家提在手里一掂，约莫也有七八十斤重。

到这时有人还把大方鼎称炉子。他很有点畏怯地说，咱们糟蹋神炉，不怕造孽受报应吗！

吴培文也感到了恐惧，和大家商量，咱不能分割大方鼎。他还提到了北京的古董商肖寅卿，说他来去匆匆，也不给咱留订金，咱把大方鼎分割开来，到哪儿又去找他卖呢？咱一群大活人，不敢被人骗了。而且是，这么大的一个方鼎，咱忍心把它砸烂吗？

这么议论着，大家就都不好再砸，并且横下一条心，要把大方鼎平平安安地保护起来。

可是村里有个不务正业的公子哥，在吴培文他们钢锯锯、铁锤砸着大方鼎的日子，已经探知了这件事。游手好闲的公子哥，因给驻扎在安阳机场的日本警备队队长黑田送过女人，与黑田拉上关系，当上了可耻的汉奸。他把吴培文挖出大宝的事，密报给了黑田。

2005年时，《安阳日报》举办社庆活动，作为受邀嘉宾，我去了安阳，在东道主的安排下，曾到殷墟参观，很荣幸地见到了年事已高的吴培文。老人给我们介绍当时的情况，当说到那位公子哥时，脸上的青筋都暴了出来，气愤得用安阳地方话，连骂了几声汉奸。

吴培文说，时隔两天，他在家里歇晌，村里一个伙伴跑进他家，把他从炕上喊起来，说是一队鬼子进村了。不用多想，吴培文知道鬼子来抢宝了。他有这个思想准备，当即躲出家门，绕到村子外边，躲在人难觉察的一簇草垛里，小心地观察着鬼子兵的行动。他们果然是冲着大方鼎来的，包括日本兵、伪军和土匪武装，加起来有百人之众。他们端直走到吴培文的家门前，看着门板上着锁，胡乱喊了两声，就有鬼子兵飞脚踹开了他家的门。事后，吴培文回到家，发现鬼子兵把他家搜了个遍，所幸未搜埋着大方鼎的粪堆，他们就很不甘心地空手返回了。

侥幸躲过日本鬼子的首次劫掠，吴培文想得最多的是，大方鼎已不能埋在院子里了。他必须为大方鼎找一个安全的地方，转移并掩埋起来。这一次他不能喊来太多的人帮忙，只把与一起探挖出大方鼎的叔伯哥吴希增叫来，让他把大铁锤敲掉的那只鼎耳搬走，藏在他的家，最后留下自家兄弟，牵出拴在西屋马棚里的三匹高脚牲畜，清理了牲口粪，在牲口圈里挖了个深坑，转移来大方鼎，埋进去伪装好，又把牲畜牵进来拴好，在槽里拌上草料，让牲口如常一样喂养在里边。

便是这样的秘密掩藏，也没躲过日本鬼子的耳目。过了七八天，还是前次来的那帮日伪匪兵，再一次开进了武官村。前头开路的是穿黑制服的伪军，后边跟进的是满载着日本鬼子的大汽车。兵匪一到村子，就在村中架起了机关枪。其时还在家里待着的吴培文，又一次检查了马棚的伪装，随手泼了些槽边的泔水，把护家防身的一把短枪，填满了子弹，紧掖在腰眼上，镇定自若地走出家门，走在岗哨林立的街上。没走多远，就有端着长枪的鬼子兵逼了上来，枪头上明晃晃的刺刀几乎戳到了吴培文的脸上。好在日本鬼子不认识他，叽里呱啦问他什么的干活？他说不了日本话，就想着蒙混过去，实在不行，就掏枪与日本鬼子拼个你死我活。那么想着时，他本能地蹲下身子，拾了个碎砖块，在地上写，家有病人，请医生。没想到，正是他写的这六个字，让日本鬼子信以为真，把枪收了回去，撵他，开路开路地，快走。躲过了哨兵，吴培文一阵狂奔，跑到村外的洹河岸边，跳进一个沙坑里，仰面躺倒，嘴里喘着粗气，心里还担心着大方鼎。

不晓得是上天有灵，还是祖宗保佑，平地里刮起一阵狂风。在安阳一带，老百姓把这样的风是叫黑风的，黑风即起，便刮得天昏地暗，让人睁不开眼睛，也站立不住。而且是，这天的黑风刮得特别邪，一阵紧似一阵，村上长了多年的树木，有不少竟被拦腰刮断。劫掠大方鼎的兵匪，也不能奈何黑风，草草地在吴培文的家搜查了一遍，就又两手空空地收兵回去了。

在洹河的沙坑里，吴培文一直躲到天黑，才摸索着回了村子，一进家门，直奔西屋马棚，看到一切如常，才把提着的心放了下来。

到堂屋去，发现自己进城照的十多幅相片，原来镶了镜框，都挂在墙上的，现在都不见了。以此判断，吴培文认定鬼子还是要来的，而且会把目标直对着他。

还算吴培文会料事，觉得把大方鼎埋在西屋的牲口棚也不保险了。便在当晚，又和自家兄弟在专门存放牲口草料的东屋挖了个更深的土坑，从西屋的牲口棚里起出大方鼎，转移过来，埋下去后，从睡炕上抽出草帘苫在大方鼎上，填一层土，夯一层土，一直夯填到地面上，再弄了些地皮上的旧土，覆盖得看不出不同，就又把草料杂物堆填进去。吴培文这么做还不放心，又出资 20 块现大洋，从城里的古董商手里买了个二尺多高，三尺方圆的三足赝品铜鼎，藏到自家的炕洞，以为疑阵，诱导日本鬼子受骗上当。

这一招果真见效，不久后的一个下午，日本鬼子与伪军土匪再一次包围了武官村，直扑吴培文家，扒开炕洞，取走了赝品的青铜鼎。

日本鬼子好骗，伪军土匪却不好糊弄。以后的日子，他们仍死死地盯着吴培文，看他如何动作。这一切，吴培文心知肚明，为了摆脱汉奸土匪的纠缠，以及大方鼎的平安无事，吴培文召集来自家兄弟，对大方鼎的保密做了周到的安排，然后告别家人，踏上了避难之道。几年时间，他先后去了徐州、蚌埠、淮南和南京等地，每在一地，他都不敢多停，免遭他人发现，直到抗战胜利后，他才又回到武官村的家里。

值了！ 2005 年 9 月，历尽劫难的后母戊方鼎，在离别故土 59 年后，经由国家文物局批准，才又一次回到它的出土地，高龄 85 岁的吴培文手抚他付出了巨大代价的"大方鼎"，嘴唇剧烈地颤动着，他说的头一句话，就是那两个掷地有声的字。

确实如他所说，是值了！大大地值了！

后母戊方鼎按照合约，将在出土地借展 90 天，我就在这个期间，在借展的殷墟博物馆看到它的。

像所有见到过后母戊方鼎的人一样，我也是要惊叹它为"青铜器之冠"了。

不过，我对眼见的后母戊方鼎还有点疑问，初出土时，不是被吴培文他们用大铁锤敲掉了一只鼎耳吗？现在却是双耳齐全。备细问来，始知抗战胜利后，吴培文回到故乡，当初参加挖鼎的人，又开始合计卖鼎了。消息被时为安阳县政府的一位陈姓参议获知，便上报安阳县国民政府县长姚法圃，由他带着县古物保存委员会的主任陈子明，并一班枪械上膛的警察，和部分安阳国民党驻军，来到吴培文家，迫使他从东屋的草料房挖出大方鼎，拉运到县城后，安放在县东街的萧曹庙里，任由地方百姓参观。当时的《民生报》对此情景作了报道，称每日"观鼎者动以千计，盛况空前少有"。陈子明还召集了一帮古董界的行家，对大方鼎作了进一步考证，认定其为远古时代的宝器。行家们据此还对陈子明说，大方鼎必有双耳，让他再去武官村查找。陈子明没敢迟疑，再次报告县长姚法圃，派了警员，随同陈子明去了武官村，动员吴培文说服收藏鼎耳的叔伯哥吴希增，自愿献出鼎耳，这才使分了家的鼎身和鼎耳，才又合为一体。

成为一体的后母戊方鼎，鼎体十分巨大，且造型又十分精美，考古专家测量，鼎体通高133厘米，口长110厘米，宽78厘米，壁厚6厘米，总重875公斤。立耳，长方形腹，四柱足立。鼎身中央四面为无纹饰的长方形素面，周遭皆有饰纹。在细密的云雷纹之上，各部分的主纹饰互不相同。四面都以饕餮纹勾连，并配有龙纹盘绕，但到了四面交接处，则又饰以扉棱，扉棱之上则又上饰牛首，下纹饕餮。鼎耳的外廓，各有两只猛虎，虎头绕到耳的上部，长口相对，中间夹着一颗人头，像要为虎分食一般，十分狰狞恐怖，便是鼎的四只长足，所铸纹饰也独具匠心，在三道弦纹之上，各施兽面与蝉纹。在这非常繁复的纹饰衬托下，整个鼎体里就更加的威武和神秘。

后母戊方鼎的出土地殷墟，被考古界公认为近代中国的考古圣地。尤其是近几十年来，考古工作者在这里做了大量的考古发掘和研究，取得了十分可喜的成绩，其中包括对后母戊方鼎的进一步研究，认为其所产生的年代当在殷墟文化的第二期。这个推断是由后来发掘的妇好墓出土文物而来的，出土的后母辛方鼎，与早已出土的后母戊方鼎在形制上是相似的，大小也差不了多少，便是鼎身上的纹饰亦有诸多共同之处，而几个字的铭文，书写形式仿佛出自一人之手，都是首层尖削，中间肥硕的波磔体。这么说来，后母戊方鼎当为殷王武丁的配偶所享用，是她的儿子祖庚、祖甲为祭祀她而铸造的。

如果此说成立，就不仅是她一个母亲的大幸了。传之后世，从泥土中挖出来，重见天日，也许是我们后辈儿孙的大幸了。我看到来殷墟参观的游人，来到后母戊方鼎跟前，原来喧嚷的人会噤了声，原来疾步而走的人会慢下脚步，站在鼎前，请来香褚，毕恭毕敬地揖手作拜……我学着大家的样子，也给后母戊方鼎敬了香，化了纸，我知道，大家敬拜着后母戊方鼎，是既敬拜我们远古的祖先，而且也是敬拜我们的现实生活，能够永远和谐平安，康健欢乐。

毛公鼎：典诰篆籀绝世稀

美水河不像它的名字，在我的眼里一点都不美，从乔山一路南下，一年年地冲刷，生生地在古周原一马平川的黄土地上，切割出一条深得惊人的大沟，我的家在沟的东边，从沟东望向沟西，戳进眼睛的那个小村落，就是传说挖出大宝的任家村。

按说有大宝出土，该是任家村的幸运，但我起小所听说的故事，却很难与幸运二字沾边，反倒是因为有宝，而灾祸不断，血光屡生，让人听来，不禁心惊肉跳，毛骨悚然。

追溯事情的起源，还得从1940年说起，那年的正月十五刚过，人们还在爆竹、秧歌和臊子面的年气里喜悦着，今为扶风县法门镇任家村的几个村民，打伙儿往自家的牲口亮圈拉土。这是西府农家生活的一个程序，每年的冬末春初时间，都要在家门前积起一个小山似的土堆，以备日后垫圈之需。小小的任家村，没有谁高贵得能够拴起一挂大车，因此，就只有告亲戚求朋友，趁着人家闲在的日子，借来大车一用。这天，是任六借的大车，为了加快进度。他叫了任德魁和任世云，三家一起先为任六拉土。我在村里生活时，干过拉土的活儿，几个人根据各自的特点，是要有所分工的，任六家拉土，三家人的分工是这样的，任六的儿子任汉勤力气大，就由他在村外的土壕里挖土，其余两人，一个赶车，一个卸土，大家配合得甚是默契。就在赶车卸土的任德魁和任世云吆着牲口把一车土拉走后不久，任汉勤抡起来的镢头，从土崖上刨出一个冬瓜状的东西，骨碌碌滚到他的脚前。生活在古周原的人，可能自己一生都见不到宝，但都听说过不少挖宝的事情。年轻的任汉勤就是这样，他看了一眼滚在脚前的那团绿森森的东西，敏感地知道，他挖出宝了。要说，任汉勤算个冷静沉着的人，他脱下身上的棉袄，把他认为是宝的东西盖了起来，接着还在挖出宝贝的地方刨着，这便刨出了一个黑窟窿，借着太阳的光线往里瞧，任汉勤惊得张大了嘴，激烈跳动的心，像要从嘴里蹦出来似的。黑窟窿里，有太多的宝，一层一层叠压着，任汉勤数了数，没有数得过来。他手按心口，使劲地压了压，让自己尽量地平静下来，举起镢头，挖了几个大的土块，严丝合缝地堵住了露出宝贝的黑窟窿。

三头牲口拉着的木轮大车又泊在了土壕里，任汉勤对任德魁和任世云悄声地说了挖出宝贝的事情，因此，他们躲开原先取土的地方，很是诡秘地取土，装车，运送，一直挨到天黑，星星从浓墨似的夜幕上眨巴起眼睛，任汉勤的老父亲任六，召来任七、任八、任九、任十等一干本家兄弟，悄悄地潜入土壕取宝了。尽管他们已有思想准备，可在把全部宝贝从那个黑窟窿里取出来，粗粗一数，还是把他们吓了一跳。太多了！太多了！圆的、方的、四条腿的、三条腿的，竟然有160多件。兄弟们不敢声张，依然是悄悄地忙碌着，把取出的宝贝分头藏在家里的炕洞、麦仓中，到放不下时，还把几件沉到院子里的一口深井里。

改天，任六心里还不踏实，佯装卖麦草，借来一挂牛拉大车，把一部分宝贝送出村子，藏在京高乡贺家村的一户亲朋家里。

有些心计的任六想，他把一切做得够严密了。可是没出五日，一群土匪赶在天黑扑进了任家村，见狗打狗，见人打人，嚷嚷吵吵。在家吃晚饭的任六感觉事色不好，猜想土匪是冲宝贝来的，立马放下碗，端了梯子，上到木楼上，试图从屋顶上掏个洞眼，爬上屋顶，溜到邻家躲起来。但他刚把屋顶掏出一个洞眼，试着探出半个人头，就有守在屋顶上的土匪，举起枪托砸了下来，喷薄而出的鲜血，冲天而起，洒了满屋顶。可怜任六，就这样丢了性命。

任六一死，土匪也没了章法，匆匆搜了一番，也没搜出一件宝贝，便极不甘心地撤出村子。

这一拨土匪刚走，又一拨土匪又来，在那个军阀混战，群魔乱舞的年月，关中西府的出产，多是草寇散匪，一帮一伙，隐匿于百姓群里，地也种，家也守，打听到谁家有财可劫，串通起来，扛上家伙就去。他们各有眼线，任六挖出了宝贝，他人死了，宝贝还在，土匪们又岂能善罢甘休。从1941年的正月起，到1942年的4月至，一年多点的时间，先后就有四拨土匪围攻任家村，最早是任六被砸破了头，后来是任汉勤、任登我、任智、任勇和任世生的老母亲几个人，不是被土匪烧死，就是被土匪吓死。直到任六的小老弟任十，实在忍受不了土匪的祸害，供出了藏宝的地方，被土匪尽数抢走，任家村才稍稍平静下来。

在这些宝贝里，就有西周青铜重器柬鼎和禹鼎。现在可知的是造型稳重美观的禹鼎，历尽劫难，最终被收藏在台湾的故宫博物院。

我写这篇文章，重点不在禹鼎，也不在任家村任六挖出宝贝后遭遇的灾难。我所以先把这样一起事件写出来，只是想要大家知道，每一件青铜宝器的传世，都是非常困难和惊险的。例如我接下来要浓墨大写的毛公鼎，其出土的遭际，绝对不比禹鼎的命运好一点。

精绝无比的毛公鼎，如文首说的禹鼎一样，也在新中国成立前夕，被蒋介石偷运到了台湾，收藏在台北新修的故宫博物院里。

与禹鼎的出土地点一样，毛公鼎的出土地点也在被世人称之为"青铜器之乡"的古周原上。早在大汉朝的宣帝时代，这里就有青铜重器尸承鼎的出土，此后，还有大克鼎、大盂鼎的出土，然器型至为壮观者，铭文至为翔实者，当属清朝道光年间出土的毛公鼎。

公元1843年（道光二十三年），关中西府暴发了一场瘟疫，这场瘟疫的惨烈恐惧程度，不亚于前些年暴发于我国数省的非典疾病。岐山董家村的董治官，眼看他的爷爷早起端着碗喝汤时，有几滴鼻血掉下来，落进碗中的汤里，把汤染得一片红，挨到傍晚，出门在地里转了一圈，回来时刚到家门口，便一头栽倒地上。同为一姓的董春生爷爷，与董治官的爷爷为老弟兄，闻讯赶去帮着料理后事，没承想，竟也头一勾、眼一翻，死在了董治官爷爷的尸首旁。死在一起的老弟兄，自然坟挨着坟，埋在了一起。后来，瘟疫过去了，有个过路的风水先生，在老兄弟的坟堆前驻足了好一阵子，见有人来，就说这是好穴位，不出意外，他们的后人是要发财了。

事有凑巧，董春生过了些日子，去他家村西的地里起红芋，刨了几下，总觉镬头被一个硬物所阻，就想看个究竟，刨开一层又一层的土，这就刨出一个绿锈斑斑的大铜圈和铜圈上同样生着绿锈的大耳子。董春生没有见过宝，但他听人说过宝，当即意识到，他是挖到宝了。联想起过路风水先生的预言，董春生甭提有多高兴了。他怕白天挖宝惹出麻烦，就又用刚刨的新土把宝掩埋起来，只等夜里，叫了几位本家兄弟，套了一挂牛车，这才把那个肚大腹圆，两人搂不住，三人搬不动的大宝拉回了家。

悄悄地托人寻找买宝的下家。

董春生心里亮清，穷家小户，是驮不起这样的大宝的，在家里多放一天，就多一天的危险。因此，他的一个亲戚带来了一个古董商，人家说300块银圆，他也不还价，接了钱就让古董商拉着走。

在村里霸道得今日白吃人家一只鸡，明日白杀人家一只狗的董治官，早就盯着董春生了。他的理由是，风水先生夸奖的那片坟地，埋着董春生爷爷，也埋着他的爷爷，董春生挖了宝，发财，也该有他一份的。他不想和董春生在村里多争，古董商买了宝，他可以和古董商争呀。主意已定，董治官伙同几个闲汉守在村外的路上，等到古董商拉宝的大车走到跟前，夺过吆车人的鞭杆，拨转驾车的马头，重新拉回村里，把大宝卸下来，抬进了他的家里。

古董商奈何不了村霸董治官，就去找董春生理论，让他还钱给他。董春生不急不恼，给古董商说，还钱可以，他把大宝还我呀。古董商没话说了。

古董商一肚子的窝囊气，赶着空马车直奔岐山县衙，使了银子，买通了县官，派出了衙役，直奔县西北的董家村，把个村霸董治官像捆粽子一样，捆得严严实实，拉回县城，投进了大狱之中。知县给董治官定的罪名之一为"私藏国宝"，之二在今天看来，就有点荒唐，甚至有点啼笑皆非，平民百姓，什么名字不好起，竟然敢于起名"治官"！这使知县勃然大怒，把董治官押在大狱里，用一根铁链吊铐起来，足足吊铐了一个多月。

与董治官一同押解回县衙的还有那件大宝。进士出身的知县，知道这件大宝的价值，但他收了古董商的黑钱，起初还是想还给古董商的，可到他看了大宝腹内的铭文后，他笑了，笑得有点儿暧昧，还有点阴毒。因为他知道，清朝官场上的规则，手头没有钱，是啥啥也做不成的。他在岐山县的任上，已经待了好些年头了，他想动一动位子，把自己头上的帽子换得级别重一点，这件得来全不费工夫的大宝，绝对帮得上他的忙。于是知县脸上的笑慢慢变得黑了起来，对古董商说：此乃国之重宝，你私下倒卖，可知是犯罪，一语即出，吓得古董商跪在知县面前，叩头如仪，在知县转身而去时，他也拉起裤腿，逃之夭夭了。

北京永和斋古董铺，开办于道光初年。店主是苏六（名兆年）、苏七（名亿年）兄弟俩。他们经营有方，生意兴隆，名气很大，在当时的古董界数不上一，也该数得上二。古周原出土的青铜器，有好些最后都辗转进了他们的铺子，传世至今的就有大丰簋、天亡簋等。岐山董家村挖出大宝的消息，传到京城后，也吹进了兄弟俩的耳朵里，他们便托西安方面的线人打探消息，以便待机出手。

岐山知县以他不甚光明的手段得到大宝后，也想尽快变现，好去贿赂上级官员，为他谋个好位。打听消息的线人，与知县一接头，便谈好了价格，用一大马车的银圆买下大宝，偷运回西安，暂时地秘藏起来。听人说，岐山的那位知县，有了这一马车的银圆铺路，果然官运亨通，平步青云，最后还做成了京官。

在此期间，知名画家张燕昌的儿子张石瓠有个偶然的机会，见识了这件大宝，他把大宝的形状描绘成图，并把腹内的铭文也摹绘了下来，寄给了浙江嘉兴的名士徐同柏。得到大宝图形和铭文摹本的徐老先生，据此写了一篇《周毛公鼎考释》的文章，始使大宝有了一个公认的名字：毛公鼎。

作为生意人，苏家兄弟想的是赢大利，赚大钱，他们身在北京，为其得手的毛公鼎谨慎地挑选着买家。此之前，身为京城名门之后的陈介祺，在苏家兄弟的永和斋买过几件大东西，而且相互定了约定，苏家兄弟手里有货，就给陈介祺通报一声。因此，苏家兄弟选择的目标很自然地就先选定了陈介祺。然而，一纸函件发到陈介祺的府上，却一直不见他的动静。苏家兄弟便想再找一个理想的买家，可他们遍寻京城有此雅兴的人家，倒也有几户出得起高价的人，但都是不识货的人，给出的价钱，与苏家兄弟的心理价位有很大差距，而他们的永和斋又不急等用钱，把毛公鼎放个十年八年不成问题，说不定到时候，还能卖出一个更好的价码，因而，把毛公鼎仍旧秘藏西安，单等陈介祺或别的一个满意的主顾。

就这样，毛公鼎秘藏在苏家兄弟手里达 9 年之久，直到咸丰二年（1852年），陈介祺与苏家兄弟重提毛公鼎一事，这才谈妥了转卖事宜，首付了 1000 块银圆，由苏家兄弟设法从西安运到北京来。

苏家兄弟深知路途上的艰险，在西安雇用了两挂马车，把毛公鼎装在其中一挂上，为了掩人耳目，还在西安的布市上，采买了大量的布匹，分装在两挂大马车上。是这样了，还觉不甚放心，又在西安享有盛誉的一家镖局，出资请了两位身手不凡的镖客，同车前往北京，镖客和大马车，日不离，夜不分，一路还算平安，却在将出河南省境，将入河北省境的地方，遭遇了一群土匪，双方厮打了半天，谁也胜不了谁。但随车同行的苏家兄弟中的老七，看出土匪并非知晓大马车上的国宝毛公鼎，就想着丢车保帅，给土匪撇下一大马车的布匹，吆着装载毛公鼎的那挂大马车离开。土匪们也是，看着不能速胜，人家又丢下一大马车的布匹，也便见好就收，没有舍命去劫扬长而去的那挂大马车。

谢天谢地，贵重的毛公鼎又在路途上颠簸了几日，终于完好无损地送进了陈介祺的府上，让这位京城里的古董大藏家初看一眼，就喜欢得放不下，开口就说：国宝难得！

有字寿卿，有号簠斋的陈介祺，祖籍山东潍县（今潍坊市潍城区），生于1813年。其父陈官俊（字伟堂）是嘉庆十三年的进士，曾在清廷的礼部、吏部、工部和兵部任尚书，是个极会做官的人。陈介祺自幼跟随乃父身侧，耳提面命，得到了父亲不少真传，19岁弱冠之年，即以诗文驰名京师，到了道光二十五年，亦即1845年时，便堂而皇之以进士之身入翰林院任编修。这位大翰林，除了优游宦海之中外，最大的爱好，就是收藏古董了。既收藏青铜器物，还收藏古之印玺。道光三十年，还延请工匠，在他的府上建了座"万印楼"，去楼上参观过的日本人，感叹他的藏印之丰，为举国第一，且多是秦汉时的古印旧玺。

只好收藏，不算陈介祺的本事，凡是他所收藏，都必有研究文字存世，刻版印刷达20余部，其印玺篇里，就记录了一枚赵飞燕的玉印和霍去病的私章。说不清的是，这两枚弥足珍贵的汉时古玺，后来不知为何散失民间，为东北军少帅张学良于天津卫所购，赠予他的结发妻子于凤至收藏。

　　自然，这是一段闲话，暂且弃之不说，而专注于我所要写的毛公鼎。

　　要我说，从毛公鼎的偶然出土，到入藏陈介祺手上，是其一个不错的归宿。阅读大翰林《毛公鼎释文》的《后记》，不难看出，陈介祺得鼎后的欢欣之情。他说：右周公鼎铭，两段，32行，485字，重文八字，共496字，每字界以阳文方格，中空二格。……此鼎较小而文字之多几五百，盖自宋以来未之有也。典诰之重，篆籀之美，真有观止之叹，数千年之奇于今日遇之，良有厚幸矣。

　　何者典诰之重？

　　何者篆籀之美？

　　翰林编修陈介祺自有他的见解。在他初获毛公鼎的日子，眯细着眼睛，像只善逮老鼠的猫一样，盯着毛公鼎和鼎腹之内的铭文看。作为一个识家，他读得懂铭文上的文字，知道所记述的，为周宣王的告诫训词，是一篇十分完整的册命："丕显文武，配我有周……"甫一开篇，先追述了君臣鱼水般的和谐关系，接着又记述周宣王对毛公的信任，给他权力，让他大胆治理国事。然宣王对他信任的毛公也有不放心，告诫他要勤政爱民，莫腐败、莫堕落。最后，毛公还骄傲地记述了他在朝中的职权和身份。这样的文字，不说是在周朝很有作用，就是到了今天，依然有其积极的意义。陈介祺深为宝爱，这其中自然还有铭文的字体，清秀圆润，线条淳厚，实为远古书法篆刻的绝品，是堪为此道之楷模的。

　　是这样的一件青铜重器，陈介祺就不能不为它的安全操心了，一改过去收藏遇到好的物品，就要请来行内同好，到他府上吃茶共欣赏的习惯，秘藏家中，拒不示人。为防不测，他甚至尽其所能，减少毛公鼎在外界的影响。翻看他自己编辑的《藏古册目及题记》对毛公鼎的记载，只有"大鼎"一条两个字的略记。由此，足见他的良苦用心。后来，陈介祺的曾孙陈育丞先生写了本《簠斋轶事》的书，也说他的曾祖父，得毛公鼎"深有'怀璧'之惧秘不示人"。

一次，陈介祺的故交吴平斋（吴云）写信询问："从前翁叔均示我毛公鼎拓本，云此鼎在尊处，今查寄示收藏目条无此器，究竟世间有此鼎否，窃愿其踪迹，祈示知"。陈介祺读信后避而不答。他还有一知己为吴大徵，也来信询问此事，信中说："闻此鼎在贵斋，如是事实，请赐我一拓本。"过去，陈介祺对吴大征有求必应，送了他不少青铜器铭文拓本，可这一次，却来了个装聋作哑，缄默不言。

年老致士，在返回故里时，陈介祺以身护宝，与毛公鼎一起回到山东潍县的老家，小心地藏了起来。

光绪十年（1882年），陈介祺在原籍谢世，一生所藏为三个儿子所分割。三儿子陈厚滋分得毛公鼎等器物。

正是这个陈厚滋的二儿子陈孝笙，成人后执掌了一家生计，他不顾乃祖的规劝，先后办了钱庄和药铺，改弦更张，图谋以商兴家。此一时，陈介祺咽气时的嘱咐还在他的儿孙耳朵里旋鸣着：宁失性命，不失宝鼎。但是，一入商圈的陈孝笙，眼里所见都只是白花花银圆，那里还管爷爷的遗训，听说顾命直隶总督的端方，愿出一万两白银购买毛公鼎。头一次得信，陈孝笙还顾及家人的劝告，委婉地拒绝了端方的要求。然端方又岂肯善罢甘休，差人再去探问，这一次，端方摸准了陈孝笙的脉搏，给他卖了一个大人情，告诉他，如果答应卖鼎，除了付他万两白银外，还应允他到湖北省的银圆局任职一年，言下之意，就是允他在任上好好捞一把，以补不足。

陈孝笙心动了，要端方拟一纸文书作为凭证。于是，宣统二年（1910年），陈孝笙不顾家人苦苦劝阻，执意把毛公鼎转售给了端方。

此之后，陈孝笙在家左等右等，等着端方允他到湖北银行局的委任书，却怎么也等不来。情急之下，陈孝笙手持端方所留凭证申辩，这才知晓，凭证上的印鉴不过是一枚过时的废章，是不作数的。陈孝笙如梦方醒，始知他被端方设计骗了。气极之时，还嚷吵着要找端方论理，家里人却劝他别费心了，在这样的昏年暗月里，你一介平民百姓，他一员封疆大吏，别说理不成反害了自己。

而受骗之耻，窝在陈孝笙的心里，终日不散，时间不长即病在床上不起了。

旗人出身的端方，凭着满清主子的信任，大权在握，不仅骗购了毛公鼎，还以其他手法弄回府上许多宝物，短短几年，他的家俨然一座颇具规模的博物馆。就是这样一个权倾朝野的人，也有其背运的时候，光绪三十一年，他出去考察，带回国一架西洋照相机。如果他只是在自己的府上玩玩，倒也没有什么，偏在西太后出殡安葬的日子，他举着那个洋玩意，拍了几个镜头，这就惹得宣统老爸这位摄政王不高兴了，斥责他"行为不恭"，遂免了他直隶总督的职务。

在家待了三年，端方向摄政王认错求情，就又领了个川汉、粤、汉铁路督办大臣的肥缺。到任时间不久，四川的保路运动风起云涌，端方率领军队，前去实施镇压，想不到兵败被捉，在资州被革命的新军砍下了他的头颅。

当家的一死，遗老遗少都是些只知抽大烟、玩妓女的货色，再无一人顶得上来，家道很快衰落了下来。没有多长时间，把端方收藏在家的宝物已卖得只剩下一件毛公鼎了。这时，江山业已易主，清朝灭亡，中华民国兴起。担任着民国政府铁道部部长之职的叶恭绰，在离上海不远的苏皖交界地的一家古董铺中，很偶然地见到了饱受飘零之苦的毛公鼎，当即谈好价钱，买下来运到上海，和他早先收藏的古物，一并秘藏起来。

在毛公鼎未为叶恭绰收藏之际，日本人想尽了办法，企图弄到他们的国土上去，给他们的天皇老子生日献礼。有此想法的日本人是常到北京琉璃厂打转转的醉鬼四泽，因他头大身子矮，琉璃厂的坐地户还有叫他"板凳狗娃"的。他准备了三万美金，打听好端方的遗孀大烟瘾又犯了，就一步跨入她们已极败落的府门，意欲出手买下毛公鼎。恰在这时，美国学者福开森、英国记者辛普森、法国公使魏武达，抢在四泽的前头，给端方的遗孀送去了上好的大烟膏，暂时保住毛公鼎未被日本人弄走。在这件事上，我们还真得感谢这三位西洋人，特别是那位大鼻子的美国学者福开森，对中国文化有着天然的膜拜，封建意识竟比中国人还深，譬如他的女儿死了丈夫，他就不准女儿改嫁，奉行的就是中国传统文化中"烈女不嫁二男"的法则。福开森的中国话说得十分流利，时不时地，就到琉璃厂来遛一圈，看到称心如意的古物，就不论价钱，非得据为己有不可，因此，还浪得一个"洋财神"的雅号。

此番，福开森在紧要关头勾结另外两个西人给端方遗孀送大烟，其实是有那么点黄鼠狼给鸡拜年的味道的，他如日本醉鬼四泽一样，也是想着买下毛公鼎的，只是手头还缺那么一把美元，就先用送的大烟把端方遗孀稳下来，并答应付给毛公鼎 5 万美金。现在，他有时间筹措那样一笔巨资。

不知此中消息是谁说出去的，一时之间，围绕着毛公鼎，社会舆论一片哗然，许多爱国人士站出来说话了，疾呼毛公鼎为国之重宝，不能出售外国人。迫于舆论压力，端方的遗孀也不敢轻易卖掉毛公鼎了，但放在府内，又怕自己控制不住大烟瘾，让人抬出毛公鼎换大烟，就想了个办法，质押在天津的华俄道胜银行。是这样，叫北平大陆银行的总经理谈荔孙坐不住了，认为此等重宝，质押在外国银行是不妥的，就由自己出面，从华俄道胜银行出资赎出，转存进他主事的大陆银行。

谈荔孙的义举无疑是对的，但最后怎么流落到苏皖交界的那家古董店，为叶恭绰发现买回，就成了一个无人破解的谜了。

叶恭绰买回毛公鼎后，不忘拓下铭文，分别送给他的亲朋好友。所以，圈内人无人不知毛公鼎在他上海的寓所懿园。1937 年淞沪抗战爆发，上海沦陷，叶恭绰避居到了香港，但其毕生的收藏，包括毛公鼎都未能带走。因此，叶恭绰虽然身在香港，心还在上海的家中。偏在这时，他留在上海的姨太太潘氏，耐不住空房孤枕，红杏出墙，与家中一个管事勾搭成奸，风马火牛，以求白头偕老，这便想出一条毒计来，向日本在上海的宪兵队报告了这一秘密。日本宪兵当即前往搜查。所幸只是搜出一些字画和两把手枪。正是这两把手枪转移了日本宪兵的目标，而对搜查毛公鼎的事有所疏忽。而其时，毛公鼎就掩藏在叶恭绰卧室的床底下。

日本宪兵要弄清两把手枪的来历，自然不会动报告了他们消息的阴毒妇人潘氏，就把叶恭绰的侄子叶公超抓了去，投进监狱，诬他是军事间谍。

叶公超此番转道香港回到上海，是受了叶恭绰的嘱托的，一来处理与潘氏的纠葛，二来设法隐匿转移毛公鼎。在日本宪兵队的大牢里，叶公超屡遭鞭打和酷刑，所说只有一句话，就是代表他的叔伯处理与潘氏的纠葛的。这件事，在上海市井之中已成人人皆知的事情，日本宾兵自然也有耳闻，便不在此事上多问，集中目标，要叶公超说出毛公鼎的下落。

为了脱身，叶公超心里生出一计，秘嘱家中可靠之人，铸造了一个假的毛公鼎交给了日本宪兵，这才使他得以保释出狱。1941 年，瞅机会，叶公超秘携毛公鼎逃到香港，交给了他的叔伯叶恭绰，然而不久，香港又沦陷为日本人所占，叶恭绰不得已，就又携带毛公鼎辗转返回上海，称病在家，不与外人来往。但他抗战之前就已退出政界隐居不仕，十余年坐吃山空，经济实力不支，无奈再次把毛公鼎典押银行，后为大商人陈永仁出资赎回，1945 年抗战胜利后，陈氏心中高兴，分文不收，把毛公鼎献给了国民政府。

这个归宿是叶恭绰所希望的。虽然这时他已无奈辞世，而他在给西南联大任教的侄子叶公超写信时说过："美国人和日本人两次出高价购买毛公鼎，我都没有答应。现我把毛公鼎托付给你，不得变卖，不得典质，更不能让它出国。有朝一日，可以献给国家"。其言语之铿锵有力，充分地表现了一位爱国者的崇高气节。

现存于台北故宫博物院的毛公鼎，虽然出土于我的故乡，我却不能一睹尊容，仅从资料上得知，鼎高 53.8 厘米，口径 47.9 厘米，重 34.7 公斤，口大腹圆，半球状深腹，口沿上铸有高大厚实的双耳；三足呈马蹄形，整个造型突现了西周青铜重器浑厚敦实、凝重古雅的艺术特点。特别是其铭文文字，笔法端严，线条饱满，结构庄重严谨，堪称绝世稀有。正如郭沫若先生生前所评价，"抵得一部《尚书》"。

画像壶：先民生活的风俗图

　　西安的古旧书店是我常去的地方。那一日随手捡起一本状写京城玩家王世襄先生的书，翻开看了一眼便放不下了。

　　惊叹先生玩的功夫，世上是少有的。年轻时就非常的特立独行，读大学那阵子，即被同学视为怪才，许多现在看来荒诞不经的事儿，在他身上都有着表现。在燕京大学读中国历史，有次上课，大家正凝神贯注地聆听知名教授邓之诚的课，在王世襄坐的地方，却响起一阵"嘟嘟，嘟嘟"的蝈蝈声，肃静的教室立即笑声一片。邓老先生勃然大怒，问怎么回事，王世襄也不隐埋，说他把蝈蝈葫芦带来了。结果可想而知，王世襄被老先生请出了教室。而这还不算太奇怪，到学校召开茶话会，燕京校长司徒雷登请外籍教授出席，作为学生的王世襄也西装革履、仪容翩然地去参加。茶话会上，他不知回避，还直接与外籍教授英语酬答，且妙语连珠，让司徒雷登对他刮目相看，欣赏有加。到了第二天，他却上身穿一件铜纽扣的对襟棉袄，下身套一件鹿皮套裤，架着一只大鹰走在校园的甬道上……这是不好怪他的，其高祖、祖父、父亲世代在京为官，他有这个背景，也有这个条件与众不同。

　　而正是他的与众不同，这才养成了他一个会玩能玩而且玩出大名堂的玩儿家。放在别人身上行吗？唾沫星子也会把你淹死。但他玩着，却玩得让人赏识，叫人敬重。就说收藏在故宫博物院的那件战国画像壶（另一种叫法为战国宴乐渔猎攻战纹青铜壶），不是王世襄玩得好，还不知去了哪儿呢！

　　原因是，王世襄把自己玩成了一个杰出的文博专家。

　　日本战败后，国民政府成了一个专门组织，名曰"清损会"，这是简称，全称要长一些：清理战时文物损失委员会。应该说，这个组织的成立是必要的，也是及时的。成立之初，在恩师梁思成的荐举下，王世襄即顺利参加了清损会的工作。由于他的英语好，首先作起了《战区文物保存委员会文物目录》的中英文对照校对。时任教育部长的杭立武任主任委员，著名学者马衡、梁思成、李济任副主任委员。工作了没有多长时间，清损会决定成立平津地区专委，任命故宫文献馆馆长兼北京大学教授的沈兼士为特派员，年轻的王世襄为助理代表。

　　这个任命对王世襄来说，是太合适不过了。而且是，平津地区因其特殊的地理位置，聚集了大批的名流显要。同时又是，战乱时被劫的文物，又都辗转运抵这里，伺机再运转到国外。从获得的情报看，抗战胜利后，还有大批珍贵文物来不及转移和运出国而滞留在这里。这是必须抓紧做的一项工作，稍有不慎和疏忽，都可能造成无法想象的损失。自1945年11月起，王世襄调动一切可能调动的力量，捕捉和追讨被劫掠的文物。

　　功夫不负有心人。王世襄即从古玩商陈耀先、陈鉴堂、张彬青等人那里得到消息，知道有个叫杨宁史的德国人，在河南沦陷的时候，趁机购买了大批珍贵的青铜器。都是些什么器物呢？消息报告语焉不详，但这已经让王世襄坐不住了，甚至还有一些兴奋。

　　要知道，杨宁史可不是寻常之辈，他在北平和天津都有洋行和住宅，结交的中国权贵也不少。事过几年，这批青铜器是否还在中国？再者，即是还在国内，作为德籍禅臣洋行经理的杨宁史，在中国做的也是合法的生意，没有确凿的证据，贸然向他清讨青铜文物，不但清讨不回，还可能打草惊蛇，促使他设法迅速把青铜器运送到国外。而他绝对有这个能力。

王世襄主意已定，在一个早晨去了位于北平千面胡同的禅臣洋行。甫一进门，他就发现一位外籍女秘书正在打字，"咔咔"的敲字声迅疾而又响亮。王世襄不经意地瞥了一眼打字机滚筒上的文稿，心一下子提到了嗓子眼。

天啦！英文文稿上打的不正是他要清讨的青铜器目录吗？

该出手时就出手，王世襄微笑着亮明了自己的身份，询问女秘书她打的可是杨宁史私购的青铜文物。那女秘书已慌了神，交代说她不清楚。王世襄焉能不问个水落石出，他收起微笑的脸，冷冷地又问了那女秘书一句，迫使女秘书交代，目录是个叫罗越的人让她打印的。

清讨这批文物的工作在这一刻露出了一缕灿烂的曙光。王世襄认识罗越，而且就住在他家的近旁。但他心存疑虑，罗越能够拥有这批青铜器吗？按图索骥，王世襄找到了罗越，因为是老邻居，就没绕弯儿，头一句话就讲了那批青铜器的事。可罗越却不配合，给王世襄绕起弯子。但他又怎么能绕得过王世襄获得的事实根据，最后两手一摊，说，青铜器还在杨宁史手上。

随着罗越的话落音，王世襄原本悬着的心当下落在了实处。他可以断定，这批青铜文物还在国内。

通过罗越的联系，王世襄和杨宁史通上了话，而且同意与王世襄见面。到了天津，杨宁史却百般推托，不愿把到手的宝贝交出来，这一点，王世襄料想得到，同时知道事不宜迟，夜长梦多。他在北平和天津之间来往穿梭，既请求国民政府帮忙，又请求国民军队协助，谁知道国民党的军政两方矛盾重重，这样一件利国利民的好事，却互相摩擦，怎么也做不好。王世襄就有些急了，生怕那批珍贵的青铜文物在我方相互掣肘中，被狡猾的杨宁史偷运出境。

谁能助王世襄一臂之力呢？苦闷不堪的他想到了朱启钤，也许只有他的出面，才能使歧路化作坦途。

祖籍贵州紫阳的朱启钤，清末时曾任京师内外城巡警厅厅丞、京师大学堂译学馆监督、东三省蒙务局督办、津浦铁路局北段督办。北洋政府时代，又任职交通总长、内务总长、代理国务总理。1919年南北议和时，又任北方总代表。以后经营实业，并在北平组织了中国营造学社，从事古建筑研究，他自己又颇爱收藏，不像一般人，仅限于一两个门类上着力，他则铜器、瓷器、漆器、木器、竹器、银器、丝绣、书画碑帖、古墨石砚、旧纸闲章以及贵重药材、名贵陈酒等，无所不藏，令人瞠目。

找到朱启钤先生后，王世襄把他掌握的情况和困难备细说了一遍，老先生没有推辞，慨然应允，借机出力。

过了没几天，王世襄即得到准信，朱老先生让他立即写一份材料送来，他可以在宋子文登门拜访他时，酌请宋先生帮忙。得此讯息，王世襄哪敢怠慢，赶紧写了一份杨宁史私购我国青铜文物的详细材料，坐车赶到朱启钤的府上，恭恭敬敬地交给了他。王世襄知道宋子文的力量，为蒋介石妻哥的他，长期控制着国家财政大权，是为国民政府的核心人物。只要他肯出面，什么摩擦，什么掣肘，都将灰飞烟灭，小小的德籍商人杨宁史还能抵赖下去吗？

肯定不能了。就在问题圆满解决后三天，即1946年1月25日的《华北日报》以《德人杨宁史呈献所藏古铜器经我接收在故宫陈列》为题，对这件事做了较为详尽的报道，其中的一段话，很有必要抄录下来，即：

……教育部清理战时文物损失委员会平津区助理代表王世襄，故宫博物馆处长张庭济国内专家于思泊、邓以蛰等。于一月二十二日在故宫御花园降雪轩点收（德商杨宁史青铜文物）共二百四十余件……

　　精美绝伦的画像壶就是这次点收中最为引人注目的一件文物了。当然还有商代后期的弒鼎、正鼎、方鼎、癸觚、山妇觯、作尊、彝尊、矢壶等以及战国初期越王者旨于赐剑等，品种数量之多、类型之全，时代序列之完整，器貌和纹饰图形之精美，实在叫人要叹为观止了。

　　杨氏青铜器被故宫接收后不久，南京举办抗战胜利文物展，当即挑选了部分器物送去展出，其所引起的轰动几乎用语言无法形容。

　　而这一切，还只是王世襄他们在清损会工作的一年多时间里，追讨回为国有文物的一部分。其他还有民国期间著名收藏家郭觯斋的藏瓷四百二十二件；郭的藏瓷时间跨度大、种类繁多，几乎囊括了中国陶瓷史上各个阶段的代表作品，尤以宋代精美瓷器为最，其中就有故宫藏品罕见的古铜釉乳钉牺牲尊瓷作。还有美国中尉德士嘉定非法从日本人手里接收的一批古瓷和长春存素堂丝绣二百余件。所谓长春存素堂丝绣，原为朱启钤先生民国初年所授存，后为张学良将军用巨款收购后，存于东北边业银行，伪满洲国时将其定为"国宝"而名噪天下。再还有收回海关移转的德孚洋行文物多件，及溥仪留在天津张园保险柜中的珍贵文物约一千八百余件。这些文物，均系溥仪从故宫所盗出，价值极高，像商代的鹰攫人头玉佩、宋元时的四件书画手卷等，均为不可多得的稀世珍品。

　　历数王世襄等清损会成员抢救国家文物的事迹，不论什么人，不论什么时代，都会叫人肃然起敬而感动涕零的。但我在这里，只想重点叙说的，是这件绝无仅有的战国宴乐渔猎攻战纹青铜壶。

　　专家把这件青铜壶简而言之称为"画像壶"，是太有其道理了，高也就是31.6厘米，口径10.9厘米，腹径21.5厘米的器物身上，为上古无名铸造者的创作，栩栩如生地刻画了有178个人和94只鸟兽！仅凭那时候的工艺水平和能力，这太叫人以难以想象了。

　　侈口，斜肩，鼓腹，矮圈足的画像壶，活画了古代社会生活的一些场景，是为后人研究那个时代人类活动的最为生动鲜活的资料。

我们先从壶颈部的第一区画像说起,既有表现农家女子在桑树上采摘桑叶的场景,又有民间人士举行射礼时的情景。在采桑的组图中,看得见树上树下既有采桑者,又有运桑者,分工合作,有相当严密的组织形态,说明其时种桑养蚕的规模已然很大了。而与之相对称的一组图画中,有束装佩剑的男子,似在选取适手的弓材,准备着与一建筑物下聚集的四名青年男子一试身手。在他们的前方设有侯,也就是后来人称之为箭靶的物体,这恰与《小广雅·释器》中的两句话相吻合,"射有张布谓之侯,侯中者谓之鹄。"

第二和第三区集中在壶的腹部位置,在其上边的第二区,又分为左右两部分组图。左面的一组图为宴享乐舞的场面,七人在享榭上敬酒如仪,榭栏下有二圆鼎,二奴仆正操持炊事活动,也不知鼎里熬的是粥饭,还是煮着鱼羊鲜味。让我们今天的人看着那样的画面,亦不由口舌生津,想着也能有所品享。相互融为一体的还有簨簴上悬着的钟磬,及旁边立着的建鼓和丁宁,有三名乐师从容地敲钟,另有一人敲磬,一人吹号(也不知道是否为号),一人持二桴,也就是今天所说的鼓槌敲打建鼓和丁宁。到了右边,组图中就又是射猎的情景了,鸟兽鱼鳖或是飞,或是站,或是游,各具神态,有四人面视猎物,仰身作缯缴弋射,而且另有一人立于船头,亦做持弓射杀状。

下部的第三区,为一组规模庞大、波澜壮阔的水陆攻战组图。仅是那场陆上攻城与守城之战,看得人已惊心动魄,在写意的上方横线与中间竖线两端,有架云梯登城的武士,亦有披甲执盾站立城头的武士,双方短兵相接,你攻我伐,战斗的场面之血腥,之惨烈,让人有窒息的感觉;水战是在两条战船之间展开的。我们知道,远古时期,中华先民就已制造出了木筏和独木舟,商代出现了木板船,甲骨文记载,商王武丁曾派人乘船追捕海上逃亡的奴隶。春秋战国的诸侯混战中,水战甚至海战已渐成规模,如公元前485年时,吴王夫差派大臣自海上伐齐,在黄海海域被齐国海舰部队击败的记录,就是一个最好例证。有资料证明，战国时的大翼船，长有一十二丈，宽有一丈六尺，配备的军士和桨手为91人；中翼船载员86名，小翼船载员80人，是当时的主力战船。后世人在总结这种水战船只配备时，合称为三翼船。但不知画像壶上的水战船只，是古代战船的哪一种，却可清晰地看见，两股参战的船只上各自竖立着旌旗和羽旗，两船对垒，阵线分明，右船尾部，正有一人击鼓助战，活画了一幅"鼓噪而进"的战阵图。船上军士多使用长兵器，虽然受到壶面图画的限制，显得具体而微，但仍能感受到军士们作战的英勇与无畏，他们头戴巾帻，射箭者支左居中，张弓搭矢；持戈者前握后运，双足稳立；荡桨者前屈后翘，倾身相摇；另有潜游者扬臂蹬足，奋力游动。无名作者在那时，极具想象地抓住战争的一个瞬间，细致准确地刻画了每个参战人员的动作特征，构成了一幅难得一见的古代战争场面。

在第四区，采桑射礼的情景隐去了，陆战水战的硝烟亦散去了，剩下的只是壶的自身需要了。垂叶纹的一圈雕饰，使整件青铜壶给人一种敦厚而稳重的艺术享受。

这就是宴乐渔猎攻战纹壶了。与我们所能看到的青铜器相比，它是独特的。其独特性和特殊性可能还有另外一些，但最明显不过的就是它的壶体、雕饰，一改过去青铜器纹饰的神秘色彩，选取社会生活的真实图景，惟妙惟肖、传神生动地一一表现出来，对我们认识和研究先民的生活，是难能可贵的一个参照物。

壶体上的攻战图不用多说，便是那几个简单的采桑和渔猎图，就很是叫人唏嘘慨叹了。

我甚至想起《诗经》一书中的那首《豳风·七月》。读过这首诗的人知道，它与战国画像壶有着异曲同工之妙，都是用写实的手法，来刻画先民的生活情状的，只不过一个采用的是雕画的形式，一个采用的是诗歌的形式。前面我们已对画像壶所表现的内容作了尽可能的解读，下来便只对《豳风·七月》的诗作一点解读，目的是要以此为借鉴，走出一个新的途径，以便我们能够更好地欣赏精美的画像壶。

《豳风·七月》记叙的是先民的四季生活。男子的主要工作是田间耕作和狩猎，女子的工作是采桑织布。正月时，农人开始修理农具耜（即犁头），把冰块运到冰室里藏好。二月时，赤脚下地翻种，妻子和女儿送饭到地头……田官看到这种情景，心里是高兴的。三月时，姑娘拿着竹筐上山采桑叶和白蒿（一种可食野草），路上提心吊胆，生怕被贵公子看上纳为姜婢……八月时，女人在家纺织麻布，然后染上色彩，为男人做衣裳。男人下田收割早稻，打枣子，割蒲草，摘葫芦，一年的秋收和家纺开始了。九月时，官家给农民发放寒衣，开始收麻籽，采苦菜，打柴火，修筑打谷场。十月时，把打谷场整理好，收割谷子，脱粒入仓。这时要特别谨防老鼠，把仓房的漏洞堵好，再用泥巴涂北窗和门户。做完这些事后，上山去割茅草，为贵族人家修葺房子。十一月时，上山打狐狸，回家后将狐狸皮剥下来，为贵公子做皮袄。十二月时，去野外田猎，修习武功，打到小野猪可以自己留用，三年以上的大野猪要献给老爷……年终，全体宗室成员要到"公堂"聚集庆贺，准备羊羔和韭菜，享献先祖。大家在一起喝酒，高呼"万寿无疆"。

忍不住心头的郁闷，唠唠叨叨地解读着《豳风·七月》，不晓得大家烦不烦，在我自己先已烦不胜烦。其实，人类生活就是这样，不论是远古的先民，还是现在的人们，谁又不是在庸常的烦人生活里熬煎着，有欢笑，有眼泪，有流血，有战亡……这有什么奇怪的呢？不奇怪，我在前边还只是举了一首记述季节劳作的诗《豳风·七月》，还有一首描写宴乐的诗《南有嘉鱼》和一首痛责战争的诗《豳风·鸱鸮》等，在一个战国的青铜画像壶上都有表现。

这或许正是画像壶宝爱的地方，堪称一部画的诗经。

莲鹤方壶：风吹雨打华彩在

公元前 769 年，中州的洧水和溱水之间，有一大片沼泽地，史籍称其为莆田泽。建都于陕西华州的郑国，是为春秋初年最先强盛起来的诸侯国。当他们的国柄传到郑武公的手里后，这位颇有野心的国君，想要称雄中原，决计要为郑国选择一个地理更加优越的位置建设都城。在他出游了一些时日后，就看上新郑这块地方。一方面这里为中原腹地，正好符合他的野心；另一方面，北有洧水，南有溱水，东又有莆田泽，是为国都的天然防御屏障。

如此理想的地方，让郑武公哪儿去找？

决心既已下定，郑武公就开始做着他的迁都美梦了。但这个梦做起来有一定的难度，不是主观想做就能做得成的。在那个乱世之中，诸侯之间钩心斗角，谁不想扩展疆土，掠夺人口。而新郑这个地方，也不是荒蛮之地，早有几个小国盘踞于此，其中最为棘手的当为郐、虢二国。郑武公要把他的梦做圆满，首先要做的，便是灭郐败虢。唯有如此，才可保证后顾无忧。为此，他是大费了一番脑筋。

此番脑筋费得很有成效。

　　那是一天深夜，郑武公授权他的人，把郐国名臣良将的名字刻在一份盟书上，虚构了这些人帮助郑国灭郐以后的赏赐。然后派人在郐国的郊野设了一个假的祭坛，坛底埋着这份盟书。郑武公把这一切做得神不知鬼不觉。天亮以后，又暗中指示潜藏在郐王身边的奸细，不断吹风鼓噪，让郐王相信他的名臣良将变节降敌。差人去郊野找来那份盟书，刚看一眼即勃然大怒，命令手下依照盟书上的名字，把他们一个不剩地砍了头，这还不能解恨，就又把杀头者的家人也抓起来砍了头。这一杀，杀得郐国政局大乱，人人自危。虎视眈眈的郑武公借机出兵，没费多少力气，就把郐国灭掉了。

　　自然了，郑武公也顺利地把他的国都迁到了这儿来，为了区别旧郑都城，人们后来把这里的都城称为新郑。

　　《韩非子》里有两个故事就发生在新郑这个地方。众所周知，一个是"郑人买履"，一个是"买椟还珠"。这两个故事是很著名的，最后作为成语不断为人所应用。前一个故事讲，郑人有欲买履者，先自度其足，而置之其坐，至之市而忘操之，已得履，乃曰：吾忘持度，反归而取之，及反，市罢，遂不得履。人曰：何不试之以足：曰：宁信度，无自信也。后一个故事讲，楚人有买其珠于郑者，为木兰之椟，缀以珠玉，饰以玫瑰，辑以羽翠，郑人买其椟而还其珠。此可谓善卖椟矣。对这两则故事，后人的解读大多以为，郑人都是死脑筋，不懂变通之理。像那位买履的人，教条刻板，实足的本本主义；像那位还珠的人，舍本逐末，实足的愚夫思想。大家这么解读郑人的两个故事，按说也对，符合国人认识问题的心理基础。但我是不以为然的，觉得这样想，不免曲解了郑人遇事较真的法度精神，以及郑人诚实守信的做人信念。

　　为此我想说，我们的现实社会，最为稀缺的可能就是郑人的这种精神和信念。而且历史也为他们的这种精神和信念作了很好的证明，在他们定都新郑以后，经济社会是开放的，也是发达的，繁荣的工商业使他们傲首在春秋列强之中。郑人买履和买椟还珠的故事，从一个侧面很好地反映了郑国当时的社会精神面貌。

然而这个蒸蒸日上的诸侯国，在郑武公之后，又经历了394年，显然地，他的后人缺少他的雄心壮志，也缺失了他立国的精神和信念，到战国前期的公元前375年，为它迅速崛起的强邻韩国所灭亡。他们的都城新郑，为韩国君臣所青睐，灭亡之日便又成了韩国的都城。

曾经的郑国，就这样成为史籍中几行不甚清晰的文字。许多的辉煌和悲伤都破碎成谜语，散失在时间的尘埃中，扑朔迷离，不知所以。

是新郑一个名叫李锐的乡绅，在1923年8月的一天，打破了郑国贵族沉睡了数千年的梦。那些个日子，河南地面干热无雨，在新郑很有些名望的李锐，为自己修造了一座漂亮气派的楼院，人称"李家楼"，进去出来，出来进去，既有如李锐一样的地方乡绅，也有受雇在家的粗作下人。为了应付锅灶上的用度，李乡绅在他楼院的一侧，辟出了一方菜地，有葱有蒜苗，有瓜有萝卜，自然还有白菜和芹菜，河南地面能种的菜品一样都不少。悠游在李家楼高台上的李乡绅，抬头看了看天，低头又朝院侧的菜地瞭了一眼，心头便如干旱的天气一样焦巴巴的。在靠天吃饭的年代，很会作务农事的李乡绅坐不住了，他没有别的办法可想，搁下端在手里的紫砂茶壶，去了供着天神的照壁前，虔诚地燃了两炷香，爬下来还磕了头，祈求老天开眼，能下一场救民苦难的透雨。

也就在那个敬香的时刻，李乡绅决定下了一桩事，要在菜地里再掘一口井，以便提水浇灌干涸的菜地。

意料之外的事情，在李乡绅指派的几个掘井人的短把镢头下出现了。当地人流传得很清楚，掘井人干了没有多长时间，一镢头刨下去，扑通一声，刨出了一个大洞。举着短镢的人当时吓了一跳，不知刨到了哪尊神鬼的地府仙窟之中，膝盖一软，跪下就要祷告时，却看见几个长满绿锈的青铜家伙！

身在中原腹地的人，常会遇到这样的情况，知道那些青铜家伙都是宝，拿到古董市场上去，很是值些钱的。掘井人从最初的惊悸中醒过神，赶忙把这个消息告知了李乡绅。李乡绅听得喜出望外，一张嘴大开着，呼吸也变得急促了。但他没有忘乎所以，嘱咐他的雇工不要声张，仔细看看都是些啥值钱的货。

清理的结果，让在场的人无不瞠目结舌。

昏暗的地下墓室里，堆满了大大小小的随葬器，而且多是在古董贩子那里能够卖出好价钱的铜家伙。即使一点历史考古知识都不懂的李家楼主人，以及他的众多雇工，也感觉得到，这绝对不是一个能够想象的寻常小墓，那些尊贵的陪葬品，也绝不是一般大户人家能够用得起。

李乡绅的眼珠，像青铜器上的锈斑一样，发着惊诧的绿光，心里也是怦怦跳着，像要从嘴里冲出来。

潦草地清除掉器物上的积土，简单地挑了几件，李乡绅带着去了许昌，准备找个懂货的人看看。

古董商张庆麟是李乡绅要找的不二人选。

在许昌城开着家古董铺子的张庆麟，听说与大鼻子的洋鬼子都有交易，出手阔绰，发现拿来的古董是真家伙，不用多说，给的银洋绝对比别人的多。曲里拐弯，李乡绅找到了戴着顶绸缎瓜皮帽的张庆麟，如此这般地说了来意。张庆麟没太说话，指派铺子里的小相公，给李乡绅泡了一壶信阳的毛尖茶，让他喝了去拿东西，不见东西他不好说话。李乡绅去了不长时间，找到三件比较完整的青铜器，再次进了张庆麟的铺子，在柜台上退去破布包装，张庆麟就又指派他的小相公泡茶了，这一回他让小相公泡的是西湖的龙井茶。张庆麟让李乡绅出价，李乡绅伸出右手，比了"八"字的表象。张庆麟问他"八"多少？李乡绅鼓着胆量说，800现大洋。张庆麟笑了，说，我不还价，你跟我到后房来。在那里，张庆麟数了2400个白花花的银洋，装进一个布囊里，交给了李乡绅。

在送李乡绅出铺子时，张庆麟拍了拍李乡绅的肩，还给他说，我猜你可能还有货，拿来吧，我不亏欠你。

祖上传下来的几样东西。李乡绅回着张庆麟的话，心想把谁当傻瓜呢？这个底子可不敢露，被人惦记着总不是好事。但他也不能把口封死，毕竟还要与人家做交易的，就托词说，我回去打听，看还有好的东西，就一定送到您铺子上来。

张庆麟笑着，笑得十分暧昧。他看得清楚，收来的铜器都是出土的新货，李乡绅一定还会找他的。

毫不费力地发了一笔古人的财，李乡绅别提有多高兴了。一路往回走，嘴里的曲子就没断过，一会儿"柳生芽"，一会儿"云中雁"，兴趣盎然地唱进他的楼院，给掘井的几个雇工，一人赏了几个小钱，让他们上街去，想喝酒了喝酒，想听戏了听戏，有一点李乡绅要他们记住，千万不要把挖宝的事说出去。

隔墙有耳，身后有眼。李乡绅掘井挖出宝贝的事，也就保密了几天时间，便传得新郑县无人不知了。自然也传进了县政府，派人去了李家楼，要求李乡绅停止挖宝，并把已经挖出的宝贝全都上缴回来。李乡绅却还撑得硬，干脆不理县政府的账，既不上缴已经挖出的宝贝，又还指示他的雇工，黑干明干，赶着时间要把墓里的宝贝都刨出来，弄到许昌去换钱。

对于李乡绅的强硬态度，软弱的县政府竟然莫可奈何，无法可办。

在这关键时刻，北洋陆军第十四师师长靳云鹗出现了。近代史上的他，算不得一个了不起的人物，倒是他的哥哥尽人皆知，就是曾在北洋政府威风一时的靳云鹏。虽然如此，靳云鹗也算一个识大体的人，听说了李乡绅挖宝的消息后，立即出面制止，并且强力收缴了已经挖出的宝贝，追回了卖出的文物，又派士兵继续挖掘。对于这批珍贵的青铜器物，靳云鹗的态度是鲜明的，"钟鼎重器，尊彝宝物，应该归于国家"。他的这一立场，赢得了社会的广泛赞扬，当时的河南省议会致函靳云鹗："公道主张，至深钦感，肃此鸣谢。"

后来清点造册，靳云鹗共得到各种器物91件，另有635件碎铜片，可资青铜器研究专家拼对修复了。

这次的考古发现，为当时全国之最，轰动了国内外，其中就有后来名震寰宇的两件莲鹤方壶。

在进一步的研究中，考古专家还发现，李家楼古墓原来就是郑国国君子婴的陵寝。湮灭在历史尘埃中的郑国旧墟，让人毫无准备地再一次重现世间。为此，大家的心才有所释然，理解一次性出土数量如此之多、品级如此之高的青铜器物就不足为奇了。

北洋政府对新郑出土的文物也十分重视，派了专员和专家，前来新郑处理有关事宜。北洋政府的态度是，全部文物应由中央收藏。河南的地方政府却不同意，认为由出土地收藏最为妥帖。一场文物争夺战打了好长时间，谁把谁都说服不了。最后，吴佩孚拍板说话了：所有的文物运往省城开封，在那里建馆收藏展出。

吴大帅一言九鼎，争夺的双方都不说话了。

当年的10月2日，吴佩孚的顾问穆佐庭，会同靳云鹗押送新郑出土文物抵达开封城。是日，满城悬旗结彩，闻讯赶来的男女老幼，把押送文物车队的所经道路围得水泄不通。有人著文回忆，及言盛况之浩大，绝不亚于千年以前大宋朝举办的上元灯会。押送队伍穿过开封的大街小巷，最终把文物运达文庙内的学生图书馆，暂由河南古物保存所负责保管。与此同时，靳云鹗主持的李家楼郑国墓地考古还在进行之中，不断地还有文物发现，一件一件又都安全送抵开封的学生图书馆。

80多年过去了，以莲鹤方壶为代表的新郑春秋郑国墓出土文物，在重见天日后，又几经风雨，满身的沧桑。

堪可回忆的为 1949 年的冬天，由于时局的迅速变化，国民党已难摆脱失败的命运。其时国民党政府却也念念不忘这批新郑出土文物，电谕重庆方面，"速将河南存渝古物运存台湾，行政院照会教育部、河南省政府遵照办理"。在此之前，日寇全面实施侵华战争，在铁骑逼近中原地带时，国民党政府就曾下令，同时经河南省政府决定，把在开封新建不久的河南博物馆文物转移至渝。这一次又要转移到台湾去，跟随在这批文物身边的专家们，执行起命令来不是那么太坚决，打包装箱，忙碌了几天后，这才仓促运送到了重庆机场。

两件莲鹤方壶都在这批转移文物中。

飞机的轰鸣声在机场上轰响着，搬运工业已抬起了白松板钉制的大箱子，一步一步，向着空运的飞机走去……就在千钧一发之机，人民解放军如神兵天降，以迅雷不及掩耳之势，火速占领了重庆机场。珍贵的莲鹤方壶这才幸运地留在了大陆。我去河南的博物馆参观，听讲解员说到这里，仍不免提心吊胆。但她还会不无庆幸地告诉参观者，装盛文物赴台的木箱还在，就保存在河南博物馆里，上面打着"中国人民解放军重庆军事管制委员会"的封条，经历了这么多年，封条的色彩变得暗淡了，却一字不少地还贴在箱口上。那位不知名的讲解员，太会调动参观者的情绪了，到后来，她还叹息了一声，又说好事总难遂人愿，就在人民解放军抢救下莲鹤方壶的时候，已有大部分河南存渝古物被运去了台湾。特殊的时势，造成了特殊的事件，今日，两岸咫尺相望，却又相互分离，去了台湾的新郑出土文物，同台湾这个祖国的宝岛一样，全都深深地为我祖国同胞所心牵。

把莲鹤方壶等一大批青铜文物随葬在他身边的郑国国君是谁？至今还无法弄清楚，但我们可以肯定，他是非常喜爱那些器物的，这既有制度规定的因素，也有他个人的爱好因素。制度规定的，是那些鼎和簋的排列顺序及数量，个人的爱好，就该是莲鹤方壶等一些杂器了。

从出土的情况看，这位不知名的郑国国君随葬了两件莲鹤方壶。我的目光刚一接触资料上的那些字眼，脑海里便迅速浮现了这样四个字：比翼齐飞。我猜想那位葬身泥土中的郑国国君，他在数千年前的现实生活中，可有一场惊天动地的爱的故事？如不然，他是不会铸造这样两件青铜莲鹤方壶的。因为，就其莲鹤方壶的器物造型以及器身的纹饰来看，完全是对传统的一次大颠覆。

毋庸置疑，在遥远的青铜时代，我们伟大的先民创造了独步世界的青铜文明，并把其推到一个登峰造极的地步。也就是说，我们的青铜文明与世界上其他地区的青铜文明有着本质的不同，它不仅在先民的生活体系上占有举足轻重的地位，就是我们的精神体系中，其地位也是至高无上的。上古时期，神圣的王权便附着在青铜重器之上；特别在夏、商、周三代，在统治者的心目中，它们甚至比国都远为重要。"得鼎得天下，失鼎失天下，藏鼎为复国"这句俗语，就很能说明问题。所以，青铜器理所当然地成为宗庙祭祀中必不可少的重要礼器。

基于这样的特殊地位，商、周贵族在铸造青铜器时，选择的纹饰总是特别爱好饕餮纹、虺蛇纹等，非把青铜器雕琢得恐怖吓人不可。他们用传说中相貌凶猛的禽兽，现实中阴森害人的蛇蝎，以及险恶残忍的鸱鸮等，附着在青铜器上耀武扬威，其目的只有一个，无非是借以狰狞恐怖的外形，表达其神秘威严的政治权力与财富地位，让他人望而生畏，少生或不生非分之想。

莲鹤方壶的出现，让人敏锐地感知到了一种变化。这个变化，在郭沫若先生第一眼看到它时，便作了高屋建瓴的概括，强调这是"时代变革精神的象征"。我想，郭老的话是不错的。那么，让我们把自己的眼睛集中到莲鹤方壶的身上，仔细地揣摩吧，看它都有哪些与众不同的象征意义。

老实说，就其基本造型而言，并没有多少独特的地方，壶为方形，有盖、双耳、圈足，重心偏于下腹部。双耳铸造在壶颈的两侧，为龙形怪兽的形貌。便是浩大的壶身，所铸纹饰，也都是龙、凤形状的浅浮雕，其间又有许多花纹相互交融，缠绕不绝，产生出一种瑰丽夺目的装饰效果。腹部的四个角上，各自雕饰了一只奋勇高攀的小兽，其昂扬的生命意志，让人看来，无不血脉贲张。圈足的下面，是两只连体的卷尾兽，器物的重量就全依赖它们的承载了。这样的构思设计，堪称巧妙新颖，充分体现了那个时期的思想文化，是欣欣向荣的，蓬勃向上的。然而，这一切还都没有完全脱出西周后期以来流行的青铜器铸造特色。最根本的、最显著的变革全都集中在莲鹤方壶的器盖上。

从事青铜器研究的专家知道，在此之前出土的所有青铜壶，它的盖子是可以倒过来放置的。也就是所遵守的那样一种规则："壶盖必可却置"。莲鹤方壶的盖子就不能了，它打破了这一既定的规则，这该是它与众不同的一个方面。另一方面，就是它的造型了，制器者匠心独运地在壶盖上部，两重骈列地铸造了一圈莲花瓣儿，昂扬着一种蓬勃的生命姿态，在花瓣的中央，昂首挺立着一只振翅欲飞的铜鹤。在河南省博物馆里，我曾久久地注目着这件莲鹤方壶，我是有猜想的，猜想这件与众不同的青铜器，其制器者的聪明才智虽然不能埋没，而拥有它的郑国君主子婴，亦堪为后人所称颂。能把一件王器，越凡脱俗地铸造成这个样子，没有他的旨意是不能的，这可说明，他那双至高无上的眼睛，不只注目于他的主权，以及深宫的神秘莫测，还能越过这一切，看见俗世的风景，这样的君主其实是不俗的。

产生于这里的《诗经·郑风》，其中的一些诗句，描绘的情景从一个侧面验证了莲鹤方壶所能传达给我们的信息。譬如一句"子惠思我，褰裳涉溱。子不我思，岂无他人？"就很充分地描述了郑国人民的率真与浪漫之情，同时可以感受到他们那个社会的逸情与洒脱。"溱与洧，方涣涣兮。士与女，方秉蕑兮……"在清澈的溱、洧两水旁边，相互爱着的少男少女，手拈着香草，轻声低语，快乐地漫步而行，这是怎样一幅美丽动人的画卷啊！

这个画卷，多像我们今天的情人节。那一日，普天下的有情人，莫不买来玫瑰花，赠予他的恋人。

这个得来不易的情致，在远古的郑国就已实现了。为此，我不知是该沮丧，还是应该庆幸。我顺手翻开搁在书桌上的《诗经》，很想在其中找到这样的诗句，但我所能找到的，又都在《郑风》里边。

我们知道，字字如金的《诗经》，收录于《郑风》的就有二十一篇，如果要用一个词来形容就只能是洋洋大观了。

我翻出来的是一首《郑风·女曰鸡鸣》的诗，为了阅读方便，我先把全诗翻译成白话文，大家就能清楚地知道，那一对郑国夫妻该是何等的幸福美满。起首一段，妻子说：鸡叫了。丈夫说：天刚刚亮呢。你起来看看天色，那星星还在灿烂闪耀。妻子又说：鸟儿都快出巢了，赶快打些野鸭和大雁吧！第二段，还是妻子说了：打来鸟儿，就给你做顿美餐，再给你备些美酒，这样的生活愿与你过到老。弹琴奏瑟，这生活没有什么不好！到第三段，丈夫起来说话了：知道你的真心，把我的佩饰赠送给你；体会你的温柔，用我的佩饰来抚慰你；感受你的真情，用我的佩饰来报答你。

再翻开的是一首《郑风·子衿》的诗，对于男欢女爱，叙写得就更加清楚明了，让人读来，好像那位怀春的女子就在眼前，毫不掩饰她的感情，情真意切地爱着她心上人！同样的为了便于理解诗的意境，我把全诗译成白话文，来和大家一起感受那位郑国的女子，怎样热切地思念她的心上人。起首写得别具特色，不谈爱的感觉，却写了思念之人的领襟，曰：青色的领襟，悠悠的心境。纵然我不去看你，难道你从此不传给我音讯？在第二段，该女子也许思念得太久，心头竟然生出了些许恨意，于是她说：青色的佩玉，悠悠的思恋。纵然我不能看你，难道你从此不再来看我？要说这是她内心的一点恨意，还不如说是她爱得太深，让她的心受到爱的煎熬，她没法忍受了。

强烈的，想要见上一面的那样一种欲望，驱使她爬上了城墙，去翘盼她的情哥哥了。这便是末段诗所描写的：匆匆行人来来往往，我在城墙上期盼着你。真的是一日不见，恍如三月。

平实的幸福生活，在《诗经·郑风》中，表现得太真切感人了。读着这样的诗句，我们不会有空落感，同样地，会如诗中的男女一样，把自己强烈的情感化为会心的微笑，而深深爱着那样的时代，那样的人情，恨不得自己也回到那个遥远的时代，成为一个那样的幸福的人。

遗憾的是，我们做不到了。逝去的东西，必将永远逝去，但它会留下一些物事，例如《诗经·郑风》，例如"莲鹤方壶"，当我默念着《郑风》的诗句，眼看收藏在河南博物馆玻璃展柜中的莲鹤方壶，我即作出了一个决定，去到郑国的故地，现在的新郑县去走一走。主意既定，我便不再迟疑，即于2005年的仲夏时节，驱车数百公里，到达了这神奇的地方。在这里，我看到古时的溱水，现在的黄水河，过去的洧水，现在的双泊河，但我看不到那片古时叫作莆田泽的湿地了。但我可以想象，曾经的蒲田泽是有莲花的，大片大片的莲花呢！曾经的莆田泽是有鹤鸟的，成群成群的鹤鸟呢！

郑国的国君子婴，他那么爱着莲花，那么爱着鹤鸟，他让工匠把莲花和鹤鸟铸造在青铜的壶盖上，不仅寄托了他的情感理想，还给我们后世儿孙流传下了非常丰满的历史信息。

鸱鸮卣：情不能舍家国梦

《诗三百》标注明确的作者不过 10 人左右，而有人还是从先秦古籍的记载中对照诗的内容找出来的，悲情的许穆夫人就是这样一个人。我想这该是她的幸运了。可使我们后人对于她的诗才，以及她的爱国情怀有一个明晰的认识，并对她的悲愤与忧伤，捧出一掬同情之泪的，便是《诗经·载驰》传达给我们的信息。

许穆夫人的父亲是卫宣公之子昭伯。史籍有记，他有妻宣姜，是一个品貌俱佳的美人坏子。她生了三男二女，长子齐子，未及成人即殁，长女嫁于宋国桓公，次女嫁于许国穆公，也就是故事里的许穆夫人。

卫国在许穆夫人的心头，是永难磨灭的故园。在以"往的历史"上，有过数百年的辉煌，可那已是西周初年的事了。周公姬旦统率军队平定了"三监"、武庚之乱（武王伐纣攻下朝歌后，为了安抚人心，又封纣王的儿武庚为诸侯，但却对他极不放心，故把自己的三个弟弟也封为诸侯，安插在武庚封地的附近，其用意是明确的，就是要让他们三兄弟监视武庚的行动，史之称其为"三监"。后来，武庚果然反叛，而三监不仅不去合围制止，还与武庚合谋作乱。因为他们的不得人心，叛乱被迅速平定了）。周公想着还得在朝歌再封诸侯，封谁好呢？他在姬姓宗室里挑选了一个叫叔封的人，让他奔赴朝歌，在那里建立了一个名号曰卫的诸侯国。然而叔封太年轻了，周公怕他没有治国经验，一再告诫他，要谨慎治国，万不可沉迷酒色。叔封没有使周公失望，在他的封国里，悉心照料国是，不仅获得当地百姓的拥戴，就是殷商的旧贵族，也都非常支持他。

叔封死后，谥号为"康"，不言而喻，这是因为他在王位上能够给人民带来幸福康乐。

其后很长一段时间，卫国在他这个开国君主留下的基础上，不断地发现壮大，广受天下百姓和诸侯国的尊敬。但他们出了一个喜欢养鹤的国君卫懿公，国势便发生了不可逆转的变化。凡献鹤者皆有重赏，苑囿之内，处处都是有着品位俸禄的白鹤了。上等的鹤，享受大夫俸禄，次一等的，享受士的俸禄。懿公出游，随驾跟班的也有鹤的身影，把它们载于车前，号名"鹤将军"，当政者如此荒淫无道，老百姓的生活是可想而知的了。冻饿不堪，却又得不到国家的体恤。就在这时，北方的狄人大举南下侵卫，而卫国的军队人心涣散，不愿卖命打仗，老百姓也都逃避到村野之中，亦不肯协助作战。情急之下，卫懿公这才听从石祁子和宁庄子两位贤臣的意见，放逐了鹤群，获得了一点民心。然而一切都太迟了，狄人的军队已经杀到了城下，攻占了卫国包括朝歌在内的大片土地，并在荥泽这个地方，把逃亡的卫懿公杀死于车下。

好在有宋桓公的支援，暂时地解了卫国灭亡的危险，拥立戴公为卫国的新君，建都在北部一个叫漕邑的地方。但这位新君福薄命浅，不到三月就去世了。他的弟弟文公顺理成章地继承了大统，但却无力挽回国家的颓势，于公元前659年，再次遭遇狄人的侵犯。

这一次站出来挽救国家危难的是许穆夫人。她用一首《载驰》的诗，把她那时的急迫心理和怨恨，极为准确地表达了出来。诗曰：

载驰载驱，归唁卫侯。

驱马悠悠，言至于漕。

大夫跋涉，我心则忧。

既不我嘉，不能旋反。

视尔不臧，我思不远。

既不我嘉，不能旋济？

视尔不臧，我思不闷。

……

在这里，我只记录《载驰》一诗的前两章（全首四章），但我想这已经够了，已经完全能够传达一位奇女子的精神世界了。较之于不成器的卫懿公和短命的卫戴公，远嫁许国君主的许穆夫人，其姣好的容貌下，是一颗强烈的爱国之心。而且还有超拔的政治远见。早在齐国和许国遣使向她求婚时，她的想法是嫁到强大的齐国去，这样也好借助齐的强大援助卫国。但她的父兄不懂她的心情，接了许国的聘礼，把她嫁到了许国。故国家园的剧变和兄长们的惨剧，强烈地震撼了许穆夫人的心，她向许穆公提出援救卫国的要求。然而，许国君臣怕得罪狄人，不愿出兵相助，却只派了使者到卫国去吊唁。

许穆夫人抹去脸上的泪痕，她不再祈求谁，带着自己身边随嫁的姬姓姐妹，毅然驾车千里奔卫，以自己羸弱的躯体共赴国难。便是这样，许国君臣还是吓得要命，遣出大夫，沿途阻截许穆夫人。这使英勇的许穆夫人悲愤不已，登上山丘，唱出了《载驰》最末的几句话；我要请求大国来助我，哪个大国能相帮啊！她的高声大唱灌进了一个人的耳朵，那就是原来也想迎娶他的齐国君主齐桓公，派遣大将无亏率车300乘，甲士300人，救援卫国，赶走了狄人，恢复了卫国。

我想，每一个阅读《诗经》的人，在读到这首《载驰》诗时，都会为许穆夫人的爱国情怀所感动。无独有偶，几乎与她同一时代，有个叫妫氏的女人，同样地，为了她的故国，为了她魂牵梦萦的君主，以自己的生命谱写了一曲可歌可泣的动人故事。

妫氏不会吟诗，她的故事自然不会在《诗经》里出现。但她有故国的青铜器，在考古学家于1978年的一次田野发掘中，随着一批青铜器的出土，也把她的故事发掘出来，重新推到了人们的面前。

在此之前，不要说妫氏的故事扑朔迷离，就是妫氏的故国息，也在传统的历史资料里语焉不详。千百年来，人们对它的认识，只是停留在文献的只言片语里，难有一个准确的表达。

那一年，在临近息县的河南省罗山县，意外地发现了一处墓地。

这处墓地就是息县前往西南方向大约三十多公里的罗山县天湖村。在这个山村的东部，考古人员起初并没有太大的奢望，但随着发掘的进展，他们感受到这处墓地的非同寻常。其所表现在于，一是墓地的规模很大，规划也很整齐，共有22座排列有序的墓葬。二是墓葬里的随葬物品数量惊人，品级很高，有价值的文物多达328件，其中青铜器占了绝大多数，有219件。这可以证明，墓主人的身份是高贵的。那么，他们会是谁呢？在进一步的文物清理工作中，考古人员在一口大铜鼎上发了"息"字铭文。考古人员兴奋起来了，接下的几天时间，青铜器上不断有"息"字铭文出现，而且多达26件，这让现场工作的考古人员不能不喜出望外。此外，他们还发现了带有铭文和族徽的青铜器近20件。

一切都在做着证明，这就是传说中的息国贵族墓地了。

根据以往的文献记载，留给大家的历史信息，只知道息国是西周的一个诸侯国，到春秋时被他国灭亡。但在河南天湖村的这次考古发掘，却使我们有关息国的记忆，发生了翻天覆地的变化。考古学家在天湖息国贵族墓地考证，躺在这里的息国先祖，其时代既不属于春秋，也不为西周所有，而是在商代殷墟时期的 200 多年间，最早还可以上推到距今 3265 年左右！这大大地改写了以往的历史记述，其意义不言而喻。

纵然有如此悠久的历史，但却不能改变息国弱小的形象。好像它从诞生以来，从来都是缺乏营养的。从来都没有强大过。譬如编辑在成语词典里的一些条目，虽然很个别，却写尽了对息国的滑稽可笑，及忧伤悲凉的另一种阐释。是《左传·隐公十一年》里的故事吧，说他们"不自量力"，常常过高地估计自己，做出一些愚蠢的事来而贻笑大方。此外，因为他们不能正确认识自己，也就不能正确认识敌人，而做出以敌为友的举动，是自己屡吃大亏，直至败亡。便是古书《三十六计》的作者，也把他们息国的滑稽故事，作为教训而屡屡引用。

其实，这也不能全怪弱小的息国。在春秋那样的一个乱世里，为了生存，列国之间的斗争何时停止过。他们相互钩心斗角，彼此离离合合，全凭自己的利害为出发点，有时甚至什么都不为，或者只是芝麻绿豆大点小事，这便不得了了，反目即成仇敌，拼了性命大打一场。所为何来，还不是一个"霸"字作祟，小国是这样，大国就更如此了。长此以往，诸侯国各自为政，互相攻伐兼并，这就有了晋国和楚国的"城濮之战"，形成了南北两大壁垒，夹在他们两大强敌之间的无数小国，能走通的路只有一条，或者与晋国交好追随其后，或者与楚国结盟依附其侧，以便获得他们的保护而生存。这样的保命方式太危险了，稍有不慎，都将导致玉石俱焚的灾祸降临。

因为美艳的妫氏，不论存在了多少年的息国，还是延续了多少年的蔡国，都将不可避免地陷入一场亡国的灾难之中。

当然，这怪不得妫氏。她是个有情有义的好女子，生长在陈国的深宫之中，跟着她的母妃，学得了一个女孩儿应该有的美德和技能。在她之前，长她几岁的姐姐，已由父母做主嫁给了蔡国的君主献舞，她则由息国派来使臣提亲，许配给了息国的国君。在常人看来，是这样的婚姻关系，几国之间应该成为亲密无间的友好邻邦。但是这个蔡侯太不像话了，自己娶了妫氏美丽的姐姐还不满足，听说妫氏的漂亮胜过她的姐姐，就又在心里打起了妫氏的主意。这正应了告诫人的一句话：贪心不足蛇吞象，吃着碗里的，看着锅里的，当心吃得太多撑了自己！

机会在蔡侯献舞的妄想中还真的来了。

她的妻妹妫氏的婚期到了。妫氏在陈国的首都告别了贵为国君国太的父母，浩浩荡荡地一路走来，要嫁给等在息国的国君，一桩美好的婚姻眼看不日就要实现，半路上便却生出问题来了。妫氏出嫁息国必须途经蔡国，蔡侯献舞心有所想，就在他的国都摆上宴席，要给妫氏敬奉一杯婚酒。他的理由冠冕堂皇，没啥说的，"妫妹至此，为姐夫的岂可不见一面？"话说到这个份上，妫氏不领情就是她的错了。因此，在途经蔡国都城时，妫氏暂时住了下来，参加了蔡侯在宫中为她设的宴席。初时，蔡侯尚能保持宾主的礼仪，酒酣耳热之际，便无法抑制久埋在肚子里的祸心，逐渐显出戏谑的态度，除了夹三夹四说些与其身份相悖的话外，竟然还动手动脚，拉着妫氏细嫩柔软的手不放，极尽猥亵调戏之能事。

妫氏何等冰清玉洁之人，见他的姐夫蔡国君主献舞如此下流无礼，不待盛筵终了，即拂袖大怒而去。

迎娶妫氏的息国使臣，待把妫氏娶回国后，就把一路上的遭遇说给了息侯听。特别说到蔡侯调戏他们国君夫人时，声调还带了许多义愤，惹得息侯恼火异常，心想蔡侯也太欺人了。于是下定了决心，非得找个机会报了此仇不可。

然而想想容易，真要做起来就不容易了。

息国的力量太弱小了，硬拼硬打，根本不是蔡国的对手。再说出师必须有名，他为什么攻打蔡国，就为了心口上压着的那一口仇气吗？这是不能激励将士的心志的。那么咽下这口气吧，息侯却又不能，苦思冥想了多少个日夜，这就想到了一条借刀杀人的妙计来，以为神不知鬼不觉地便可洗雪心头之恨。息侯拿定主意，便派了一个能言善辩的使臣，入贡于楚，密告楚文王说，蔡自恃与齐联姻，不肯朝贡于楚。若楚军攻我，我便求救于蔡，蔡侯年轻而又勇敢，必然亲率军队来救。到时我与楚合兵攻蔡，就可轻易俘虏蔡侯。既俘虏了蔡侯，还怕他蔡国不入贡于强大的楚国。

其时的楚国，正一副虎视眈眈的神态，觊觎着列国霸王的位置，正找不到下手的茬儿，息国使臣的一番挑唆，正中他们的下怀。而这时在楚国君主位子上坐着的楚文王，偏是一个有着雄才大略的人，于周庄王八年（公元前689年），把楚国的都城由丹阳迁到郢，即今湖北江陵县城北5公里处的纪南城。这里不仅有优越的农业生产条件，而且交通便利，南有长江天险，西通巴巫，东连吴会，北有驰道直达中原。在这里，楚文王亲率军队，已经灭亡了近旁的申国和吕国，攻克了不太听话的权国和随国，打败了胆敢抵抗的郧国，使河东诸国基本上都沦为楚的势力基础。在此基础之上，楚文王也做了大量的准备，计划着向中原伸手了。

蔡国就处在中原的边沿地区，是楚文王插足中原必经之地。有了息国的内应，楚文王也不管出师可有其名，前脚送息国使臣回去禀告他们国君，后脚亲率他们的大军就向息国扑来。鬼主意是息侯出的，他配合起来就很从容，一面做出迎战的架势，一面又派人去蔡国求援。蒙在鼓的蔡侯不知有诈，果然亲率大军来救，安营未稳，息国的军队矛头一转，指向了蔡侯率领的蔡国军队，而楚国军队也抛下对峙的息国军队，从四面向蔡国的军队围了上来。到这时，年轻气盛的蔡侯才明白，兵败逃至息国都城门前，喊话他的妹夫息侯，让他放下城门接他进去。息侯装聋作哑，紧闭城门不纳。走投无路的蔡侯，站在息国城门前做了楚国的俘虏。恰在这时，息侯却又大开城门，走进楚军营地，大事犒劳楚军。是这样，蔡侯始觉中了息侯的计谋，心中油然而生无限的悔意和恨怨。

当了俘虏的蔡侯还算一个有骨气的汉子。他在楚军大营里，当着楚文王的面，既大骂息侯的奸邪，又大骂楚王的狠毒。楚王受不了蔡侯的辱骂，怒而下令，杀死蔡侯以祭太庙。幸有忠耿大臣鬻拳，犯颜直谏道，王方有事于中原，若杀蔡侯，他国皆惧矣！不如释之，而为盟友。楚文王是明白这个道理的，却总以为蔡侯出言不逊，始终咽不下这口气，所以坚持要杀蔡侯，事情紧急，鬻拳也顾不了君臣的节仪，一个箭步冲到楚文王的座前，怒容满面，左手揪住楚文王的袍袖，右手拔出佩剑，厉声向楚文王吼道，臣当与王俱死，不忍见王之失诸侯也。

是这样，蔡侯才保住了颈上的脑袋。

然而保了他性命的鬻拳，却在楚文王赦了他的欺君之罪后，一剑砍掉了自己的足踝，使自己从此失去一足。其时，鬻拳还忍着剧痛，面对满堂大臣言说：人臣有无礼于君者当视此！

楚文王为鬻拳的忠义大为感动，命人用棉匣盛装了鬻拳的断足，恭奉在太庙之中，以示自己的违谏之过。同时，又择了一个日子，在宫中大宴群臣并为蔡侯饯行。

一场大的悲剧就在这时的觥筹交错、丝竹盈耳之际酝酿着。没人能知道，楚文王是有意为之，还是无意之举，安排了一群腰肢纤细、举止婀娜的妖娆宫女，伴随在筵席之上，既酒且舞。其中还有几个弹筝的女子，仪容柔媚秀丽，楚文王与蔡侯相互敬着酒，喝得有几分醉意时，楚文王忍不住问蔡侯：有生以来，你可见过此等绝世美色吗？

蔡侯前头吃过了美女妫氏的亏，忽闻楚文王的言语，心里凛然一惊。冷静下来一想，楚文王不会因为美色难为他的，就还张目瞟了一眼弹筝的女子，奉承说：天下绝世美色尽存大王宫中啦，但还少有一人超得过息侯夫人妫的美！

这就是蔡侯的恶毒了。他也想借刀杀人，让楚文王为他雪了受欺败兵之耻。

楚文王偏又是个好色之君，听了蔡侯的一番激将之语，心里即朝思暮想，欲望得到美艳的妫氏。他苦于无计可施，就借托巡视四方的名义，来到息国的都城，在息侯为他所设的筵席上，微笑着对息侯说：昔日我曾效微劳于君夫人，今天我来贵国，君夫人为何不进我一杯酒呢？息侯怯惧楚文王，不敢稍有违抗，即时传令宫中，唤来美服盛妆的妫氏，别设毯褥，谢过楚文王，并拿起一盏白玉酒杯，向楚文王恭敬地进酒。

果然是人间罕见的美色啊！楚文王想亲手接杯，妫氏却不慌不忙，将玉杯由宫人转递楚文王。席散，妫氏拜辞回宫，楚文王亦回了馆舍，心头念着妫氏，竟然一夜无眠。第二日，楚文王又在他的馆舍设宴答礼。息侯不知有诈，喝酒止半酣，借着个"君夫人为何不来慰劳"的说辞，即命暗伏着的甲兵，把息侯绳拴索拿，囚了起来。

情急如热锅上蚂蚁的楚文王，等不及他的军士到息侯宫里搜寻妫氏，自己先跑步闯了进去。而妫氏已知国是有变，仓皇奔入后苑，寻到一口井前欲跳，却被一个叫斗丹的楚将拦住了。斗丹劝她：夫人不欲舍息侯之命耶？

是这一句话，让急于自尽的妫氏苟活下来。

忍辱偷生的妫氏在楚宫里生活了三年，让楚文王好不快活自满，色授魂与，并因为妫氏生得面如桃花，娇艳异常，还爱怜地称她为桃花夫人，前人因此作诗为记：

桃花夫人好颜色，月中飞出云中得；

新感恩仍旧感恩，一倾城矣再倾国。

浪漫是这首诗的表，纪实才是这首诗的魂。深居楚宫的妫氏，无一日不惦念着她的旧主息侯。长此以往，口舌之上少有言语，脸面之上多有愁云，让一个爱得她如掌上明珠的楚文王好不困惑。忽一日，在二人一番云雨之后，楚文王询问妫氏何以少言语？妫氏才说：我一个女人，侍侯二夫，即使不能死，又有何面目同人说话？此是献舞之过啊！说罢，痛哭流涕，欲死欲活。

楚文王整衣上朝，气吞山河地发出了一道命令，进兵攻打蔡国，蔡侯打着赤膊请罪，并把蔡国的所有土地宝藏献给楚文王，也才饶他不死，而他至此，亦成了楚国的阶下之囚。

故事到了这里，先秦的史稿便没了下文。但妫氏的身影却还生活在百姓的心目中，到西汉刘向编撰《烈女传》时，做了进一步的搜集整理，免死的息侯失了国土后，在楚国的都城做了一名守门小吏。转瞬秋风送爽，桂子飘香时节，楚文王出城打猎，妫氏便装散心，在城门偶遇息侯，两人见面，恍如隔世，抱头痛哭；互诉衷肠。终了，妫氏为息侯整理了一番衣帽，还有他粲然一笑，转身撞向城墙，息侯阻拦不及，眼见心爱的夫人香消玉殒，自己亦对苍天长啸一声，撞死在妫氏的身边。

打猎的楚文王回到都城后，听说了这件事，不由黯然神伤，却也感念于二人的真情，以诸侯之礼把息侯和妫氏合葬在汉阳城外的桃花山上。

那一年，我去桃花山春游，但见一座古旧的桃花夫人庙掩映在满山桃红柳绿里。我走近了去看，却见几通古人途经此地的题诗碑，有唐代杜牧的，有宋代宋之问的，还有清代邓汉仪的，不下十几通。而我当时却不能诵读他们的诗篇，满脑子充塞的都是《诗经·鸱鸮》的句子：

> 鸱鸮鸱鸮，既取我子，无毁我室！
> 恩斯勤斯，鬻子之闵斯。

这是一首自哀诗，描写的是周文王被囚羑里的诗。我在这里引用的只是开头一章，翻译成现在的语言是：猫头鹰猫头鹰，既然已杀我的儿子，不要再毁我的家室，恩爱连绵被分开，养育的儿子分开使我忧虑。读着这样的句子，我绕不开来，直想往哀怨的息夫人身上想。这是因为，在息夫人的故国旧土今日的息县出土的那件鸱鸮青铜卣，其时让考古专家也都直往息夫人身上靠，感觉这件锈迹斑斑的青铜卣，附着了息夫人妫氏不死的精魂。

我还无缘眼见这件鸱鸮青铜卣，只从一份彩印的资料上得知，1979 年从息县出土的 19 件青铜器中，鸱鸮青铜卣，是最为引人注目的一件。它通高 18.3 厘米，口径 12 厘米，整个卣体纹饰的主题是两只背靠背的鸱鸮，鸮首雕于卣盖之上，鸮的翅膀装饰于卣的腹部，下为四足兽。腹底上还雕饰了一只伸头甩尾的神龟，由此可知，息国的先祖该是中华民族的始祖黄帝一族了。因为黄帝的族徽就是一只天鼋，天鼋亦即轩辕，天同大，鼋同龟，天鼋就是大龟。在商国以降的青铜上，有此族徽的息国鸱鸮青铜卣，不敢说是仅见，却也是十分少见的。这样一个辉煌的、悠久的家族，在春秋乱世里，因为几个身为国君的人，都为妫氏的美色而生事变，最后弄得美人身死，不知他们那个时候都是怎么想的？

我在汉阳城外的桃花山上，感到了自己的心虚，脱离开了桃花夫人庙，走在春草丛生的山坡上，不小心被一块顽石绊了一下，差点儿扑爬在地。恰在这时，我听到了一声鸱鸮的嚎叫，惊得我举目四顾，却不见称之为鸱鸮的猫头鹰在哪里？心里便想，不会是妫氏的哀鸣吧！寂然地在这里沉睡了两千多年，她应该有着自己的哀鸣的，就是悲悲伤伤的大哭也是应该的。

担心大家误解了鸱鸮，在这里想要为它多说几句。远古时候，人们不像现在，视其为不祥之物。那时候，其貌不扬的它是极为受人宠爱的，而且以为它还能够通神，担负仙界与红尘相联系的责任。此一时刻，我很想借用鸱鸮的能力，能使珍藏在河南息县博物馆的鸱鸮青铜卣见个面，这件当年可能陪伴过她的器物，是该懂得她的哀愁悲怨的。然而，我却担心它的容积太有限了，它装不下妫氏悲怨，更装不下妫氏的眼泪。

秦杜虎符：追忆曾经的烽火狼烟

　　自然界里，老虎的王者地位是至高无上的。商周时期的贵族阶层，十分敏锐地意识到了这一点，他们在为家族铸造青铜器时，很容易想起虎的威猛以及虎的霸道，为他们铸造一件以虎为形的青铜器，或者是有着以虎为纹饰的青铜器。譬如商代王室重器后母戊鼎，其耳部外廓就饰有一对虎纹，虎口相向，中间有一人头，好像要被虎所吞噬。再是商王武丁的妃子，即那位多次受命，统率大军南征北战的女子，便有一件心爱的青铜大钺，死后随葬在她的大墓里，到1976年发掘出土，大家发现，钺体的两面肩部即雕饰了一幅双虎扑噬人头的图案。我于2005年伏季去安阳殷墟参观，亲眼得见那件大钺，只见大钺居中的地方，是一个圆脸尖颌的人头像，左右两侧，各有一只瞪目张舌的猛虎，向中间的人头扑噬，散发出一种远古生命的狞厉和恐怖的神秘色彩。

　　然而，这些还都缺乏一点儿代表性，直到我从一份资料上，看见了那件商代晚期的青铜虎食人卣，我才似乎明白了古人之于虎的认识，有着怎样的象征意义。

　　无酒不成礼。在我国古代，酒是祭神敬祖、礼仪交往、宴宾会客等活动的必备之物，盛酒的青铜器，自然是为珍贵的礼器了。这里要说的虎食人卣，该是这样一种特殊的器物。它的表面大部分呈黑色，局部留有很薄的绿锈，纹饰繁缛，以人兽为主题，作为兽的虎，呈蹲坐状，尾巴与后足为整个器物的三个支点，虎的两只前爪抱住一个人头，正置于虎口的獠牙之下做吞噬状。人体与虎头相对，人的手扶着虎肩，头发向后纷披，从背后可见衣领和较窄的袖口。人的腿部还饰有蛇纹，脚踏在虎的后爪上。老虎立眉瞪目，张着的大嘴气势吓人。而人的表情似乎不为虎的凶猛所畏惧，两只眼睛睁得大大的，嘴角又稍稍上翘，似惶恐又似欢悦，好像在期盼着什么？

　　是的，在古人看来，虎的能量是巨大的，它可以沟通天与地，人与神。人有幸通过虎的齿舌吞噬，便能够达到神人合一。从而获得神的护佑，哪怕处在虎的血盆大口之下，亦觉神态安详，求之而不得。

　　当然，对此一说法，有人可能是不同意的，这不要紧，大家尽可以发表自己的意见，以丰富远古青铜器中虎食人的那样一种现象。

　　如法国前总统希拉克，因与著名青铜器专家、上海博物馆馆长马承源先生有一次交往，即促成了虎食人卣（现藏法国地努奇博物馆）到上海展览的幸事。为此，希拉克还亲笔写了序言，其中有段话，是颇为人所咀味的。他说：在西方的神话里，人祖是宙斯这样的人格神，变成动物去勾引女子。亚洲的神话则不同，是以神兽作为人母。此卣（专指虎食人卣）相传出土湖南，而南方传说正好予以有力的印证。传说称，楚国太子幼受乳于虎，一如罗马建城传说母狼哺养罗慕路斯与雷穆斯的故事。按说，深藏古墓中的物件大都铜绿斑斓，而令我们格外心醉，然而此物乌光温润，格外迷人，更符合中国古人偏好素雅的情趣。

　　蓝眼珠的法国前总统希拉克，这么探究和评价虎食人卣，不知我们黑眼睛的中国人可同意。

对此问题，我是无意深究的。只说上古时期远离中原的一些小邦国，却也有着强烈的猛虎崇拜意识。譬如在唐代大诗人李白的吟诵中，多次出现的夜郎国，在 20 世纪的 70 年代，曾出土了一套头铜釜的器物，其上便有一只雕铸的立虎，造型之神勇，堪称古代青铜器中的精品。为此我想，安睡在黄土深处的夜郎子民，有猛虎相伴身侧，该是怎样的一种福气。

好了，不再扯了。再扯也是为我备细评说秦杜虎符而铺垫的。

因为这也是个说虎的话题。

当然，在说这只军中猛虎之前，我们有必要先对"符合"这个词有所了解，古时候，作为一种信物的符，分而相合，就可成为定约和践约的证明。所谓分，是指整符的剖分。所谓合，是指剖分的符相合成整符。这一分一合，说明某件事物的执行，已取得一定的成功。《汉书·高祖记》有言，"与功臣剖符为誓"，讲的就是这个道理。此外，居延汉代峰燧遗址出土的木符简上，就常有"合符从事"的字样，这更证明，"符合"一词的来由，是从符的使用引申而来的。

大家现在在说明数量、形状，或者是事实预测和判断分析等情况下，好用符合二字，这该是旧日用词的一种新解了。

我们知道，古代的符，类别很多，用途又各不相同，最常见，而且最为令人心仪的当是用于军事目的虎符。也就是我在文中所说的军中之虎了。

军中所用虎符分左右两半，右符留在宫廷帝王身边，左符由中央发给地方驻军和京师主帅，合符后作执行军令的凭证。我没有见过更多现已成为文物的虎符，不知都是些什么形状。那次去西安南郊的陕西省历史博物馆，在展柜里看到了那个名曰秦杜虎符的物件，心里便怦怦跳个不停，感觉它的姿态太精美了，伸颈昂首，长尾翘曲，做走动形状；虎符身体的铭文小篆，规整挺秀，瘦劲有力；其错金技术之精湛，时至今日亦然光耀闪熠，尚如新制。难怪文物界尊称其为中华第一符。

当天，我是陪同一位尚古的同学到陕博参观的，见了秦杜虎符，他亦非常兴奋，一连串问了我几个问题，其中一个问题也是我所关心的，那便是秦杜虎符是怎样发现的？

这的确是个问题呢。而且是个有趣的问题。其时，我还不好回答他，可在他走后，我想方设法找人打听，这才知道秦杜虎符的发现是偶然的，我不由得会心一笑，细细想来，哪一件文物的发现不是一次偶然？只是这一次偶然太有趣了。

西安市南郊的北沈家桥村平整土地，还在学校读书的少年杨东峰，放学后来到大田，帮助他家大人劳动。干了一阵活儿，在杨东峰又一次拿锨铲土时，他听到了土里一声清脆的隐响，他知道铁锨碰到一块硬家伙了。是个什么硬家伙呢？好奇心促使杨东峰拨开浮土，从中拣出一块拳头大小的东西。因为裹着泥土，杨东峰就在锨刃上去刮，只几下，就刮出一个状如老虎的铜质器物来。当时，杨东峰还不知道此为何物，但在那个物资非常紧缺的时代，一疙瘩铜块还是值些钱的。于是，到收工时，杨东峰就把他拣到的铜疙瘩装在衣服口袋里，带回了家中。

埋藏在黄土里2500余年，蕴含着巨大历史信息的秦杜虎符这才又重见天日。这一天是1975年隆冬时节，这一年杨东峰刚满12岁。

杨东峰把这块铜疙瘩拿回家，看着好玩，就给了他的小妹当玩具。女孩子家的好处在于心细，拿了那块粘满泥污和锈斑的铜疙瘩，就先用水洗去所有泥污，这就显出了一个铜老虎的形象，女孩子便就喜欢上了这只铜老虎，整日拿着把玩，时间一长，铜老虎表面的绿锈渐渐脱落消失，露出黑乌乌的亮色来，而且令人惊喜的是，还露出几行金灿灿的文字来。女孩子不认识那些金光灿烂的文字，就拿着请教上了中学的哥哥杨东峰，结果那样的古文字，哥哥杨东峰也不认识。但就是这一辨认，让初具历史文化意识的杨东峰，有了一个朦胧的，却也是清晰的认识，铜老虎是一件宝贝呢！换回些钱来，或许能给自己做一件新衣取。

1978 年 11 月 30 日，又长了三岁的杨乐峰，怀揣着铜老虎进城了。在小妹手上玩了三年的铜老虎，像是获得了某种神秘的营养，变得玲珑剔透，光彩照人。坐在进城的客车上，隔一会儿，杨东峰就要把铜老虎从口袋掏出来，凑到眼前看一看，坦率地说，杨东峰对铜老虎也有了爱不释手的感情。他看着，也想着，觉得这只铜老虎还该有一半的，现在的样子，像是被人从中腰刀劈出来的一半，凹凸有致，甚为奇异。便是到这时，杨东峰还不清楚这将是一件怎样珍贵的历史文物。

杨东峰满心想的，就是用这只铜老虎换的钱，给他做一件新衣服。15 岁的少年，已经知道修饰打扮自己了。

尽管杨东峰喜爱着铜老虎，喜得夜不能寐，爱得不忍释手，但却抵挡不住他对新衣服的渴望。于是，他怀揣着铜老虎，首先走进了一家废品收购站，人家把铜老虎放在到台秤上称了一下，还不足 100 克，噼里啪啦地拨了一阵算盘珠子，这才摸出三枚一角的钢镚儿，摊在杨东峰的面前。如果杨东峰把那三枚钢镚儿拿上走，这件难能可贵的铜老虎，也许早就化成一泡铜水了。好在杨东峰没拿那三枚钢镚儿。

杨东峰那个时刻想得很多，集中到一点上，他不认为铜老虎只值那个价。

于是乎，杨东峰把三枚钢镚儿推给人家，要回了他的铜老虎。他想，会有人识得铜老虎的价值的。这么想着，杨东峰向人打听，去了位于东大街的西安市文物商店。在那里，接待他的工作人员倒也十分热情，却也弄不懂眼前的铜老虎是个啥玩意。最后告诉杨东峰，他们文物商店的业务有限，只许收购传世品，至于出土品，他们是绝对不敢收的。这么拒绝杨东峰时，还给他指了一条道，让他到碑林博物馆去，那里是有识家的，那里也有资格收藏出土文物。

那里确有文物识家的，这位识家就是享誉陕西文物界的戴应新。

是碑林博物馆的工作人员领着杨东峰，一把推开戴应新兼作休息室的工作间木门。杨东峰胆怕再次碰壁，在从怀里掏出铜老虎时甚至有点急，一掏出来就捧到了戴应新的面前。

在考古界泡了多年的戴应新，并没急着接过铜老虎，他先在桌子上摊开一方手绢，这才把杨东峰捧过来的铜老虎接到手，轻轻地放在那方手绢上。陕西的文物界，戴应新是不多的一个大拿，虚眯着眼睛，把那半片铜老虎打量了几眼，就很肯定地断定，这只铜老虎就是战国时期的杜县驻军将领所持的错金虎符。

无法禁止的喜色挂上了戴应新的脸。

没有迟疑，戴应新询问了杨东峰的要求。诚实敦厚的杨东峰心里想的还是一套新衣。于是他说能给他15元吗？戴应新在杨东峰年少的肩上拍了拍，就去请示馆领导，给他一下子奖了50元人民币。而且还给他出具了一份陕西省博物馆颁发的表扬信。

踏破铁鞋无觅处，得来全不费工夫。

秦杜虎符就这样入藏陕西省历史博物馆，成为馆藏文物中至为独特的一件。

很长一段时间，已被定名为秦杜虎符的铜老虎，就在戴应新的案头和枕边放着，他反复揣摩，并查阅资料，艰难地破译着虎符上的文字。不多的40多个文字，一个字一个字得到确认后，为我们的军事历史雄辩地印证和诠释了以下问题：

一、通过虎符身上铸金的"兵甲之符，右在君，左在杜，凡兴兵披甲，用兵五十人以上，必会君符，乃敢行之"的文字，弄清了该件虎符的身世，为战国杜县军事首领所有，客观地印证了秦国在少陵塬西周杜伯故国设立县制，治今西安东南的史实。

二、客观真实地反映了战国时期虎符调兵的军事制度。即五十人以上的兵力调动，都应有君臣的两片符虎相合，方能执行用兵使命。

三、很好地丰富了华夏文明的宝库。因为我们知道，连同这枚秦杜虎符在内，出土存世的虎符仅有三件，而其中一件还藏在法国的一家博物馆里。

这三件古代虎符实物，数秦杜虎符最为精美，虎脊齐缝，错金铭文，是其他两件莫可能比。但这并不影响三件的虎符的功能，其实是一样的，便是虎符上的文字，也仅只有秦之国君和王以及皇帝的区别，用法也是完全相同的。

出土存世的青铜虎符数量的确有限，而竹木质料的符物，却相对丰富得多。不过，都只是些戍卒符、出入关符等，全都不及青铜虎符的威仪。

我们已知，古代符的使用范围很广，除了调兵遣将的虎符，就还有关卡上的符传和符券等。官吏出入，皆由公家发给右符，到关卡上验对左符。其他行商行旅者，要想顺利通关，自然须向公家申请，出钱自买，才能得到。

1981年秋，考古工作者在敦煌酥油土汉代烽燧遗址出土文物中，就发现了许多竹木符。其中一枚用红柳木削制的警候符，便是敦煌平望候官发给青堆烽燧使用的。符上的文字是：平望青堆燧警候，符左券齿百。这就是说，戍卒在烽火台瞭望或外出巡逻，都要佩戴警候符，证明身份并备以查验。齿百，便专指木符右上角的刻齿，是合符对验的标识。

此类符，都是由上级军事机关制作后，直接发到烽燧的。

居延遗址也出土了许多竹简，在研究中就发现了许多简符的记载。其中一枚竹简的文字是这样的：始元七年（前80年）闰月中辰居延与金关为出入六木符券齿百从第一至第千左居官右移金关符合以从事……怎样解读这枚竹简文字呢？专家的意见是，为居延都尉府发给金关卡的符券右券登记。符券的左券留在都尉府里，发给出入关卡的人以为凭证。出入关卡的人拿到左符券，到达关门，同已在关门的右券合符（包括长度、刻齿和编号相合），便可放行。

居延汉简里还有记载公务活动、游士活动、邦客活动等符券的情况。

譬如专门从事游说活动的人，在大秦之地，是被受到严格限制的。他们走到哪里，都必须呈验证件（符）。如果游士把符丢失了，麻烦随之而来，就像我们今天的一些城市实行的暂住证一样，你拿不出来，就要进行严厉的惩罚。诚如居延竹简上的文字所记：游士在，符亡，居县赀一甲；卒岁，责之。这句话是什么意思呢？翻译成现在的文字，就是说游士居留某地却没有凭证（符），按秦律规定，在他所居留的县，要罚一副铠甲；居留满一年，还没有证件（符），就要加重责罚。

在一种特殊的情况，还可以折（断）物为符。

这样的事情在史书和传说中不乏其例。时代较早的，便是阳城君与孟胜的毁璜为约。战国楚悼王时期，墨子的弟子孟胜，得到楚国阳城君的器重。当时，阳城君在楚受到封国。有一次，他要孟胜帮助守好封国，拿出一件玉璜，折为两段以为信物，对孟胜说：今后遇到大事件，分符相合，才得遵从我的嘱命。不久，楚悼王病殁，楚国群臣愤而攻击悼王的宠医吴起，阳城君祸连其中。继位的楚王治罪下来，阳城君无奈外逃，他的封国也被削夺。驻守封国的孟胜却还遵守符约，对来接收封国的楚臣说：我受阳城君之约，替他守国。没有他的半边璜符相合，不能交国。结果，孟胜自杀身死，也决不违背符约。

孟胜的行为，让我们的后来人，是太需要敬重了。他的玉璜符在历史的长河中，不知湮灭在了哪里？没人再能见识到，但他践约守盟的精神，已经成为我们民族最可宝贵的财富。

幸运的是，我能很容易地看到秦杜虎符。

在我动笔要写这篇短章之前，花了不多的一个起步价，打的去了西安南郊的陕西省历史博物馆，仔细地品鉴了一番秦杜虎符。我在惊叹它的精美和神圣时，意识中"窃符救赵"的故事，倏忽显形于我的眼前。

公元前 260 年，秦军在长平之战中大破赵军主力，坑杀赵卒 40 余万，赵国从此一蹶而不振。来年，气势汹汹的秦军又转围赵国都城邯郸，城内得不到粮草补给，百姓们迫不得已，竟然相互易子而食。危急关头，赵国派出使臣，从秦军的重围中偷渡出去，到达魏、楚两国，痛陈利害，请求援助。魏王满腹义愤，派出大将晋鄙，统率十万人马往救。然碍于秦军的强大，魏王又密令晋鄙，率军临境观望，不要擅自进兵。与此同时，援赵的楚国军队，采用了与魏一样的策略，陈兵赵国边境，观望不战。

身挂相印的平原君，心急如焚，日遣数次使者，向魏公子信陵君告急。

当其时也，魏之信陵君、赵之平原君、楚之春申君、齐之孟尚君，享有战国"四公子"的美誉，他们各有门客数千人。翻看《史记》，发现司马迁对"四公子"里的信陵君最为喜爱，在他身上用墨时，总以"公子"相称，而对其他三位，则不痛不痒地称之为"某君"。

信陵君堪为史圣所崇仰。他仁德厚道，礼贤下士，对人无不以礼相待，各地名士纷纷归附，是以诸侯各国，十余年间未有觊觎魏土者。

秦国大军围困赵都邯郸，远在魏地的信陵君，焉能安枕睡榻，一次次面见他的异母哥哥魏王，请他务必下令军前，攻打秦军以救赵。但他的哥哥面子上听他的劝说，暗地里还是不让晋鄙用兵。信陵君心急如焚，却也无计可施。却好，他的门客里有位名叫侯嬴的隐士，向他献策了。是个什么计策呢？就是叫信陵君设法窃得兵符，去到魏军帐中，诱骗晋鄙用兵。

何者为隐士呢？在当时的情况下，专指那些满腹诗书的饱学之人，不慕虚荣，远离人烟，去松林间种菜弹琴，高兴了，在月色里去访附近的山人，高谈阔论，探讨宇宙及自然之法则。侯嬴就是这样一个隐士，他太偏好窗前的寒梅，从其花迹里感知冬去春回的信息；他还偏好粗陶大碗，乐意与来访的友人喝米酒吃狗肉。是这样引得信陵君多次往求，邀他出山来，卧饮身侧。

侯嬴出的主意，使信陵君喜不自胜，便去寻找魏王的宠妃如姬，求她帮忙窃符。

汉代的宫廷音乐家李延年，曾为汉武帝吟唱了一首歌："北方有佳人，绝世而独立。一顾倾人城，再顾倾人国。宁不知倾城与倾国，佳人难再得。"后人研究这首著名的乐词，以为所写有着如姬美艳的情影。

求如姬偷窃虎符，她很痛快地答应了。

这与几年之前的一些事情或许有些关系。当初，如姬的父亲为人所害，辗转三年，也不能报仇。信陵君知道了，派出门客，四处探访，找到仇人，血刃其首。为此，如姬打心眼里感激着信陵君。现在，她有了报答信陵君的机会，便横下心来，也要窃到魏王手头的虎符，交与信陵君，助他调兵援赵的壮举。

真实的情况是，如姬顺利窃得虎符，信陵君指派力士朱亥，星夜单骑驰入晋鄙大营，合符后，杀死疑惑不定的晋鄙，夺得兵权，率军击溃秦军，解了赵国之围。文学巨匠郭沫若，在抗日战争期间，以"窃符救赵"的历史故事为蓝本，编写了一部《虎符》的剧本，为绝代佳人如姬设计了一个圆满的形象。这个圆满的形象让人不忍目睹，就在朱亥锤杀晋鄙，信陵君夺得兵权时，知恩图报的俏佳人如姬，去了她的父亲墓前，拔剑自刎，为我们的历史留下了一缕永不飘散的香魂。

三国时期，羽扇轻摇的诸葛亮把"窃符救赵"的故事又重演了一次。

赤壁之战，曹操兵败退北。诸葛亮审时度势，趁着南郡空虚，密令勇将赵云夺城，城破擒获守将陈矫，取得虎符。然后，以虎符诈调荆州守军出救南郡，诸葛亮就密令张飞，绕道袭取了城中少兵的荆州；接着，用同样的办法，调出襄阳的守军，诸葛亮又密令关羽，巧夺了襄阳城。

小小一个虎符，竟然襄助诸葛亮调开曹军，兵不血刃地连下三城。

面对陕西省博物馆的秦杜虎符，我的眼前满是飞舞的戈矛与剑戟、烽火与流血……我闭上了眼睛，仍不能拒绝虎符向我的目光里入侵。

我看见秦杜虎符旁边的一段说明文字，知道在一个紧急的情况下，可以不必相合君王的右符，点燃烽火以迎敌。这是对的，世间事物，哪里敢不变通，就一定会有大的灾难，譬如"窃符救赵"。

当然，我所看到的秦杜虎符不是"窃符救赵"的虎符，但这件虎符距今也有二千三百多年的历史了，而如姬所窃之虎符，比之这件虎符，还要早上半个世纪。

我期盼那件沾染着烽火狼烟的虎符也能重现人间。

铜奔马：翔空踏燕的壮美与浪漫

国家旅游局早在 1984 年确定自己的旅游标识时，铜奔马在众多图形设计中脱颖而出，成为长城和熊猫伴生的核心志识。对此，时任国家旅游协会的常务副会长佟华龄说：我们所以选择这个方案。觉得它的意义可能比长城和熊猫更好一些，因为铜奔马代表的是奔腾发展的中国旅游事业，这是一个（因素）；再一个（因素），就是它有着中国悠久的历史文化，它是一个文物，所以最后选中了铜奔马。

这个成为中国旅游业标识的铜奔马，还有一个广为人们所知的命名：马踏飞燕。

像众多珍贵文物的出土一样，差不多都是一个偶然的机会而发现的。马踏飞燕自不例外。1969 年的秋季，全国人民都在"深挖洞，广积粮，不称霸"这一政治口号的鼓动下，大挖特挖防空洞。地处甘肃武威的农民，在城郊北去两里路的雷神殿附近，亦如全国人民一样，热火朝天地挖着防空洞。他们挖了一些时日了，到 9 月 22 日的上午，轮到新鲜村的村民蔡耀下到洞里挖土时，他的镢头挖到了什么硬物上。为此，他不敢使劲乱挖，小心地刨着浮土，刨着刨着，就刨出了一堵砌得很实的砖墙。谁在地下垒的砖墙呢？垒这砖墙作什么用呢？蔡耀的心里，在其时反复想着这样两个问题。他想知道砖墙的究竟，就又举起镢头，挖刨砖墙了。他挖刨得很不容易，直到挖出一个洞口，把头伸进去一看，这就看到许多的马。

珍贵的、著名的马踏飞燕就混在那众多铜马当中出土了。

要说武威这个地方还是很有些名望的。公元前 121 年，雄才大略的汉武帝，派遣骠骑大将军霍去病，统率大军向荒凉而广阔的西北地区征伐，经过艰苦的激战，赶走了盘踞这里的匈奴人。得胜的霍去病把战果报告给了朝廷，汉武帝喜不自胜，为了表彰霍去病，就把他驻军的地方赐名武威。

后来，武威还被改名为凉州，其意不外乎这里的气候相对凉爽一些。在唐诗和宋词里，随便翻看，总有几首诗词是以凉州为题而写的。最著名、也最具代表性的当属王之涣的《凉州词》了，他以无限悲怆的心情吟唱道："黄河远上白云间，一片孤城万仞山。羌笛何须怨杨柳，春风不度玉门关。"

二十世纪末的一个暮秋时节，我曾默诵着王之涣的诗句，踏上了如今已呈大漠孤烟直的武威，在那里驻足了两日，使我对武威的今与昔有了较深的认识。

两千多年以来，地处西北腹地的武威，历来为屯兵戍边的重镇。自汉以降，各个时代的古迹文物和墓葬，都有非常明晰的表现。它以自身苍凉的记忆，见证了许多历史往事，如已部分复原的白塔寺，就曾是藏传佛教萨迦派的重要寺院。公元 1247 年，萨迦派领袖萨班活佛来到这里，与蒙古汗国的西凉王阔端举行了著名的"凉州会谈"，以此为标志，西藏正式纳入中华民族的大版图。

与众多耀煌的历史遗迹相比，武威北郊供奉着雷神的雷祖殿，不算太显眼。在一个南北长 106 米，东西宽 60 米的高台上，于明季修建的殿宇还较完好地保存着，面阔三间，进深三间，并配有前后券棚，西廊偏殿的庙堂上，正面供奉着一尊雷神塑像，两侧为一童男和童女，还有张节、陶荣、邓忠、辛环四尊武士拱卫左右，很好地突出了雷神的威仪。

民间传说，在雷祖殿前曾经是有一盘雷磨的，如果有人推动雷磨，即刻就有隆隆雷声响起。然很多时候，是无人能推动雷磨的，便会套上牛马，再加上人推，也不能推动雷磨半步。

是这样神秘的地方，又一下子出土了许多包括铜奔马在内的文物，应该是件十分轰动的事情。可是在那个全民备战的特殊历史时期，这件本该十分轰动的事情，在表现上就显得非常的平淡了。

蔡耀挖出那许多绿锈斑斑的铜马和其他文物后，先把几件很有分量的物件装在吊土的藤编筐子里，让防空洞顶上的人提了上去。很遗憾，所有在场的人，没一人知道这可都是世所罕见的珍贵文物。但是，大家凭着直觉，晓得这些物件该是比较值钱的东西。于是，经由几个队干部碰头决定，找来一些破麻袋，把那些沾土带锈的东西装进去，放在一个大木箱里，搬到生产队的库房妥为保管。

几位队干部还算心细，在搬运入库时，对每一件物品都作了登记。

开始时，队干部们主张封锁消息，不向上级报告。他们这么想，是有他们的理由的，想把这些古物倒卖出去，弄几个钱，给生产队添几匹真马。解决农耕畜力不足的问题，悄悄地放了一些时日，主管这事的队干部心里有了顾忌，怕把铜马卖掉，还买不来真马，自己又惹出乱子，就背过别的队干部，到生产大队去，向大队支部书记做了汇报。大队书记不敢隐瞒，就又去了公社，汇报给了公社书记。公社书记更不敢迟疑，找了个视察防空洞建设的由头，到了生产小队，向干部们明确指示：地下古物是国家财富，坚决不能变卖，而且也不能破坏。

时在武威文化馆工作的党寿山，接到县上领导的通知，是第一个到达现场的专业人员。

到了新鲜村后，他不吃不喝不歇气，找到拿钥匙的村干部，当即去了保管文物的仓库。用他的话说，当他看到大木箱里斜三横四、乱七八糟堆积着的铜奔马和其他器物，心里是又惊喜又痛苦。惊喜的是，搞了多年的文物工作，从来没有发现这么重要、这么众多的文物；痛苦的是，那么多、那么好的文物，是那样一种收藏法，弄碎弄折了如何是好。

对照入库时清单，党寿山一件一件整理着那一大木箱的文物，竟然有38匹工艺精良的铜马，以及1头铜牛、14辆铜车、17件铜武士俑、29件铜奴牵马俑。此外，还出土有金器2件、漆器3件、陶器25件和龟钮银印4件和铁、骨、石、玉、琥珀等器物数十件，总计加在一起，达231件。

党寿山小心翼翼地清理好这许多文物后，嘱咐生产队的干部，准备了几辆架子车，铺上厚厚的麦草，把文物挨个放置好，使人力拉着，送到不远处的文庙牛公祠。这里为现在的武威市博物馆所在地，文物归藏此处，自然获得了很好的保护。

我旅游到此，看到的雷祖殿出土文物，就还非常好地陈列展览着。

那天，已从博物馆馆长位子上退休下来的党寿山，身虽退，人还在博物馆里。我听讲解员这么说，就特意去拜访，与他寒暄几句后，问起当时的情况，知道党寿山在把新鲜村仓库里的文物，清点送回馆里后，他还不放心，去了防空洞的挖掘现场，在手电光微弱的照耀下，下到出土了铜奔马等文物的洞里去，感到脚下踩的全都是铺地的铜钱。他弯下身来，手在地上一掬，就是满满一捧的古钱币。

凭经验，党寿山断定这是一处古墓葬。

那么，它会是谁的墓葬呢？这个问题萦绕在党寿山的脑子里，使他寝食不安。此后一段日子，他和这批出土文物待在一起，想要为他的问题找到答案。这个答案不好找，怎么办呢？党寿山就从最笨的办法做起，先给失去秩序的铜车马，依据部分史料的记载和出土人蔡耀的零星记忆，来复原这支地下青铜阵容的秩序了。

最前头的就是那匹与众不同的铜奔马。

在这匹放荡不羁，意欲腾云而起的头马身后，紧跟着的是 17 匹铜马和铜骑士，一共分为三列，骑士们威风凛凛，手里举着一杆叫作戟的兵器。看来，他们都是拱卫开路的兵戍了。在他们的后边，才是威风八面的主人。这位主人的前方正中，有一辆导引的车乘，上面装置了一把大斧，所以也称其为斧车；稍后是四乘豪华的轺车，也就是单匹马驾驶的轻便马车，车上有驭手，还有跟随身侧的以待召唤服侍主人的丫鬟。车前并列站着 8 个铜人，仅从服饰上辨认，可知四铜人为武官，四铜人为文官。

夹在车阵中间的，是一匹身材高大且器宇轩昂的大车大马。不用说，坐在上边的肯定是威威赫赫的主人了。

再往后，还有一辆负重的牛车，想来它的用途，该是负责运载后勤给养的。

这样的车马阵，豪华则是相当的豪华，但显然不是一支用来作战的队伍。其无与伦比的威仪和尊荣，从哪个角度看，都是一个地位显赫人物的出游图景。今日的雷祖殿，已为武威市政府辟建成一座公园，其中有西式现代化的喷泉和草坪，也有放大了六倍的那一组青铜车马阵复制品。作为游人，我穿梭其间，伸手触摸着已经被人触摸得铜光锃亮的车马阵。我把复制放大了的车马和人俑，当作了远古的铜雕，并深为那精美绝伦的造型所感动。

是的，我像当初的党寿山一样，想要知道是谁享有了这无限尊贵的威仪。

我得承认，今天的我要知道这一切已经十分容易了，在武威的街头地角，看到销售图书的摊子，就能买到一本介绍武威历史和文物的小册子，必定地，上面会有雷祖殿出土青铜车马的研究，明确地告诉人们，安享富贵的是一位张姓的人物。

这个秘密是由党寿山等一批研究者发现的，他们在为青铜车马的人俑除锈时，发现队列中的四名武官和四名文官的背上，都清晰地凹刻着这样几个字：张家的奴仆。

便是驾车的马颈上，也都刻了文字。

然而这些文字的隐晦和不确定性，在后来的深入研究中，让人最是容易走入歧途。譬如，有人依据马颈上"张掖长"的铭文，便断定享有如此威仪的墓室主人，不过是一个驻守武威的县长。不知别人信不信，后来的我，仔细观览了那气派非凡的车马阵，就很怀疑这样的观点了。好在，随着大批青铜车马和人俑出土的，还有几枚银币，上面的篆书刻字，无不存在苍劲高古的"张将军"字样。我想，不是一个镇守边塞的将军，他能够死后，为自己搞得那么隆重壮观吗？

当然，除非这位张将军，于乱世中割据武威，称王称霸。可问题在于，他既敢于称王称霸，又何必把几枚银印与他同葬一个墓室中，人都死了，他还不敢给自己制一枚王印吗？

"葡萄美酒夜光杯，欲饮琵琶马上催。醉卧沙场君莫笑，古来征战几人回？"唐朝诗人王翰路过武威，写下的这首七言律诗，或许最能表达此地的壮怀激烈与心酸伤痛了。

岁月流逝，如今的武威没了刀光剑影，没了腥雨血风，一切都是那么平静，便是出土了那么重要的一批珍贵青铜文物，当其时也，却也未能引起太大的轰动和太多的关注。

两年后的一天，即1971年的9月，古文字学家、历史学家、诗人郭沫若到兰州来了，他是陪同柬埔寨王国政府首相宾努来访的。在参观博物馆时，倏忽，他的眼睛被一件文物拉直了。这件文物不是别的什么，就是出土不久的铜奔马。郭老把那组青铜器看了很久，并且详细地问了出土的情况。之后，他让馆里的陪同人员，从展柜里把那件独特的铜奔马取出来，拿在手中端详了很长时间，并连声赞叹：太好了！太好了！

难能可贵的是，郭老还给这件铜奔马起了名字：马踏飞燕。

1972年，因为郭老的举荐，马踏飞燕赴京参加了"文化大革命时期出土文物展"。自此，曾经深藏在武威雷台墓地的铜奔马，一举奔向了全国，奔向了全世界。来年，也就是1973年，作为我国的重要出土文物，铜奔马即受邀去了英国和法国，在那里开始了它传奇命运的海外展览。引起了所有参观者的极大兴趣，成为中华文物中极具代表性的一件艺术珍品。

"鸣鞞走马接飞鸟，铜驮瑟瑟随去尘。"唐代诗人李颀的《郑樱桃歌》的这两句诗，好像就是专为铜奔马而写的。从纯艺术的角度审视，铜奔马昂首奋蹄，蹄足凌驾在云空之中，霎时间，一只正在振翅疾飞的鸟儿擦到了它的蹄足之下，营造出一种微妙的，却又极富动感的风驰电掣般地驰奔氛围。此样的场面，此样的架势，恰到好处地抓拍出一幅绝妙的"马奔燕逐"的快照，并巧妙精准地展示了行云流水般的艺术效果。

是啊，我像所有热爱铜奔马的人一样，在武威的历史博物馆里，深情地察览着铜奔马，发现它的铜质肌肉是那么匀称饱满，它的铜质骨骼是那样刚健有力，便是一只眼睛、一条尾巴等细部刻画，也是那么的精确逼真，使人无不惊叹自己的眼福，真真正正地领略到了汉代艺术家之于马的理解，达到了怎样一个深入骨髓的高度。这样的艺术构想，这样的技术应用，是贯绝于前人的，也是贯绝于后人的。

天下艺术的铜奔马，其绝妙的程度，唯此一尊。

然而，这不能阻挡艺术家对马的喜爱和创作冲动。放眼艺术世界，马的雕塑，马的绘画，是一个永不枯竭的主题。我国现代杰出画家中，徐悲鸿堪称画马的一个痴人，在他浓墨重彩的画笔下，马的英姿勃发，马的飞扬骏逸，是无与伦比的。

马超越了自身，成为人类至为亲密的朋友。

中国的秦始皇，据说就是一个马的狂热爱好者，他的横扫六合，自然是他的雄才大略的结晶，却也与他倡导子民大力养马密不可分。在他之前，也有喜爱骏马者，像在山东临淄齐国故城发现的车马坑，都是以活马陪葬的。我在那里的一号坑看见，在南北长 31 米，东西宽 4 米的坑内，齐刷刷排列过去，就有了 32 匹马的尸骸。不知别人看了是什么感受。我看了，心里久久不能平静，耳边响起的是，一声声马的嘶鸣与哀嚎。秦始皇，他的爱马，是从心里头爱的，从行动上也作出了很好的表率。这从他的陵墓出土情况可以看得清清楚楚，闻名天下的秦始皇兵马俑，吸引着世界的眼睛，大家来到那里，绝对看不到一匹活马的陪葬，自然就看不到马的尸骸，大家看到的，就都是一匹匹威武雄壮的、与真马相仿佛的陶马！

我听研究者说，秦始皇兵马俑坑里的陪葬马，是那时中国最好的马。对于这样的判断，我是深信不疑的。

生活在西安的我，有这个条件，能够近距离观赏秦陵陪葬的陶马。我甚至趁人不备，还伸手摸了那样的陶马，恍惚感觉得到，那陶马温热的肌肤和激烈的脉跳。如此，我的问题就冒出来了，秦陵陪葬陶马的体格，与武威雷祖殿出土的青铜马相比，这里的陶马，四肢是短粗的，躯干和脖子也比较短，这样的马可能吃苦耐劳，但奔跑的速度，大概就不会太快。

还有唐太宗李世民昭陵前的浮雕六骏，匹匹都贵为天子的宝驹，但其体格与形态，几与秦始皇陵陪葬的陶马相似。好在它们的腿部，有点武威铜奔马的神韵，细长劲拔，该是善跑的那种样子。

这就对了，昭陵六骏是应该兼及秦陵陶马和武威铜奔马的优势的，既吃苦耐劳，又驰奔迅捷。唯如此，也才符合中国人养马的历史发展过程。

专家们已有定论，武威出土的铜奔马，为汉朝末年的器物。我们知道，这一时期的养马技术，有着突飞猛进的发展，达到了一个全新的境界。这是因为雄才大略的汉武帝刘彻，从他富国强兵的政治目的出发，好像比任何一位帝王都偏好养马。他听从西域回来的大臣说，在遥远的大宛国，有纯种的良马，便立即派出使者，带上同等大小的金马，去购买大宛的良马。

应该说，这是一件很公平的事，但大宛人杀害了汉天子的使者，抢走了金马。

愤怒的汉武帝忍不下这口气，他要向大宛国进兵了。这样的进兵，一方面为了复仇，一方面还是为了弄到良马，就像现在的人一样，有了一辆普通轿车不行，千方百计地还要弄一辆高级轿车，譬如宝马，譬如奔驰。汉武帝的心态就是那个样子，不过他所采取的方法变成了战争。公元前的104年和公元前的101年，他两次发动战争，向遥远的大宛国杀奔而去。当时的天下大势是，没有人抵挡得了汉武帝的军队，还没有怎么开打，大宛国人就先丧了胆，派出使臣前来议和，给出的条件是，无偿奉送汉军几十匹种马和几千匹母马。好了，汉武帝要的就是良马，大宛国自觉奉送了，汉武帝就也顺坡下驴，不和大宛国交兵了。带着那大群的大宛马，汉军班师回到长安，汉武帝驾临营中，看了那么多威猛高大的良马，他兴奋不已，当下给这些来自大宛国的良马赐了一个神勇异常的名字：天马！

汉武帝是太钟爱大宛国的良马了。我们今天的人，没法体会大汉天子好马的心性，也没法知道当时的大宛马是个什么样子。于是，只有猜想了，我的猜想与武威的铜奔马联系在了一起。我顽固地想着，武威的铜奔马就是大宛马的写实性再现。

畜牧学家从专业的角度研究了铜奔马，发现它的三条腿都腾跃在空中，便是这样的张扬，却不掩它躯体一侧的两条腿，同时朝着一个方向而去。这样的姿态，在一般的奔马中是看不到的。

这样的奔跑姿态，有一个专门的术语：对侧步。

骑乘在"对侧步"的马背上，人不会上下颠簸，而只会左右摇摆。有经验的牧民说，骑马走路如睡觉。如果不是"对侧步"的马，能有这么舒服的感觉吗？

所以说，铜奔马该是最适宜其时行军打仗骑乘之需要的，难怪汉武帝高兴地要称大宛马为"天马"了。

天马——铜奔马！

铜卧牛：尘封不住的强健与凄凉

六畜之中马最贵，属老大，牛次之，属老二。但在我的眼里，居于次位的牛，是比居于首位的马要珍贵得多。我检讨自己，所以葆有这样一种感情，盖因为自己长期的田舍郎身份了。

是的，高头大马的好，在田舍郎的眼里，是不比俯首壮牛好的。

好像我们的老祖先，就已特别重视牛的饲养了。商代的殷墟遗址，发现的众多件甲骨，大多都取材于牛的肩胛骨，可见牛在商代，其地位的不同凡响。至春秋时期，由于冶铁技术的发展，铁工具开始用于生产，这也使得牛耕技术，获得了突飞猛进的发展。这从陕西、山西、河南等地的考古资料上是看得到的。秦汉以降，牛耕技术更为普及，为保护耕牛，当时还设立了专门的"厩苑律"，规定饲养耕牛十头以上者，一年内死亡三分之一，喂牛的人连同主管的官吏就都要受到严厉的惩罚。而饲养优秀者，则可受到奖赏。有了这样的措施，养牛业焉有不发展的道理。

汉代的画像砖和唐代的壁画牛耕图，是我看到的最为写实的牛耕情景。其所反映的耕犁形式大致为，一是使役二牛牵引的长直辕犁，二是使役一牛牵引的短直辕犁。这两种耕犁形式，便是农业机械化程度已很普遍的今天，在广大的农村地区，依然看得到的。毫不夸张地说，我便是个使役耕牛犁地的庄稼把式。一次我去广东佛山，在那里的博物馆看到了一个汉墓出土的牛耕模型。其中有陶牛多件，此外还有一牛前行，一人扶犁做耕耘状。这个模型看得我的眼睛一眨一眨的，觉得我们的耕作技术，发展了几千年，竟然没有太大的变化。为此我更加感念我们的祖先，他们是伟大的，因为他们的聪明才智，他们的创造发明，荫庇了我们子孙后代多少年！

现在，我们的耕作技术走上了机械化的道路，并开始向工厂化迈进，但我们不能嘲笑牛耕技术的落后，更不能嘲笑祖先的落后。我们应该透过历史的迷雾，用我们虔敬的眼神，观照牛之于我们的祖先，我们的祖先之于牛的不解之缘和殷殷深情。

在我的故乡扶风县，于20世纪80年代的周原遗址发掘中，考古工作者挖出了一个很大的灰坑，出土了8000余斤的骨块。其中牛的骨片达到了1036块，是灰坑中骨片种类最大的一宗。这是为什么呢？以我不很多的考古知识而论，也可知道，这些骨片都是祭祀所用的牺牲之物。所谓"牺牲"，在西周数百年的时间里，几乎就是牛的代名词了，它作为最主要的牺牲献祭，动辄要杀死数十数百，甚至上千头，以祭祀死去的祖先。

有此缘故，人们在制作青铜礼器时，喜欢以牛的纹饰来美化器物了。而且是，有人干脆以牛的整体形象来制器了。如湖南衡阳包家台子出土的商代铜牛尊，就铸造得精致入微，形象生动，堪为一件不可多得的铜铸牛的艺术珍品。还有河南郑州出土的商代牛首尊，陕西洋县出土的商代铜牛觥和岐山县出土的西周铜牛尊，也都是工艺水平和造型水平很高的青铜历史文物。可是，在本文中我不想把精力放在这众多的牛形青铜器物上，因为我的心里，早已被另一件牛形青铜器物占领了。

这件牛形青铜器物是哪个呢？不瞒大家，就是出土于西夏王室墓地的那尊铜卧牛了。

铜卧牛的出土时间在 1977 年。在这之前，考古工作者对西夏王陵，已经进行了多次发掘，遗憾的是，处在贺兰山东麓的西夏王陵群，少有不被盗掘过的。这让考古工作者既痛心又无可奈何，但他们没有放弃自己的努力。在一片 50 多平方公里的缓坡肩面上，仔细地寻觅着未被盗掘的王陵。他们几乎踏破了铁鞋，搜寻了两百多座陵墓，对他们认为有发掘价值的陵墓，进行了非常专业的发掘。这样的发掘虽然总使他们失望，但也不乏珍贵的考古价值。

在一次的王陵发掘中，就曾出土了三尊面目恐怖的石刻雕塑。这样的雕塑，不是裸男，就是裸女，个个颧骨高突，鼻梁粗短，獠牙外露，手腕和脚脖子上，却都不约而同地雕饰着粗壮的圆环。

我去宁夏的西夏王陵博物馆参观过，亲眼目睹了那几尊裸体雕塑。发现那些女性特征突出的雕塑，其高高隆起的乳房，几乎占据了头部以外的大部分空间，向下悬垂着，又几乎触碰到脚下的地上。这样的石刻雕塑，在国内的考古史上，属于首次发现，因而，在其出土之初，人们并不知道它的作用和功能。直到后来，随着发掘清理的范围不断扩大，出土的数量不断增多，这才从一尊有着文字的雕塑上得知，它的名字叫碑雏，功能与中原地区驮碑的品质相仿佛。

除此而外，发掘中还清理出了一些造型别致的陶罐。

很显然，这样的发掘结果是不能让考古工作者满意的。到了关键的 1977 年，春节刚过，考古工作者把他们的目光聚焦在了陵区内的一座陪葬墓上。从起初的地表观察和分析，他们判断这是一座未被盗掘过的陵墓。因此，大家发掘得很有信心，而且也特别的有耐心，自初春开始，天天泡在发掘现场，送走了春天，送走了夏天，又送走了秋天，直到料峭的西北风吹过层层叠叠的贺兰山，吹到大家流汗的脸上，这才把深埋地下的陪葬陵的墓门打了开来。可是，大家蓄积在脸上的笑容，在墓门被打开的一瞬间，一下子又凉了下来。

墓室的斜角上，赫然现出一个盗洞来。

心灰意冷的考古工作者诅咒着可恶的盗墓贼。与此同时，他们还在例行一些常规性的清理工作。几天过后，有一尊造型精美的镏金铜卧牛，从黄土和流沙中慢慢地露出真容。这使考古工作者不禁喜出望外，一哇声地大叫"奇迹！奇迹！"

这头铜卧牛，身长 1.2 米，体重 188 公斤，几与一头活牛相类似，鎏金的身形，形象逼真，光彩生动，理所当然地被专家们定为国家一级文物。

我在西夏王陵博物馆买了一个小册子，听到宁夏考古所的吴峰云研究员介绍，在铜卧牛出土时，最先暴露出来的是两个犄角。此一时也，大家还无法知道会是一件什么样的物件，但从暴露的犄角看出，无疑这是一件青铜的东西。接着往下清理，这就暴露出铜卧牛的头和脖子。大家屏住了呼吸，仔细地清理着铜卧牛身边的黄土沙子，很显然，大家这时的清理工作做得很仔细，但也都明显地加快了速度，到把真牛一般的铜卧牛清理得全部暴露出来后，参与发掘清理的人就都欢呼起来了。

吴峰云回忆说，便是现场的民工，其所表现出来的兴奋和激动似乎都超过了他们专业的考古工作者。

只是一座陪葬墓，便有这么巨大的一头鎏金铜卧牛陪葬其中，让人就很难不作其他的联想了。那就是，当年的西夏王陵该是怎样的一种辉煌呢？我回答不了；那些经验丰富的考古工作者，恐怕也难作出准确的回答。

总之，是一个超乎后人想象的问题。

仅此还不能阻挡我的问题，英雄强悍的西夏臣民，在为自己的墓葬制作陪葬品时，为什么要做一头铜卧牛呢？难道这只是一个人的爱好吗？或者是他们王朝的一个信仰，乐见温顺的卧着的牛？

谁能告诉我，为什么？

便是这座陪葬墓里，与铜卧牛朝夕相处的一匹真马大小的石马，也被雕凿成了一匹四蹄曲在肚腹下的温顺的卧马。

这太奇怪了！

在我仅有的一点历史知识中，西夏王朝不是一个甘于跪卧地上、温顺地受人役使的王朝。

为古羌族一脉的党项人，原来祖居在今天的四川、西藏、青海、甘肃等省区的黄河九曲之地。他们世代逐水草而居，属游牧民族。公元629年以后，党项族所属的八大部落，在李唐王朝的军事威慑下，先后接受招安，归顺了大唐王朝，受封于四川省西部地区的松潘一带。唐朝初年，西藏吐蕃王朝的松赞干布，在轻松实现了青藏高原上各藏族部落的统一后，又以和亲的手段达到了与盛唐的和睦相处。然而，他却对家门口的党项人不怎么客气，组织发动了多次的侵袭和扩张，迫使相对弱小的党项人，不得已离开故土，驮着帐篷，赶着羊群，走上了漫长的举族迁徙之途。

为了寻找到新的生存之地，党项人经由川藏边沿地区，沿着甘肃和宁夏东北部而行，沿途打了多少仗，已没人弄得清楚。后在李唐王朝的准许和安排下，这才落脚在了陕北横山一带的无定河边。他们在这里一住就是几百年，唐末黄巢起义，时为党项人首领的拓跋思恭，配合李唐王朝镇压黄巢有功受赐，改姓为李，领定难军节度使衔，辖银、夏、绥、宥、静五个州，从此形成以夏州为中心的割据势力。

北宋王朝诞生了，党项人的命运又一次发生了变化。时任夏州节度使的李继捧因为内部的分裂和北宋朝的削藩政策，被迫献出他们继承了九世的五州地区，并且又一次受赐改姓为赵。然而，李继捧19岁的堂弟李继迁却不甘受辱，以为乳母送葬为名，设计逃出已入北宋版图的银州城，潜入党项人聚居的鄂尔多斯草原，叛宋自立，拉开了与北宋王朝的战争序幕。

史书记载，李继迁少年老成，有勇有谋。

为收复失地，他在鄂尔多斯那个叫作地斤泽的地方，举旗招兵，并在这里与北宋的军队小试锋芒。此后，他统率军队南与北宋军作战，西与吐蕃军争锋。由于他善抓机遇，在起事几年后的公元 1000 年 2 月，于灵州以东不远的浦洛河截获宋军粮草 40 万担，以此为本钱，设围攻打灵州，城破之日，李继迁即宣布建都于此，号西平府，而后发兵河西走廊，攻陷凉州。至此，党项人称雄北宋西北地区的雏形已初步凸现出来。

在攻陷凉州的战争中，李继迁身受箭伤。他在弥留之际，嘱其继统的儿子李德明，上表宋廷请求归附。

绝妙的一页就在这个时候发生了。李德明悲悲凄凄地送走了强蛮的父亲李继迁，却又同时迎来了更为霸悍的儿子李元昊。

正是这位生性好强的李元昊，在从父亲李德明手里接过统治权后，即开始了他的建国准备，为了突出自己的民族特色，他首先推行有别于汉人发式的秃发令，接着又重订新制，设官立爵，建立文武二班，改汉人的九拜为三拜。同时，为了强化军事力量，在其境内建立了相当于今天军区性质的 12 个监军司。这样的变革，无疑对西夏的立国起到了举足轻重的作用。

除此而外，李元昊还在极短的时间内，发明和推广了西夏文字。这种借鉴了汉字特征的西夏文，仅有 10 年时间就达到了广泛应用的程度。6000 多个方块形状的表意文字，今天看来，虽然笔画显得繁杂了些，却又不失字形饱满厚重的感觉。应当说，西夏文的发明推广与李元昊在党项人中间进行的所有变革一样重要，而且比起其他的变革寿命，似乎更为顽强，更为长久。

公元 1038 年，李元昊圆了党项人的一个大梦，在兴庆府登上国王宝座，立国号为夏，并去掉唐宋王朝的赐姓，恢复党项姓氏。因为大夏国在中原以西，故而又获西夏的名称。此时，它的疆域"东尽黄河，西界玉门，南接萧关，北控大漠"面积达百万平方公里。

西夏国的崛起，在很长一段时间里，先后与同一时代的北宋、辽；南宋、金两次形成了三足鼎立之势，迅速地把自己的政治、经济、文化推上了一个叫世人慨叹的高峰。直到公元 1205 年，西夏国传承了 10 位国王，走过了 127 个年头后，一个更为剽悍强大的蒙古族首领成吉思汗，率领着他的铁骑大军，越过漠北荒原，剑锋直抵西夏国咽喉。然而，西夏国不是一只软柿子，元蒙铁骑六次征伐，耗时 22 年，甚至把一代天骄的成吉思汗的老命抛在了六盘山下，这才攻取了西夏国都兴庆府。

有个偶然的发现，也为顽强不屈的党项人作着证明。那是在宁夏海原，一个叫临羌寨的古城址里，放羊人于 20 世纪的 90 年代初，无意中刨出了大片骨骸。他听说骨骸能够卖钱，就吆来一辆牛车，装了满满的一车骨骸，拉到县城出售。消息不胫而走，从此，造成一个在这里持续三年的大规模挖骨的局面。专家闻讯，也来这里考察，得出的结论为当年蒙夏大战的填尸坑。

这太可怕了！究竟有多少人的尸骸被填在这个坑里呢？想来已经没人能弄清楚了，留下来可资推算的，就是后来人持续三年挖骨卖钱的举动了。

多么触目惊心的三年啊！

我不敢想，更不敢猜。只感到心在碎裂，血在散飞……我的思维里，蓦地又出现了那尊真牛一般大的铜卧牛。我想不通，是这样一个顽强不屈、坚韧不拔、好勇善战的党项民族，为什么尊崇的是头卧牛？还有卧马？他们不该是这样的……他们应该站起来，刚刚强强地站着……但却没有，很温顺地、很乖觉地卧着……我想，苦苦地想，这会不会正是党项人的一种生活姿态，他们不想强求别人，别人也别强求他们。如此，大家都能平安和谐生活下去。当然，如果他人硬要违背他们的生活姿态，向他们强求什么的时候，他们也会奋而跃起，为了自己命运，拼死一争。

这么想着的时候，铜卧牛在我眼前活了起来。大家看，铜卧牛虽然曲着它的四蹄，而它的头颅却高扬着，双目也睁得大大的，警惕地盯视着前方，做着奋起的姿态，随时都会挺起它剑矛般的犄角，投入到流血的战斗中去……铜卧牛，英雄的铜卧牛！

青铜龙：永远的精神图腾

　　炎黄子孙引以自豪的吼声是：我们是龙的传人！但却突然地，在一个时期，为一些人所怀疑了，甚至吹起了一股"弃龙"的风潮，认为东西方文化存在的差异性，容易导致外国人对龙的形象误读。为此，弃龙派建议，我们在重塑国家形象时，应挖掘传统文化中的积极元素，使之能够很好地融入世界人民的大家庭中。

　　恰在这一论调甚嚣尘上的时候，河南新郑却大胆在"黄帝"头上动土，不经文化论证，也不经环保评估，甚至连征地和建设规划审批都不做，便私自开工，在传说为"黄帝"诞生地的祖龙山上，依山赋形，浇筑了一条高 9 米、宽 6 米、长 21 公里的巨型钢筋混凝土龙。

　　现在，闹得沸沸扬扬的弃龙声浪业已销声匿迹，搞得轰轰烈烈的祖龙建设也已叫停歇工。应当说，这是两种对待龙的态度最该有的结果。

　　领衔弃龙派的吴友富是上海外国语大学的党委书记，他统率着一个课题组，在研究中发现，"龙"的英文名字为"Dragon"。西方世界中的它，是一只巨大的怪物，长着翅膀，身上有鳞，拖着一条长长的蛇尾，能够从嘴中喷火，所象征的是邪恶和霸气。不知道这个课题组是怎么进行研究的，果真如他们所说，英文单词的"Dragon"被冠在了汉语单词"龙"的头上，那也只能说是翻译者的错误了，我们可以正式提出，龙就是龙，在作英文翻译时，只能翻译成龙，而不能翻译成其他，特别是不应翻译成"Dragon"。原因很简单：

东方"龙的传人"不是西方"Dragon"的后代。

对此，我们应该有一个清醒的认识。正如闻一多先生说的，龙是中华民族"发祥和文化肇端的象征"。闻一多的观点很好地对接了孔丘老先生的观点，正是这位智慧的长者，在两千多年前，就为龙的精神做了最为本质的注解，开了比龙喻龙为人间出类拔萃者的先河。《庄子·天运》篇记载，孔子曾去拜见老子，归后三日不谈拜见之事。弟子问他："先生您去拜见老聃公，难道就没什么话说吗？"孔子回答道，"你们知道我见到什么了吗？我见到了龙！龙，合而成体，散而成章，乘着方气飞翔于阴阳之间。我惊异地张开了口，却忘记了合，又怎么能与人家说呢！"一生乐于说教，视他的说教为终生理想的孔子，见了老聃便无话可说。这是孔老先生的德行，他有这个自知之明，而且后来人对他的这一德行，是极推崇的。譬如司马迁，在《史记·韩非子列传》中，几乎是照本宣科地做了又一次记述，他写到，末了，孔子还感叹曰：吾今日见老子，其犹龙耶！

我所以引用孔子的语言，是想让大家知道，贵为圣人的孔子，对龙的敬重亦是溢于言表的。

便是到了老年，周游列国回到曲阜的家里，孔子不再图谋远游，而专注于"六圣"（即《诗》《书》《礼》《乐》《易》《春秋》）的整理。在此期间，他于《易传》之内，提出了一系列关于龙的重要认识，如"龙德广大""神龙精处"（《二三子》），"龙德而隐""龙德正中""龙德时进""云龙谐天利人""亢龙思危""龙德知化"等。我不能对先圣的每一个说辞作出解释，但我能够感悟先圣所推崇的"龙德"，归结起来，就是他一贯倡导的君子之德，亦即谐天利人、广施普惠、追求中正，懂得进退的理想之德。学者王东在他的研究专著《中国龙的新发现》一书里，对此有更为精辟的见解，他说，孔子不仅是中国儒学和义理学的奠基者，而且又是中国龙学和龙文化的奠基者。

龙在中国文化中的根扎得如此之深，几句弃龙的叫嚷，自然不会起到任何作用，就如三伏天的一场毛毛雨，雨过只会地皮干。

与之同样喧闹的新郑祖龙建设，表面上看与弃龙是对着干的，实质上与弃龙之说一样不靠谱。原因是，我们尊龙是一种精神上的事情，而他们大搞祖龙建设，却是以营利为目的的。持有这种心肠的人，才不会真心尊龙的。《河南商报》的一份报道，对此作了非常到位的揭露。他们是拿着祖龙建设规划书来说事的，设计规划的"华夏第一祖龙"，通体要镶嵌560万片汉白玉或铜底镀金龙鳞，以此为商业卖点。将推出"我是巨龙身上一片鳞"的活动，动员和号召爱国华侨，出钱在龙鳞上刻姓留名了；龙体内也要镶嵌南阳黄玉，设立慈孝廊、忠义廊、报国廊、英烈廊、爱国廊等，让人们在其中题名留念，不过，也是要出钱购买题名位的。更为叫绝的是，已经这样了还不能满足他们借"龙"生财的胃口，还在龙头上策划了一个"龙头企业上龙头"的创意，自然了，龙头企业是要花上大价钱才能上龙头的，不出钱，你即使是龙头企业也休想上龙头。

这么一番的策划和创意，大家不妨想一想，我们崇高神圣的龙体，由外到里，不都浸透了令人厌恶的铜臭味！

这是个大闹剧，更是个大悲剧！

在这样的氛围里，一切尊龙崇龙的人不悲伤是不可能的。我得承认，我就是至为悲伤的一个人。但我晓得，我的笔力不锐，我的口齿不锋，想要与人家争辩，又怕上了借"龙"生财和"弃龙"求异者的当，反而壮大了他们的声势，就像最广大的中国同胞一样，沉默着当了一个旁观者，看他们闹腾去，自己却走上了一个寻访龙踪的路程，欲望自己虔敬的心，能与神圣的龙作一些沟通。

如果时间充裕，我会到河南的濮阳去，因为我看到一份考古报告，在那里的一座远古墓葬里，发现了一条蚌壳摆塑的龙形图案。这条新闻在 1988 年一经发布，立即引起很大的轰动。1988 年是龙年，全球华人全都视其出土为一大吉兆。很自然，海内外学界的重量级人物纷至沓来，在为形象生动逼真的蚌壳摆塑龙惊叹时，异口同声誉其为"中华第一龙"，而濮阳市也因此获得了"龙乡""龙城"的美誉。

考古学家对此作了充分的研究，也提出了一些颇有见地的想法，其中以中国社科院考古研究所研究员冯时的说法最具代表性，他认为这是一种天象图解。对他的说法，我不敢妄加评论，但我想问，难道这条古人摆塑的蚌壳龙仅只是个天象图吗？这我就不好苟同了，我的意见是，咱先别把事情想得太复杂，那样可能会误解了事物的真相，就如濮阳蚌壳摆塑龙，其实不一定有太复杂的内含，它就只是一条龙、一条我们看得清清楚楚的蚌壳摆塑龙。

这印证了一个历史传说，上古时代的五帝之一颛顼，他所统率的部族集团据信就在濮阳一带活动。那时候，这里是被称为"帝丘"的。后来颛顼死了，顺理成章地安葬在了帝丘，但他的灵魂还没有死，乘着云龙而四海遨游。

龙的崇拜，龙的精神，是否可以说从五帝时就根植在中华民族的灵魂里了。

河南濮阳仰韶文化遗址出土的蚌壳摆塑龙是一个充分的证据。此外，考古工作者在内蒙古自治区牛翁特旗三星他拉红山文化遗址中，也发现了细长而作曲折状的玉龙；这种玉石雕刻打磨而成的龙，在相距遥远的南方良渚文化遗址中，亦有可喜的发现，经过分析研究，这些玉龙距今大约有 5000 年的历史。时代稍微晚一些的，还有在山西省临汾市陶寺遗址出土的绘有龙形的红陶盘，学界据此研究推断，那个时代相当于历史文献上所记述的唐陶时代，这个时代的中华民族，对龙的崇拜已经很稳定了，而龙的形象业已模式化。

这些发现和研究，可说是对时代更早的河南濮阳蚌壳摆塑龙研究的一个补充，使我们坚信自己确是龙的传人。

当然，我们说自己是龙的传人，并不是说我们是龙的后代。所以这么说，只是对我们民族精神的认同和崇拜。

对于社会上爆发的弃龙之声和河南新郑的借龙生财的劣行，我的心里是气愤的，前面说了那么多话，可能也有不当之处，那是因为我的学养不逮，那就还是让出土文物来说说吧。

这次我要双手捧出的是一条青铜爬龙。

看到过许多的青铜器物，在雕饰器物底纹时，我们的古人是乐于做出龙的形态的。然而，彻头彻尾以龙为造型的器物却又如凤毛麟角，十分罕见。时间到了1992年，新中国迎来了他43周年的纪念日，就又一条完全的青铜龙，从扶风县召公镇的海家村出现了。这条在黄土中潜伏了许多年的青铜龙，据信为西周时的器物，原因很简单，召公就是与周公齐名的周室亲贵召公的封地，便是千百年的历史流变，这里还尊崇着西周时的封土地名。

我的家也在周原遗址存在的扶风县，而且距离召公的海家村不出10里路。在青铜龙出土的日子，我赶回扶风县，不仅眼看了青铜龙，还用手摸了青铜龙。我当时的感觉是，那条青铜龙是一个活的肉体，手摸在它的龙体上，似乎还能感到它的体温和脉动，我震惊了，在心里默默祈祷着，希望它的重新现世，能给我们民族带来吉祥和福祉。

可巧的是，这一年，改革开放的总设计师邓小平南巡讲话，掀起了富民强国的大高潮。想想看，没有邓小平英明卓著的讲话，我们能有今天和平、和谐、科学发展的大好局面吗？

所以我要说，从周原故土出现的青铜龙，该是一条喜龙呢。

河南濮阳的路远了点，我去不了。故乡的路是近的，而且也是熟的。我便决计要去访一访是为喜龙的西周青铜龙了。

地是熟地，人是熟人，一到扶风，我就条件优越地访到了青铜龙。这时，对于它的研究也已很成熟了。有一份资料就拿在我的手里，知道这条青铜龙重达19公斤，身长达60厘米。仔细地观察着，发现这条罕见的青铜龙，其龙首是硕大的，巨睛突目，双耳斜出，两角雄壮，方形大口，上下唇翻卷着，双齿紧扣，侧视着的头部上，挺起棱角分明的一条高鼻梁，真可谓张牙舞爪，活灵活现呢。

有文字记载，海家村所以有一个"海"字，是在周朝时，村子的东边确是一片汪洋泽泻。后来，水退了，开垦成了庄稼地，便是现在看去，那一大片的庄稼地，还是一片大凹地。二十世纪的七八十年代之交，就是这一片大凹地，仿佛要梦回西周，重温一遍水泽的浪漫，一夜之间，先是中心地带积起一片水凹，不多几日，渐次扩展，这片大凹地里就都是水的世界了。

其时，有个叫解有娃的村民站在水泽畔上，嘴里呢呢喃喃，说了一句他后来也觉吃惊的话。

解有娃说：怕是有龙要出世了！

果然去了二十年不到的时间，解有娃这个属龙的庄稼汉就在水退了的凹地边上，取土给弟弟填庄基地时，挖出了这条青铜龙。

青铜龙是早上挖出来的，当时也不知道是个啥，解有娃把那个长满绿锈的铜家伙抱回家，去除了粘在上面的土，这才看出龙的模样来。当时，他心里又惊又喜，觉得自己太幸运了。一条青铜龙和他那么有缘，几千年了，偏偏被他挖了出来。他正高兴着，到下午时，村上有个叫海万军的人，又在原地挖出了一件青铜扁钟。这件青铜编钟太大了，有109斤。过去，在这里是挖出过的宝，那是一件青铜鼎。解有娃记得死死的，挖了青铜鼎的那个人眼儿活，找来一个西安的古董贩子，在村外的水渠边交易，谈好了价钱，就在人家把鼎拿到手，给他递钱时，人家却把钱抓得紧紧的，顺势一推，竟把他推下了水渠。那是个啥水渠呢？十好几米深，水在渠里翻着浪头。人一跌下去，就淹过了头顶，呛了几口水，就把人的命要了。解有娃刨出了青铜龙，海万军刨出青铜编钟，也有人鼓励他们私售的，但他们没有，交给了县博物馆。过了十多个日头，县上奖励他们了，给村上奖了 2000 元，给解有娃奖了500 元，给海万军奖了 140 元。

在我之前，《宝鸡日报》的副总编吕向阳也来采访解有娃了。他是一个有心人，对西府地区挖宝护宝有功的人，差不多都走访了一遍。在我见到解有娃的时候，他头一句话就给我说，吕向阳在你前头来过了，你想问的话和他问的都一样吧。

我不晓得吕向阳都问了他啥。

而且不晓得他何以敏感地知道我问的话会和吕向阳一样。

就在我们疑惑着时，解有娃已顺着他的思路说开了。他说，我的日子过得不好，到不了人前头去。有人怪我挖出了青铜龙。这有啥怪的呢？咱国家年年挖宝，挖出了那么多宝，难道说国家的日子也过不到人前头去了？不是嘛，咱国家的日子过好了，正越来越好地往人前头过着哩！有句话说得好，盛世珍宝出。我挖出的是条青铜龙，才更是国家盛世的气象呢！我家里光景不好，是我自家的事，咱不能怪到青铜龙的身上去。咱听祖先说，自己不生娃，不要怪炕边。

有好一会儿，我只有听解有娃一个人唱独角戏了。况且是，他唱得真不错，说的也都是心里话。我想插话，也不知插什么话，只觉他的口袋穷一些，嘴巴上一点都不穷，是个精神上富足的乐天派。

说话时，解有娃的家里人给我冲了一碗茶，我喝了一口，说他，你让我的心放宽了。

解有娃便笑起来了，说他的心才窄狭呢。

接着他又说，世纪末的 2000 年，按咱们农阴算，恰好是个龙年，我很想亲眼见一见青铜龙的，是咱挖出来的，遇上这样的日子，我就心欠欠地想，可从广播电视上听到，青铜龙漂洋过海到了美国，在他们的肯塔基州展览，引起了轰动。听着那个消息，我虽然不能撵到美国去见青铜龙，但我心里高兴啊！就想，让美国人见识一下我们的青铜龙也好，子子孙孙几千年了，我们骄傲我们是龙的传人。

撂下这样几句铿锵有力的话，解有娃扛起一张铁锨，说他不能陪我了，他要给人帮工和水泥，挣钱添补家用的。

我们因此而告别。看着他走去的身影，尽管有点弯曲，有点沉重，却也不失龙的精神，坚毅、沉厚、乐观……坐上了来时搭乘的小汽车，我往西安一路返回，到了家门口，司机给了我一个布包，说是解有娃家里人放上来的。我的眼睛抱怨着司机，却又不由自主地打开了布包，只见里边装的是家乡的棋子豆儿。

摸出几颗棋子豆儿，我丢进嘴里嚼着时，才突然醒悟，今日是农历的二月二，龙抬头的日子哩！

在青铜龙的故乡扶风县，只有在龙抬头的日子，家家户户才会炒棋子豆儿的。这种豆儿的做法很特别，先用细白的麦面打成手指厚的饼，再用木梳扎上许多龙形花纹，再在锅里烙得半熟，然后才切成指头肚儿一般的小豆儿，倾在大铁锅里慢火炒。

炒出来作啥用呢？献龙啊！

龙在哪儿呢？这就要引回来了。

小时候，我在故乡参加了许多次的引龙活动。其一是撒灰引龙，端上一撮箕掺了白石灰的草木灰，从大门外撒起，一条线撒到灶间来，绕着水缸撒一周，是谓引"财龙"。其二是撒谷引龙，端一碗糜子掺了谷子的粮食，亦从大门外撒起，一条线撒到井房，绕着水井撒一周，是谓引"福龙"。

除此之外，是日，为男子者，都要烧水剃头的，是谓剃"龙头"，俗以为这样做，可助人生尊贵。当然了，是日还有不少禁忌，如不能使针线、使刀子、使剪子，怕的是伤了龙睛，招致灾祸。如不能挑水、洗衣、磨面，怕的是挑水惊了龙子，洗衣伤了龙皮，磨面榨了龙首等。

凡此种种，都只是为了祈求龙神赐福，保佑风调雨顺，五谷丰登。

我吃着解有娃送我的棋子豆，想着儿时跟在大人身后，在这日所做的引龙故事，心里暖暖的，就又想起弃龙论者的说辞，未免太偏激了。诚然，龙也有兴妖作怪的种种劣行，而且还常为刘阿蛮（刘邦）等野心勃勃的人所利用，称他们为"龙子龙孙"，祸害和鱼肉百姓，但这不能全都怪在龙的身上，说透了还是人的错，是人给龙身上抹的黑。李商隐对此早有清醒的认识，赋诗曰："世上苍龙种，人间武帝孙"。那么，是谁人造成这样的错呢？毋庸讳言，是那些自以为是的，恬不知耻的御用文人所为。他们以为集合了马之头、鹿之角、鹰之爪、鱼之鳞和须的龙，是威严的，阴森的，狞厉的、恐怖的，就给皇帝的身上比，而刘阿蛮以类的皇帝也乐于往身上比，把他们化作龙的种子，其实是为了掩盖他们虚弱。便是这样，也未能改变百姓对远古初民之于龙的理想化设想。

二月二，龙抬头。我吃着献龙的棋子豆，一点都不觉得龙有什么不好，倒是感到一种温暖和安宁。我想，这是棋子豆的作用呢，它以其酥脆可口的滋味，一下子沟通了龙与百姓的感情。

是的，龙是原始的吉祥灵物。这个多种动物部件拼装起来形象，源远流长，是为华夏文明的精神动力。远古先民敬畏、感激又惧怕它，同时还崇拜、敬重又祈求它，都是为了获得它的神力以为保护，这应该就是我华夏民族的图腾了，永远不变的精神图腾呢！

青铜凤：蹈云浴火唱大风

与龙的形象一致，凤的形象也是华夏民族的一个精神符号。它们的意义是非同寻常的，全都由众多的动物、天象，融合成一个和谐生动、神奇万方的形象，而这个形象进而又与众多的动物、天象，以及人事相和谐。正如孔子曾把老子比作龙，"神龙见首不见尾"，变幻莫测；老子又曾把孔子比作凤，称他"凤鸟之文，载圣婴仁，右智左贤"。

两位先师当年的相互评议，为我们后世儿孙认识龙凤的本质存在提供了一个很好的范例。

龙凤呈祥，在舜帝的时代，夔谱《九招》，在演奏过程中，有龙飘然舞至，苍舒高兴地告诉舜帝，以后的日子将风调雨顺。过一会儿，又有凤翩然飞至，苍舒又高兴地告诉舜帝，以后的日子将国泰民安。这是一个传说，这个传说正好说明原始初民对于龙和凤的理想追求。有趣的是，古代的帝王及嫔妃们，凭借着他们至高无上的权势，硬要夺取百姓大众对于龙凤的崇仰，为自己所专用，称自己为"天上龙，地上凤"，演出了一幕又一幕的龙凤活剧。像在成语词典里表述的一样，龙驹凤雏、麟子凤雏，指的则是身怀异禀的年幼小儿；而龙兴凤举，龙跃凤鸣，指的则有王业振兴和人才辈出的景象；至于好吃的食物和好读的文章，则又有龙肝凤髓和龙章凤姿的比喻了。

我的这篇文章，要写的对象主要为凤，我就只有按下祥龙不表，专心用墨于吉凤了。

好像不仅在中国，早已有了凤凰的传说，就是隔山隔水的古埃及、古印度，也都有凤凰的美好传说。他们的传说与我们有点不同，认为凤凰是从烈火中诞生的。也就是说，凤凰的生命是周期性的，每隔一段时间，它就要自焚一次。自焚前，它会唱一首优美的歌，用翅膀扇动火苗，把自己化为灰烬，然后在灰烬里获得再生。凤凰是不死的，自焚重生的周期一般认为在 500 年之间，也有说在 300 年之间。据传，在埃及的历史上，凤凰曾经出现过 5 次，即公元前 866 年、公元前 566 年、公元前 266 年、公元 34 年和公元 334 年。他们的传说，认为凤凰与太阳崇拜有关，自焚以后，再生的凤凰会把先前自焚凤凰的灰烬盛放在蛋壳里，飞送到太阳神的祭坛上。

古罗马亦有凤凰崇拜，甚至把凤凰铸造成罗马帝国不朽城的象征性符号。

美丽的凤凰，就这样紧紧地牵着人心，成为大家心目中的瑞禽。但是，它为什么不常露面呢？非要经过 500 年、300 年的周期才出现一次，而且又总是以自焚那种惨烈的方式才肯出现，这叫人是很费思量的。没有办法，圣洁正义，美丽善良的凤凰，是见不得暴君当道的。它不愿看到民不聊生，饿殍遍野，灾祸丛生，所以就不肯轻易出现。春秋战乱之际，孔子就曾叹息"凤鸟不至"。这是对的，在漫长的历史岁月里，老百姓不仅没有亲眼目睹凤凰的降临，而且也很少对现实生活有过满意的感受，因此就只能寄托于凤凰，期望它的出现，为人间带来幸福吉祥。

令人振奋的好消息出现在 2006 年 8 月 14 日，陕西省考古研究所发布公告，在长安区神禾塬，战国秦陵遗址考古发掘中，收获了大量珍贵文物，其中一件青铜凤鸟最为叫人称绝。

　　这次发现和许多发现一样，是偶然的，2004 年 6 月，陕西省财经学院出资征下了这一片土地，准备建一处新校区，施工队在挖基修筑围墙时，意外地发现了一道古墙遗址。在西安搞建设，动一锹土，也可能有一个惊天的文物大发现，施工队都有这个经验。面对那规模巨大的古墙遗址，在此搞工程的施工队没敢迟疑，立即报告了当地的文物部门，派来了专业的考古人员，驻扎在工地上进行抢救性发掘。

　　领衔这次发掘任务的是陕西省考古研究所的张天恩博士。起初，他们对此次的考古发掘采取了严格的保密措施，从不向外界透露发掘情况，直到 2006 年 8 月 14 日，在他们昼夜不息地工作了两年零一个多月的时候，首次请来中央驻陕和陕西省、西安市的地方媒体，踏进了砖墙围幔保护着的发掘现场，让媒体记者有幸目睹到了全部发掘成果。

　　当日，作为一个媒体的负责人，我是接到了邀请信的，因我参加市上的一个重要会议，便耽搁了现场观看的机会，但我在第二日的几家平面媒体和电视媒体上，还是很充分地领略到了这次考古发掘的辉煌成就。

　　已有定论的是，这处占地 260 余亩的陵园，为秦始皇的祖母夏太后所享用。据考古队的专家说，整座陵园南北长约 550 米，东西宽约 310 米，为迄今发现规模最大的秦时单人墓地。墓圹位于陵地中心，旁边还有 13 座陪葬坑，很有规律地分布在亚字形大墓的四条墓道边上。陪葬坑最长的达 63 米，最短的仅 8 米，宽度及深度，一般都在 3.5 米至 5 米之间。让考古人员最为兴奋的是，在编号为 K 8 的陪葬坑里，清理出了一辆安车，并有挽马尸骸六具，这可就是世所罕见的"天子驾六"的高规格了。能够享受此等荣耀的，除了天子，就只有像秦始皇的祖母了。

　　能够证明此为秦始皇祖母陵园的实物，是个雕琢打磨得非常精致的石磬。上面印着"北宫乐府"的字样，而"北宫"，在秦汉之际当属太后居住之所。此外，还有一个出土的茧形陶壶，上面亦清晰地刻着私官两个字样。而"私官"就是专职负责太后、皇后、太子等人事务的官员。在古代，有"物勒其名"的规矩，即谁负责制造的物品，就一定要刻上谁的名姓或相应的职衔。这些都可以证明，此处墓园非秦始皇祖母英属了，然更重要的是，《史记·吕不韦列传》有载："始皇七年，庄襄王母夏太后薨……独别葬杜东。"而此地，恰在当年杜县之东南部，是堪称"杜东"的。

可惜贵为秦始皇祖母的人，却也不能逃脱为后世盗掘焚毁的命运。

地表上已无任何标志的这座古墓，起初给了考古工作者很大的希望，希望这是一座未被盗掘的古墓。但是这个希望，在大家小心翼翼地发掘中，很快地就又失望了。因为不仅发现了古代的盗洞，而且发现了焚烧的迹象。大家最后统计，清晰可见的盗洞不下 10 余处，其中处在墓室东南角的盗洞，相信早在汉朝时期就有了，像是一个开在墓室墙壁上的大门，盗贼出出进进，几乎连腰都不用弯。可想而知，墓室里的随葬品，在这时已被基本盗走。在陕的考古工作者，是自己亲历，还是资料记载，谁都有丰富的考古发掘经验，在大家积累的经验中，很少见盗走东西而焚烧墓葬的，这个古墓是个例外，盗墓贼在盗走东西后放了一把火，把墓主人的木制棺椁烧成了一堆炭灰。我看着新闻报道中的这段文字，心在痛着，并且疑惑着，不明白盗墓贼为什么要放那一把火？是不小心失火了呢？还是有意而为？或是怀有某种仇恨而报复？不论哪种原因，放火都是很不应该的，而且是很危险的，弄不好还可能伤及自身性命！

可憎的盗墓贼！可怜的盗墓贼！

前赴后继的十余次盗掘，并没有完全盗空墓葬，考古工作者最终还是从墓葬中清理出各类文物 300 多件，其中不乏品质很高的珍贵文物。它们有金银质地的，有玉石质地的，有珍珠、玻璃料器质地的，也有青铜质地的。很自然，我的关注点在青铜质地的器物上，那件青铜器物不大，仅有 4 厘米大的样子，是只做工异常精巧的凤鸟，刚从泥土中清理出来时，浑身生满了翠绿色的铜锈，仿佛一只涅槃后重生的一只小小的雏凤，栩栩如生，轻轻地端在手心里，立马会振翅腾空飞去。

要写这篇文章，我托关系，去了暂时存放秦始皇祖母陵墓出土文物的陕西省考古研究所，进得他们铁将军把门的库房，目睹了这只美得叫人心颤的青铜凤鸟。我为见到它而兴奋，更为它能重见天日而激动。我把这只"美"在帝王家的青铜凤鸟端在手里，却也为它的命运唏嘘慨叹，慨叹它贵为皇家尊崇的宝物，其实与寒门小户的凤鸟，在本质上没有什么区别，甚至比寒门小户里的凤鸟还要凄惨一些。秦始皇祖母墓陪葬的这只凤鸟就是这样，原来的它并不是一件独立存在的凤鸟，其前身可能是一件大型青铜器物的配制，只因盗墓贼的野蛮，才使美丽绝伦的它与原来的大型青铜器分了家。

倒是民间的青铜凤鸟，因为不甚为人关注，保存得却十分完好。

凤翔县出土的那件春秋凤凰衔环铜熏炉，是个很好的证明，有幸挖出这只凤鸟的人是凤翔县豆腐村的李喜凤。我在《宝鸡日报》工作的朋友吕向阳，专门采访过李喜凤，说她虽不识字，却心灵手巧，剪纸、编织，样样精通。父母为了吉祥，给她取了个"喜凤"的名字，仿佛命中注定，名叫喜凤的她，在 10 年前的 5 月，很幸运地相遇了一个青铜凤凰。

那一日，李喜凤的儿子方国强去上学，在路边的一个土堆上踢了一脚，不承想把娃的脚踢疼了。他想不就一堆虚土吗，至于踢疼了脚？心有怀疑，用脚再踢，这就踢出了那件春秋凤凰衔环铜熏炉。

在这个名叫豆腐村的地方，不言而喻，家家户户都是会做豆腐的，而且因为水土的不同，使他们做的豆腐比别的地方要好，观其色，仿佛凝脂，食其味，鲜嫩可口。这是他们的特产，此外，似乎还特产青铜器。20 世纪的 70年代，村里的一匹马死了，村干部指派社员剥了马皮，在村头的打麦场边支起一口大锅，准备烹煮马肉。社员侯建勤蹲下身子，歪着头吹火时，屁股碰上了一件坚硬的东西，把他碰疼了，回头看时，有一个尖尖的铜头，在地皮上闪着亮光。侯建勤不明白那是个啥东西，从旁边的一堆劈柴里找了个有棱角的，把那个铜家伙刨出来，一看竟是一件古老的青铜犁铧。这使大家伙很惊奇，再往下刨，就又刨出了一件一件的青铜器来，最后数了一下，竟有21件之多。

太意外了，意外的还有李喜凤的儿子用脚踢出来的凤凰。

当时，李喜凤的儿子没有立即把青铜凤凰刨出来，而是用虚土原封埋好，待到他放学回家时，这才刨出来抱回了家。村上人知道了，都到李喜凤的家里来看，七嘴八舌，归结到一起，只是一句话：是个宝贝，值大钱哩！

风传了两日，有个戴着石头银镜的中年人来到李喜凤的家，把那个满是土染铜锈的凤凰转着圈圈看了个仔细，最后给李喜凤说，给你六万元，让我把它抱走。这个价钱把李喜凤吓得退了两步，差点儿跌倒在地上。按说，其时寡妇失业的李喜凤是太需要钱了，可她听说这是文物，就不敢随便卖人，低了头，咽下一口唾沫后，还是很坚决地回绝了。

李喜凤的嫂子是个明白人，几天时间，见人不断出入喜凤的家，心里不免犯慌，就到喜凤的门上去，劝她赶快把青铜凤凰交给国家去，别搁在家里惹出事来。李喜凤听懂了嫂子的话，翌日清晨，即把青铜凤凰装进一个编织带里，背到了县城的博物馆，交给他们后，照了张相，转身就回了家。过了些日子，李喜凤想念她上交的青铜凤凰，就到县城的博物馆去看了。她看的正是时候，是博物馆刚从省文物局给她申请了3000元的奖励，当场让她写了个收条，就把一沓百元的票子送到了她的手上。

这点钱与一件不可多得的春秋凤凰衔环铜熏炉比起来，的确是微不足道的，但是，李喜凤已是很受安慰了。我的朋友吕向阳到她家去过，知道她的日子过得还很紧巴，但一说起捐献春秋凤凰衔环铜熏炉的事，为生活而布满脸上的愁云就会顿然消散，现出发自内心深处的喜悦。李喜凤说，那只铜凤凰经常会飞到她的梦中来，给她带来欢喜和愉悦。

今年春天，在凤翔县挂职副书记的作家冯积岐召开他的作品讨论，我受邀参加会议，抽暇去了县上的博物馆，专门看了那只经常飞进李喜凤梦中的铜凤凰。当我的眼睛刚一触摸到铜凤凰身上，就为它惊世骇俗的美丽所折服。这件为标签注明为"凤凰熏炉"的宝物，通高 35.5 厘米，重 4 公斤。像秦始皇祖母墓中出土的那件青铜凤鸟一样，熏炉上的凤凰也是一个小小的配件，亭亭玉立在熏炉的顶端，尽可能地伸展它的双翅，像是随时都会腾空飞起，翱翔在蓝天白云之中。

这件凤凰衔环铜熏炉的制作是太精美了，不仅是那只展翅欲飞的凤凰，便是那件可以分离开来的方形镂空底座和竖插在底座上的那个镂空圆球，一样精美得让人心跳。方形底座上，铸饰了蟠螭和瑞兽纹样。据信，古人在熔铸这件凤凰衔环铜熏炉时，即运用了传统就有的溶液浇铸法，还结合了编织、镶嵌、焊接、镂空等十多种工艺，堪称青铜艺术作品的一朵奇葩。

吉祥的、美丽的凤鸟，在以青铜的形式呈现在我们的面前时，可以想见，总会给人无限的感动和向往。

雕像面具：三星疑云问蜀月

怨不得村民在这里取土制砖，没有他们的这一举动，天下闻名的三星堆考古发现可能还要推后不知多少年。这么说，我们是该感谢村民的举动了。1986 年 7 月 18 日的下午，在砖厂劳作的农民，按其分工，有人紧张的制坯，有人紧张的和泥，有人紧张的装车，有人紧张的挖土……不远处的轮转式砖窑高耸云天的烟囱，一刻不停地吐着滚滚浓烟……谁也没有想到，一位取土的农民，十分平常的一镢头，却挖出了一个惊天的大发现。其时，那位农民把他举起的铁镐挖进眼前的土里，只听"砰"的一声响，有些碎了的东西，闪着亮晶晶的光泽，从碎土里溅了出来。

啊，是玉！有人在旁边惊叫起来了。

马牧河在川西平原缓缓地流动着，到了这个叫作三星堆的地方，却很别扭地折了一个大弯，很好地拱卫着那三个高出地面的黄土堆。生活在这里的人，原来并不知道，这个如三颗金星一般排列的土堆，在远古的蜀地，是一处繁华的都城。但他们已经有了经验，知道这里随时都会挖出宝贝的。因此，在片片碎玉从碎土里溅出来时，他们一下子就认出来了。

　　掐指算来，已经过去了 63 年。在那年（公元 1929 年）春天的一个夜晚，时过二更，劳作了一天的村民都已安歇在床上睡去了，却有一户人家都还醒着，趁着夜色，悄没声息地从自家屋里走出来，走进了清风拂面的村野之中。不用说，这是燕道诚一家，作为一家之主的他走在最前边，紧跟在身后的是他的儿子燕青保及老伴、儿媳和小孙子。他们谁也不说话，像是害怕惊了村里人的好梦，一溜烟似悄然潜入白天时劳作过的那条浅沟里……这天上午，燕道诚和他的儿子、孙子就在这条沟里掏泥车水浇田。像文首那位取土的农民一样，作为儿子的燕青保下在渠沟里，手举一把锄头，掏着掏着，感觉锄头撞在一块硬东西上，随之传来一声清脆的轻响，并溅起一片不小的泥花。

　　是个什么东西呢？

　　燕青保撂下锄头，弯腰在渠沟的泥水里摸扒，这就扒摸到一块大石环。燕青保不知道大石环是个什么东西，摸扒出来后，在渠沟的水里简单地淘洗了一下，这便露出大石环白亮亮的质地。

　　忙碌了一阵子的燕道诚，此刻正在渠沟的岸边背对着儿子休息抽烟。他的目光所及，就是眼前潺潺流淌的马牧河，在河的南岸边，三星堆（三个高出地面的大土堆）如三颗璀璨的星一般排列着，不远处就是他鸡鸣狗叫的村庄，生活在这里的燕道诚，每天都要用他的目光把这一切抚摩一遍，对他看惯了一切，他说不出有多热爱，但只要眼睛看得见，心里就会感到温暖。他把四川盆地出产的那种很有劲道的黑烟抽了一锅后，很知足地伸了一下腰，回头还要继续农作时，他看见了儿子手里的大石环。

　　平生头一次见到这样的东西，燕道诚如他的儿子一样糊涂。但有直觉告诉他，这不是一件平常的物件。

　　燕道诚站起来，让儿子把大石环小心地放在一边，继续在下边摸扒，摸扒的结果是，下边有更多的埋藏，而且都像大石环一样精美打眼。父子俩一下子蒙了，好大一会儿才转过神来。精明的燕道诚，此刻也下到了渠沟里，又小心地摸扒了一下，他的心里就有主意了，不能声张，不能咋呼，吩咐儿子把泥淖里的埋藏往一起拨了拨，同时照着原样，把那只大石环也掩藏在泥水里，只待晚上来挖取了。

正是这一次的挖掘，开启了三星堆神秘面纱的一角。

后来，燕道诚知道他挖掘出来的东西都是非常珍贵的玉器。就在那天晚上，他们一家人从白天探明的渠沟里，挖掘的玉器竟达数百件，有璧、璋、琮、圭，有珠、斧、刀、瑗等十多个种类。

虽然燕道诚为这次挖掘立下了严格的家训，运回家小心地埋藏起来，但时日既久，却不免露出一些风声。这个风声传到了一个英籍牧师董宜笃的耳朵里，他托了驻军广汉的一位旅长，从燕道诚那里借了 5 件玉器，认定这些玉器非同一般，遂急匆匆赶了四十公里的路程，找到华西大学任教的美籍教授戴谦和鉴定。戴谦和当即断定此乃商周器物，并下定决心，要到三星堆现场调查一次。

两年后，戴谦和去了三星堆，不知是埋在地下的古物不给他这个洋人面子，还是别的原因，他费了不少功夫，又是找当地驻军协助，又是找地方政府帮忙，动员了百余人勘探发掘，虽然也有不小的收获，但比起燕道诚父子的偶然发现，似乎没有太大的发展。倒是热心研究此道的葛维汉教授撰写的一篇《汉州初步发掘报告》一文，提出的"广汉文化"概念，对以后的再发掘，提供了很好的理论准备，以至新中国建立后，专家们有组织地对三星堆文化遗存，进行了三次大的调查和试掘。然而，令人遗憾的是，如那位洋教授的调查发掘一样，虽然也有一些收获，但却仍然难窥"广汉文化"的真面目。

是这样，我们对当地村民挖取三星堆的黄土制砖大为不满，却又不能不感谢他们这一错误的举措。否则，就没有取土农民的那一镢头，为我们挖开一个崭新的三星堆考古大发现。

这次的发现太丰富了，先有取土农民挖出的一个玉器坑。接着就有闻讯而来的考古工作者挖出的祭祀坑（后来定名为一号坑）和后来又由取土农民挖出的祭祀坑（后来定名为二号坑）。让考古工作者惊喜若狂的是，他们在农民挖掘出的玉器坑里又得到许多宝贵古玉外，还从一号坑、二号坑里获得了众多的黄金器和青铜器。

像专业的考古工作者一样，我对出土的一切古器物都是喜爱的。可是，当我在2005年的夏天，在《成都日报》的朋友陪同下，来到广汉的三星堆博物馆，一眼看见那些青铜制作的雕像面具，我便没法不被吸引，而忽略了这里的其他宝物，专心于雕像面具的欣赏和探究了。

陈列在玻璃展柜里的青铜雕像面具，给人最为强烈的印象该是那一只只大大的、凸凸的眼睛了。忘得了这件青铜雕像面具的编号，忘不了它是所有青铜雕像面具中最大的一个，高达65厘米，宽达138厘米，它的眼珠子之大之凸出，像一根长达16.5厘米、直径13.5厘米的青铜圆柱体，硬生生戳进它的眼眶里一样，让人目之，既惊异莫名，又欣喜莫名。

我一路看着那许多青铜雕像面具，看到尽头时，居然还看到一些青铜铸造的菱形钩云形的和圆袍形的器物。这会是什么呢？如果找不到别的证据说明它们的意义，我已经相信，那也是眼睛，一只只神采毕现的眼睛。

这太奇怪了，好好的眼睛，是谁把它们从青铜雕像面具上剜下来，凄惨地抛在一边？这是一个问题，我回答不了，就只有求教专门的研究者了。

研究者的观点是：眼睛崇拜。

这一观点在别样的文明中，早已就有证明，我看到过的资料记载，在5000~5500年之前，两河流域正处在乌克鲁文化发展时期，当时遗留下来的布拉克丘神庙整个墙壁上全都钉满了各式各样的眼形器，人们因此还称布拉克丘为眼庙。到了近代，在突尼斯、伊拉克这些地区，妇女们仍然习惯在自己的手上画上一个连一个的眼睛。有人问过，你们画这些眼睛做什么用呢？他们的回答是一致的，为了祈福，祈祷幸福。

这么说来，对眼睛的崇拜，应该是一个世界性的课题，不独其他文化和民族有，中华文化和中华民族也是有的。我们去佛教寺庙里去参拜，总会看到千手千眼的金身佛像，其所反映的，也正是对眼睛崇拜的一种形式。

我这么远的扯来扯去，都是为了观照三星堆青铜雕像面具的凸目的。说它亦为眼睛崇拜的一种，但其崇拜似乎有着另外一个原因。

是个什么原因呢？对此深有研究的龙晦先生认为，凸目青铜雕像面具所代表的是鸟的形象，是瞿及其异称等与四川古史传说和神话传说相关的具有神性的鸟类。翻看《说文》，有关"瞿"字的解释也是：两个大目，呈圆形，好像鹰隼的眼睛。照这么推说，我们有理由相信，三星堆人是以鸟为图腾祖先的，青铜雕像面具的产生，也应是人鸟合体的必然表现。

《广汉三星堆出土铜像考释》一文，为龙晦先生对此问题研究的集大成者。他在文中明确提出，人形凸目铜像的两个尖耳，是为杜鹃鸟的两只翅膀。它的钩啄般的鼻子则象征它是鹰隼一类的鸟。古蜀国的第二代王叫鱼凫，凫就是鸟，具体所指就是水上的鱼鹰。

这样好了，感情统治三星堆王国的领袖概念，是一个人与鸟合成的鱼凫。

对此，也许有人要怀疑的，但有充分的证据摆在那里，怀疑便显得苍白无力。现在，我们去三星堆，除了看得见近在眼前的马牧河，还能看见不远的地方，有一条名叫鸭子河的江流。便是50年前的时候，鸭子河里还船帆如云，如今，船帆渐稀，却也看得见那一艘艘的小渔船上，有打鱼人豢养在船头上的鱼鹰，虎视着波澜不惊的水面，发现有鱼潜游，自会一猛子扎进水下，叼了活蹦乱跳的鱼儿跃上船舱，奉献给豢养了它的打鱼人。

三星堆出土的另外一些器物上，有着许多鱼鹰和类似其貌的鸟儿造型。这从另一个侧面证明，远古时代的三星堆人，对能捕捉游鱼的鹰隼是十分敬仰的。

为了敬仰，三星堆人把那些鹰隼的眼睛，刻画得如青铜雕像面具的眼睛一样，既大又凸。

那是一只名为小浅盘高柄陶豆，1986 年被考古工作者从三星堆遗址发掘出来后，当即引起大家浓厚的兴趣。所有的兴趣就集中在陶豆的图案上，那是一只阴刻上去的眼睛，孤零零地张开着，从远古一直注视到现在，相信它会一直注视下去。我在三星堆博物馆，隔着一层玻璃看着那只眼睛，努力地看着，想要看出一些什么来；而且是，我还把这样一只眼睛和那许多菱形的、勾云形的和圆泡形的青铜眼睛，以及青铜雕像面具上圆柱体的眼睛比较着一起看，努力地看着，想要看出一些什么，可我所能看出的还只是古蜀人的一种眼睛崇拜。

是的，崇拜，这是唯一的解释，但我想问：为什么崇拜？

面对这样的问题，每个人可能都会作出自己的解释，但我唯独相信北京大学考古系教授孙华的说法。他认为，古代的一个神话传说有个叫逐龙的大圣（通俗的叫法是为逐鹰），它的眼睛决定着白天和黑夜，当它把眼睛睁开时，天就亮了，到它把眼睛闭上时，天也就黑了。所以说，大圣逐龙的眼睛，在某种意义上，是代表了太阳和月亮的。

好了，有了这个解释，纵是有千万种别的解释，我都不会相信了。

万物生长靠太阳。生为人类，便是科技高度发达的今天，谁又能不对太阳而崇拜呢？既然崇拜太阳，自然也会崇拜同在高天上运转的月亮。

太阳和月亮，是世间万物生生不息的根本保证。

智慧的三星堆人，在遥远的过去，好像猜到后世人将要探究他们的秘密，在铸造了众多青铜雕像的时候，还相应地铸造了众多的动植物雕像。例如一号坑里的那件虎形器，昂首挺胸，立足于一个厚重的圈形基座上，四肢健壮，躯体肥硕，如鞭似的尾巴高高竖起，一双巨目圆睁着，张口露齿，威风凛凛。

例如二号坑的一件青铜蛇，细长的身躯挑着一颗三角形的头，虽然有所残缺，却也长达54厘米，上昂的蛇头上，双目圆睁，鼻梁微凸，除额后刻了云纹，全身就都是鳞片状的纹饰了，而且是大套小，小连小，让人看来，既生动鲜活，又阴森恐怖。

当然，我所举例，只是其中典型的两件，此外还有几件兽面具，也是大小不一，各具神态。

而我往深处想，出土于二号坑的几棵青铜神树，是绝对要细述一番的。从发掘时的情况分析，青铜神树在被埋葬的时候，是被人为损毁过的。细心的考古工作者用竹签和毛刷，在二号祭祀坑里，找寻到了许多断裂的神树残枝和饰件，拿回博物馆进行后期的整理修复，仅仅一棵编码为一号的青铜神树，立起来就有396厘米，而这还只是棵残断的青铜神树，专家们根据修复好的部分推算，估计全部高度应该在5米左右。

我在三星堆博物馆里欣欣然地参观着，倏忽走到修复起来的青铜神树下时，不由得抬头细看，发现这棵3000年前铸造的青铜神树是太了不起了。我想知道，当时的工匠是怎样完成这一复杂工程的？他们完成的这件复杂工程又究竟是为了什么？

是为了祭祀的需要吗？

我想是的。我还想，这棵高大的青铜神树该是他们祭祀场所的一个中心。当神圣的青铜神树耸立起来的时候，三星堆人是会对着它祈祷的，希望通过顶天立地的青铜神树，能够沟通他们与天、与地的感情。

现在，我们能够看到的青铜神树上，是有九重枝股的。下部着地的部分，是一个圆形底座，有三道仿佛根状的斜撑，牢固地扶持着高大的树干。我们可以辨认，所有的枝股，都像柳条一般柔和地下垂着，下垂到一定程度，又都自然地分出几根短枝，短枝上饰有镂空的圈状花蕾，花蕾上又各饰有一只昂首翘尾的小鸟。

我不是专门的研究者，不想探究青铜神树是古代传说中的扶桑，抑或是古代传说中的若木。我关注的是青铜神树上的鸟儿，栖息在一号铜树的九只鸟儿，无一例外，都被人为地折断了翅膀。还好，二号铜树上幸运地保留了一只鸟儿，便是这只鸟儿，也幸运地保留下了飞翔的翅膀。这化解了我心头的一个疑惑，知道青铜神树的鸟儿，原来也是有翅膀的。它们与神树一样，也是堪称神鸟的。

自然世界里，对太阳的敏感莫过鸟禽了。相信远古的人类，是早就发现了这一秘密的了。所谓金鸡报晓，是至为典型的一个例子，而神话之中，还有一种金乌的，意即金鸟、阳鸟之谓。大汶口出土的彩陶器上，就绘制了一幅金乌负日的图像。那只飞翔的金乌背上驮着一轮太阳，伸展着双腿，振动着翅膀，正在那道象征天穹的一道弧线上奋力飞行。

鸟与太阳，在神话里就这样联系在一起了。

有人写过一本《生命之树》的书，从原始的天道观论起，列举了河姆渡文化遗址的发现，以及大汶口文化的发现，证明我们的远古祖先，从黄河流域到长江流域的广大地区，原始先民，几乎不分氏族部落，差不多都有太阳崇拜、鸟图腾崇拜，反映到三星堆文化的发现上，就还有眼睛崇拜了。

我很惭愧，我明亮的一双肉眼，是不比青铜雕像面具上的眼睛的。我看不透在三星堆的黄土里埋了3000年历史的过去，究竟有着怎样的辉煌？其后，又是因为什么而衰落下来，仅余三座高大的土堆和掩埋在土堆里的许多称之为文物的遗存？这一切，不论是我，还是专门的研究者，纵是写千万言的文字，到头来都只能是对那远去的文化作些也许接近真实，也许全都不怎么靠谱的猜测。但是我想，青铜雕像面具上非常夸张的一双双眼睛、绝对是知道我们所要猜测的一切的，只是他们沉默着，不吐一字，不发一言，静静地躲在透光性很好的玻璃展柜里，接受我们现代人一次次的参观。

而我是不甘心的，把嘴贴到玻璃的展柜上，很诚恳地问了眼睛大大、耳朵长长的青铜雕像面具，终究没能得到他们的回答。于是我从三星堆博物馆里退了出来，很随意地走到日渐变得细瘦的马牧河边，望着那亦日渐变得混浊的流水，想象到了晚上，是会有月光洒在河面上的，因此，我向将要到来的月亮询问，你还能给我说些什么？

虢季子白盘: 扑朔迷离身后事

　　吕氏向阳是我的朋友, 负责《宝鸡日报》的采编诸项工作, 业余爱好是搜古逐雅, 兼写一些极具趣味的文章, 结集出版的《二十六个挖宝人的命运》一书, 是我手头常要翻看的一种。昨晚翻看有关虢季子白盘的文字, 让我不禁心中大悦, 觉得他的文笔是美的, 所记虢季子白盘初出土时的情景, 在别人关于此盘的写作中是从未见过的, 不知道朋友吕向阳是刻意杜撰, 还是民间真有所传? 我不能不信, 又不能全信, 故且转述如下, 以求各位方家指教。

　　说的是, 设在嘴头镇的虢川司, 自清朝初年设立以来, 时而分属宝鸡县管辖, 时而分属郿 (今改眉) 县管辖。何以归属不定, 当时任虢川司公干的刘庭燕是懒得想象的。他现在只知管着他的钱粮口袋的是郿县县令徐燮钧。这一日, 刘庭燕骑了一匹大马, 一路走来, 急急如火烧屁股, 想要早日到达郿坞城, 也是三国时那个西北莽汉董卓戏貂蝉的古堡。刘庭燕走得这么急, 是他要到徐燮钧执掌大印的县府去, 汇报虢川司遭受鼠疫这件大事。这事压得刘庭燕都快疯了, 不敢眯眼睛, 眯眼就满是老鼠, 不敢思想, 一想就满脑子都是老鼠。确实也是这样, 家里家外, 到处都是老鼠, 不分昼夜啃着吊在树上的玉米棒，老鼠的牙齿，跟锯齿一样，把粮囤里的麦子都快吃光了。啃玉米你就啃吧，吃小麦你也就吃吧，它啃了吃了，却还像发了神经一样，把人不往眼里放，当着人面又蹦又跳，蹦蹦跳着时，又互相乱搞乱戳，让人怎么都看不过眼，抄起家伙，前头打死一只，后面涌来一群，把人气急了，就捉住老鼠，往老鼠屁眼里塞上两颗花椒，用针线缝起来放掉，本意是要老鼠自残自咬的，不承想，自己互咬一场，咬急了也来咬人，咬着谁，谁就是一死。这么大的事，刘庭燕不能不去县衙报告了。

刘庭燕骑着马，走在半道上，马是走不动了，他也口干舌燥，就在路边一个叫作礼村的地方歇了下来。礼村的人是认识他这个虢川司公干的，有男人迎上来，把他接进了家门，男人给马添草喂料，女人给他烧汤烙馍，他则斜倚在炕头打盹，一会儿的工夫，竟然有轻微的鼾声而出。睡梦中，刘庭燕听到马嚼撞击槽沿的响声，觉得十分奇怪，既不像石槽，也不像铁槽。那么，会是一个铜槽吗？刘庭燕不睡觉了。从屋里走出来，看到支在一棵树下的马槽，在太阳的照射下，有点点金黄的亮光。走到跟前再看，这便发现了马槽的精美，四边饰着八个铜质吊环，四面儿铸了连绵不断的图画……刘庭燕当下只觉心头咯噔一响，断定眼前的这件物品，该是一件难得的宝贝！

刘庭燕在虢川司任个小小的公干，什么事都在那位徐姓县令的手里攥着，叫他干是一句话，叫他不干还是一句话。刘庭燕不想丢了他的小乌纱，就只有揣摩县令徐燮钧的心思了，几年的工夫，知道有些文化底子的徐县令对出土于当地的青铜文物，有着一种特殊的爱好。这么大的一件青铜宝贝，让他遇见了，该是他的幸运呢，弄到县衙去，送给徐县令，还能少了自己的好果子吃。这么想着，刘庭燕和主人家拉起了家常，说他身上是带着几十两银子，全都给主人家，换他这个喂牲口的马槽，刘庭燕带在身上的银子，本来就是孝敬徐县令的，买个青铜文物送他，意义似乎更高一层。再者说了，虢川司闹鼠疾，也是需要徐县令关照和包涵的。

　　三言两语，一个看起来极不公平的交易，却也使双方皆大欢喜地做成了。

　　是夜，刘庭燕悄悄地把那件青铜大件送到县令徐燮钧起居的县衙后庭，说了许多得来不易的话，并请徐县令笑纳。对民生民情缺乏感情的县令徐燮钧，偏偏解得一些文物知识。他让刘庭燕放下青铜大件，有别的啥事，明日到公堂上再说。所以急着打发走刘庭燕，是他这位徐县令已经敏感地看到，眼前的青铜大件，绝对是个不可多得的国宝。打发走了刘庭燕，徐县令亲自上手，弄来一桶清水，借着油灯的光亮，洗刷着脏污的青铜大件。他仔细地洗刷着，在不是很深的腹腔里一点点洗刷出许多文字来，这使他的心跳加快了，感到自己是太幸运了，轻易地得到这样一件重量级的大宝。

　　当夜，县令徐燮钧搬来褥子和被子，铺在青铜大件的腹腔里，躺在其中美美地睡了一觉。来日再见刘庭燕，自然给了他诸多方便。

　　县令徐燮钧祖籍江苏常州，如果他舍得出去，把已为他解读出铭文并命名为虢季子白盘的大宝，向上一送，弄个显要的官做做还是有保证的。但他视虢季子白盘如命，让他舍盘求官，不啻是舍命求官，命都没了，还要一顶官帽子有何用处。因此，在眉县的任上，徐县令把虢季子白盘当作洗澡盆，在其中净了几年身子便卸任回籍了。自然地，视为性命的虢季子白盘和他一起，舟车劳顿，虽则疲累，却算平安地回到了常州的家里。

　　成为一介平民的徐燮钧，养成在虢季子白盘里洗澡的习惯没有变，直到他终老天年，都没有放弃他的这一习惯。

　　不知徐燮钧给他的后人说了没有，或者是他的后人为了保护而有意为之，总之，在他死后，这样一件青铜重器，却不为他的后人所珍重，先是在大盘里盛上清水，放上鱼苗来养，养不了几天就死，也便不养了，遂放置于茅坑之侧，任其锈蚀腐败，全然不以为意。日子一天天过着，突然地来了长毛子（太平军）。率领这支长毛子的首领为护王陈坤书，此人一只眼高，一只眼低，人称"陈斜眼"。还别说，斜眼的陈坤书还是很会打仗的，有文字记载，在攻常州城时，他先做出佯攻东城门的架势，引得城内清军集中到了这里，而此时，他却集中优势兵力，指挥大炮猛攻西北城墙，炸开一个豁口后，兵士蜂拥进城，把清军压缩在东城门一带，像个巧厨包饺子一样，差不多全都杀死剁碎在了那里。

还在攻城胜利的喜悦中沉浸着，陈坤书却又收获了一喜。

常州城人称才女的徐小娇用马车拉着虢季子白盘投奔陈坤书来了。这个徐小娇不是别人，正是收藏了虢季子白盘的徐燮钧之女。生在官宦之家的女儿，自然养得不同寻常，有一双顾盼生风的丹凤眼，有一个柔若扶风的细柳腰，而这还都在其次，重要的是她才思敏捷，文如泉涌，赋诗作画样样精通。可是，她这样的一个妩媚女子，骨子里却浸透着强烈的反叛思想。老父徐燮钧在世时，也还罢了，人一倒头，轮到她的哥哥执掌家政，徐小娇没少和她的哥哥闹别扭。护王陈坤书攻下了常州城，在一般常州人的心里该是痛苦的，而在徐小娇的心里，却是兴奋的，她视陈坤书为英雄。人生自古，从来都是美人慕英雄，徐小娇在家左思右想，夜不能寝，赶着太阳明媚的早晨，把她老父的珍贵收藏虢季子白盘拉到了护王府里，献给了护王陈坤书，祝他战功勋异。

在太平军中，陈坤书是少得可怜的鉴宝专家。小时的他，读过几年私塾，父母逝去后，他跟从一个苏姓师傅学习打铁，因为那点私塾的底子，他在打铁过程中，从废铜烂铁里，很幸运地拣了不少古董，以至到了后来，他撂下铁锤，离开铁匠炉，扯旗放炮地开了一家古董店，历练日久，就有了慧眼识宝的一套大本事。徐小娇献来虢季子白盘，他只瞟了一眼，就爱得恨不能抱在怀里。

陈坤书虽然不能抱得起虢季子白盘，抱起一个徐小娇还是很容易的。以他现在护王的身份，如果愿意，什么样的美貌女子都是能抱的，何况是自动送上门来的徐小娇，陈坤书就没不抱的理由了。而且是，人家徐小娇给他送了大礼的，一个珍贵无比的虢季子白盘，他又岂能不送徐小娇一个大礼呢？主意已定，陈坤书当场颁下王旨，授予徐小娇"女丞相"的桂冠。

是夜，王与丞相滚在一张床上，干柴烈火，恨不得一个吃了一个。

然而好景不长，李鸿章的淮军向常州城杀来了。担任攻城任务的是淮军主将刘铭传，双方扯锯似的战了几个日头，这就等来了一个大雾天，刘铭传命令他的军队，借着大雾的掩护，逼近了常州城，炸毁一段城墙，扑进了常州城，杀死了众多长毛子，最后围住了护王府。刘铭传在一帮亲兵的簇拥下，突破了护王府的府门，一步步向护王府的内庭逼进，在护王陈坤书和丞相徐小娇的卧室里，见到了相依为命的两个人。刘铭传呵斥两人垂手领罪，两人却坚不从命，特别是玉面秀口的徐小娇，还手持一把利剑，破口大骂刘铭传是清妖的走狗，刘铭传身边的亲兵不容她骂，长矛大刀一齐上，把个百媚千娇的妙人儿，刹那间砍成了一个血人儿。护王陈坤书毕竟也是个血性汉子，看着他的心爱为人所屠，自然不能容忍，一声惨叫，持刀掩杀过来，但他仅凭一人之力，又能奈众人何，仅只两个回合，也不知是刘铭传的哪个亲兵已把陈坤书的头颅砍落地上，骨碌碌滚向一边，像是木槌敲钟一样，当的一声撞在了放在一边的虢季子白盘上。

正是这一声响，引起了刘铭传对那个青铜大盘的注意。他走近了去，粗粗一看，便觉这个青铜大盘的特殊，非一般宝物可比。特别是盘底四角的那几个曲尺形大足，以及四壁的八个兽头耳子，有着一股高古深奥的气息，是堪比隋侯之珠、和氏之璧的。而且盘腹之中，曲里拐弯的，有那么多的铭文，这可是要他好好探究的呢。

身为淮军营中的一员骁将，刘铭传的少年时代却是不堪回首的，他不学无术，十分顽劣，鱼肉乡里，几乎无恶不作；及长，又拉起一帮无赖之徒，贩卖私盐，用手中的棍棒为他打出了一方生意地盘，不承想，有人还要与他争锋，在一次械斗中，他伤及对方一条人命，这便惹得官府出了告示，要捉拿他为死者偿命。走投无路时，带着他的一帮棍棒弟兄，投入了正欲扩充军队的李鸿章帐下，做了淮军的一员骁将。也是刘铭传胆识过人，武艺高强，于是很受李鸿章所赏识，有意熏陶栽培，嘱他想要做人上人，仅有胆识和武艺是不够的，而且要有超人的学问。刘铭传别人的话可以不听，李鸿章的话却一字一句都牢记心上，从此戎马倥偬，却一刻不忘读书，常常一读到深夜，学问为之而大进，很受李鸿章的奖掖，称他为"淮军阿蒙"。

淮军阿蒙的刘铭传跟着李鸿章，刻意学习，他的这位好古的主子有收藏的爱好，他自然也染上了如此癖好，视古董为庭上珍存了。

常州城一战，打败太平军护王陈坤书，从他的府上得到了许多宝贝，刘铭传把其他宝物选了一些送给了李鸿章，留下一些还送了他认为该送的人，唯独留下虢季子白盘，据为了己有，细细把玩，认真解读，始知这是周室将领打仗，获得周室奖励而铸造的一件纪念品时，就更爱得不亦乐乎，差人护送虢季子白盘到他的老家安徽合肥，秘藏起来。

应该说，刘铭传虽不能完全解读虢季子白盘的真正价值，但他对该盘的初步认识还是很对的。

后来的学者，把盘腹里的铭文拓印下来，发现那111个金文所包含的内容是太丰富了。我在这里用白话文翻译出来，愿与大家共欣赏。其文如下：

（周王）十二年正月初吉期间的丁亥那天，虢季子白制作了这件宝盘。威武的子白，作战勇猛，美名传四方。（这次奉命）出击征伐猃狁，到达洛水之北。斩敌首级五百，抓获俘虏五十，成为全军的先驱。威武的子白，割下敌人的头颅献给周王，周王对子白的威仪大加赞赏。周王来到成周太庙，大宴群臣。王说："白父，你的功劳显赫，无比荣耀。"王赐给子白配有四马的战车，用以辅佐君王。赐给朱红色的弓箭，颜色非常鲜明。赐给大钺，用来征伐蛮夷。（为了纪念这件事情，子白作铜盘），让子子孙孙万年永远享用。

有人考证过了，认为铭文的周王就是周宣王。周宣王十二年即公元前

816 年，生活在西北方，也就是山西、陕西及至甘肃西北边境的猃狁（匈奴人的祖先），不断扰边乱境，成为周王朝的心腹大患。虢季子白受命于周宣王，率兵北上讨伐，直打到陕北的洛水以北，征服了猃狁，使西北边境获得了一定时期的安静。那么，这位为周室立下汗马功劳的虢季子白究竟是谁呢？有一件铜鼎可以从侧面做以证明，这件铜鼎也为他所铸造，上面的铭文自称是"虢宣公子白"，为此，我们可以推定他即是虢宣公的儿子无疑了，亦即后来的虢国之君，史称虢文公者。

虢季子白盘的出土地恰在虢川司，地理位置也与当时的封地正相吻合。

不过，对虢国的历史有所了解的人可能会问，虢国的君王墓地不是在河南境内的三门峡市吗？为何虢国的青铜重器却屡次出土于陕西？这个问题问得好，根据《左传》僖公五年的记载，虢国在西周时早受封赏，所受封君王共有两位，名字分别叫虢仲、虢叔，都是周文王的弟弟，其中的虢叔，因为学养深厚，还被选做周武王的老师，在中枢机关留驻了很长时间，是为西周早期十分重要的政治人物。两人受封，虢叔封在了陕西宝鸡，谓之西虢，虢仲受封在河南的荥阳，谓之东虢。西虢的土地在周室王畿之内，国君又担任着朝廷的大任，地位自然要高一些。从出土的一些青铜器物和文献上看，西虢的君主经常遵奉王命，征伐夷戎。虢季子白盘的铭文所记，是这一历史记载的补充。

当时受命征伐猃狁的虢季子白，就是以王子的身份去的，回来后不久，才继任为虢国的君主的。

西周与猃狁的战争，在文献典籍上也有些记载，但一般都极简略。唯虢季子白盘的铭文所记最为详尽，通篇所用基本上都是四字韵文，语言洗练，句式工整，极富韵律。因此，可说这篇百余字的铭文，不仅是研究西周历史的重要文献，同时又是一首优美壮丽的英雄史诗。

是这样出身名门，同时兼集历史与艺术于一体的青铜重器，为藏家所宝爱就不足为奇了。

历史给了刘铭传一个机会，让他有幸成为虢季子白盘的一个收藏家，他自然不会辜负自己的使命，一定要使这件弥足珍贵的青铜大宝好好地保存下来。怎样才能好好保存，初获虢季子白盘的刘铭传只有秘藏在祖居地，从不与人声张，这是因为他还有仗要打，先是追随恩师李鸿章打败了长毛子太平军，接着又受到李鸿章的荐举，领军赴台，在抗法保台战争中，大败法国侵略军，一跃成为满清军队中炙手可热的著名军事将领。

刘铭传所取得的功名，在外人看来，既有他出生入死的努力，也有他的后台李鸿章保举，但在自己心里还暗藏着一个原因，那就是虢季子白盘的护佑了。为此，他视此盘为神祇，在他功成名就之时，便着手为虢季子白盘建造一个供奉地了。没有什么好商量，他自己做主，在安徽老家肥西刘家圩选了一处高台，在台上建了一间亭子，恭恭敬敬地把虢季子白盘存放在其中。而这，该是虢季子白盘自出土以来，头一次光明正大地与日月一起为世人所欣赏了。这一天是刘铭传获得虢季子白盘的第八个年头，他为此还亲自撰写了一篇《盘亭小录·跋》的文字，以记录他获虢季子白盘的经过。

为便于了解刘铭传收藏虢季子白盘的心迹，我们可以以白话文的形式节录跋文的一段，看看他是怎么说的。

虢季子白盘，是我于同治甲子年（1864 年）夏四月，从太平军手中收复常州时在伪护王府中获得的……铜盘在贼军手中时有数年，发现时已是腥臭难闻，污秽不堪。经反复洗刷擦拭，发现还有铭文一百一十一字。铭文虽不能通读，但心中暗想，将来解甲归田，约邀一二好古渊博之士稽考审释，也算没有辜负铜盘的这番遭遇。

很显然，刘铭传的跋文是有许多值得商榷的地方，而且也早有他人著文，对其跋文所言做了考证，认为刘铭传说了假话，他之所获虢季子白盘，不是在护王陈坤书的府中，而是在此盘早期收藏者郿县县令徐燮钧的故宅中。对于这样的笔墨官司，打多长时间都是没有结果的，因为著文打官司的人多为金石爱好者，谁也没有跟着刘铭传打仗获宝，所云也只是推测和传说而已，对此，我们又怎么好相信呢。要我说，信从刘铭传的那篇跋文所记，也许有诸多可疑之处，但也会有许多可信之处。

姚永森所著《刘铭传传——首任台湾巡抚》一书，对此有着很好的记述，我读了后，觉得也有他的道理，但也难称定论，因此，我在我的文章中写了刘铭传获得虢季子白盘的另一种传说，是想让大家从不同的传说中获得不同的感受。

就像刘铭传获得虢季子白盘的感受一样，他是把自己比作了虢盘铭文中的那位少年英雄子白了。这在他邀请当时的江南名士薛时雨所作的《盘亭记》里看得清清楚楚。通篇记文充满了一种赞美的风气：子白战斗中为先行，刘铭传也是李鸿章部下的先行官；子白立下战功，受到周王嘉奖，刘铭传也因战功受到朝廷赏赐；子白把钺征夷狄，刘铭传也是秉律专征，"两千余年，若一符节"。

如此说辞，刘铭传为虢季子白盘当之无愧的收藏者。

然而，抗法保台战胜利后，巡抚台湾的刘铭传，为台湾的建省和发展作出卓越贡献的他，也有年老的时候。1895 年，传奇一生的刘铭传终老故乡，他所宝爱的虢季子白盘，一直伴随着他，他去了，自然就由他的儿孙们来珍藏了。

但是这个珍藏过程是多么不易啊！首先是，他那一去，家里即少了一个强有力的保护伞，接着是，时局动乱，满清塌了架子，民国政府兴起，军阀一片混战，又后来，日本鬼子又打了进来，在这样的局面下，谁家里还藏着宝，不啻就是藏着一个大炸弹，随时都会引来奸商或歹人，使这个家不得安宁。日后回忆起这段时日，刘家人记得最为典型的事件就有以下几起。先是一个美国商人，不知从哪儿打听来的消息，带着重金走进日渐颓败的刘家老宅，向当时执掌家事的刘铭传四世孙子刘肃曾讲，如果把虢季子白盘出让给他，他给刘家的钱财可以在美国买下一处豪华房产，就是他们想到美国去居住，他也可以帮助他们移民美国，做一个美国的太平公民。刘铭传的这位孙子，还有点祖上的骨气，断然拒绝了那位美国人的"好意"。紧跟着，走进刘家讨要虢季子白盘的是时任安徽省政府主席的刘镇华，这位雄霸一方的国民政府高官，先还假惺惺地给刘铭传的四世孙子刘肃曾许下一笔重金，同样不为刘肃曾所动，这便大翻其脸，诬称刘家私藏国宝，亲自带人上门，抓了全家老少，棒打火烧，让刘家一门几十口子受了不少苦头，终了没有一人屈服吐口，使刘镇华夺宝的企图落了空。

日本人发动的侵华战争，从吴淞口打到长江岸边，没有多少日子，安徽全境就都处在了日寇的铁骑之下。刘肃曾知道亡国奴的痛苦，他不想做亡国奴，更不想日本鬼子劫走虢季子白盘，怎么办呢？他只有逃走了。临离开故园时，刘肃曾组织家人，在老宅的院子里挖了一个丈余深的大坑，把虢季子白盘埋了进去，然后又移来一棵小槐树，栽植在大坑之上。

刘肃曾的这一安排，确有令人称道的先见之明，日本鬼子占领合肥后，四处搜寻宝贝，就有汉奸传言刘家藏有大宝，于是组织人马，闯进铁将军把门的刘家老宅，找不到人问话，就自己动手，在院里挖起来，角角落落挖了三尺深，没有挖到大宝，也便只能悻悻而去。

在外流浪的刘肃曾，与一家老小河南、湖北、四川等地辗转了数年，终于等来了抗战的胜利，急煎煎就往家里赶，进了家门，看见当年栽下的小槐树业已长到了碗口粗，他就知道虢季子白盘安然无恙，长久牵着的心这才放了下来。

刘肃曾心想，从此或许能够过上太平日子的，不承想，他把老宅里的尘灰还没有打扫干净，又有索要虢季子白盘的人上了他的家门。这人不是别人，就是在抗日战争中还有作为的李品仙，他率领国民党第21集团军在安徽接受了日本人的投降书后，即被国民政府任命为安徽省政府的主席。这个李品仙可不是山大王式的粗人，他派人请来刘肃曾，装出一副好颜色，告诉刘肃曾：不要说虢季子白盘已被别人弄走了，它还在你家里，这是你的功劳。但逢乱世之秋，谁都知道你家藏着大宝，有个不测的灾祸，你想后悔都来不及。以我看，你最好挖出来交给政府代管，这对你来说，既是一种解脱，而且还能落个交宝护宝的国家功臣荣誉。话说到后来，李品仙还对刘肃曾许愿，只要他诚心交出大宝，安徽省境任他找，找准哪个县就让他去哪个县里当县长。面对这样的铁腕和强权，刘肃曾哪敢硬顶，但也任他李品仙及其说客磨破嘴皮子，刘肃曾说，全家出逃他乡多年，虢季子白盘已被他人盗走。

刘肃曾的托词骗不了李品仙。一计不成，他心生二计，只待刘肃曾离去后，他即派出一个营的军队，尾随刘肃曾的屁股进了他的家门。他们打的是保护国宝的旗号，进了刘家就驻扎下来，吃喝拉撒都在刘家的宅子里，使刘家上下不胜其扰，可他们能有啥办法呢？只有耐着性子忍了。

几天以后的一个早晨，驻扎在刘家的那位蓝姓营长，提着枪闯进刘肃曾的卧房，把他从被窝里拖了出来，硬说他有一只箱子，内装金条和银圆，好好地放在刘家，怎么就不见了呢！把眼睛睁得像天狗卵子的蓝营长，根本不听刘肃曾的解释，血口喷人，直诬刘肃曾，有人发现，就是他刘家的人偷去的。

枪口戳在脑门上，蓝营长硬是逼着刘肃曾写了一纸用虢季子白盘抵债的欠条。

强压着内心的愤怒，刘肃曾设计与这位蓝营长周旋着。在他写下那纸欠条后，恳求放他出去，也好筹款还钱的。蓝营长已放出话来，街面上没人敢借刘肃曾银钱，有此安排，他就很放心地让刘肃曾出了门。在刘家的大门口，蓝营长给刘肃曾说了一句狠话，你借不到钱的，你能借了一个子儿，我就不要你的大宝了。

应该说，蓝营长的话更加提醒刘肃曾，他此次出门，是不好再回家了。他不回来家里人还好过一些，他一回来，不仅他没好果子吃，他们一家人都不会有好果子吃。因为，李品仙派来的蓝营长，目的只有一个，就是冲着虢季子白盘来的。

刘肃曾躲了几年日本人，他再一次逃出家门，远走他乡，躲的却是打着保民爱民的国民党军队啊！

部队驻扎在私家宅子，长此以往舆论界为之沸沸扬扬，李品仙不能不顾，就让蓝营长撤出刘家宅子。军队是撤出来了，国民党肥西县的县长隆武功却又搬进了刘家宅子。这位穿着儒雅的隆县长，其实也是李品仙的亲信，他是接受了李的任务后搬进刘家的。在刘家，隆县长见不到一家之主的刘肃曾，就一天到晚地缠磨刘的夫人李象绣。李象绣虽为一个弱女子，却把隆武功的心肠看得透透的，她可以做好吃的好喝的，供隆武功享用，但对虢季子白盘的下落，任他隆武功说破了天，她都不吐一个字。

隆武功的儒雅模样也有变脸的时候，在他苦无办法时，从县衙带来一干人马，把他怀疑可能藏宝的地方又深挖了一遍，而且把刘家铺装得好好的十数间房内地板，全都撬了开来，终了还是竹篮打水一场空，连虢季子白盘的影子都摸不到。

1949 年 1 月 21 日，南下的解放军顺利解放了合肥城，一直躲着的刘肃曾也露面了，他热忱地欢迎解放军，欢迎新生的人民政府。这一天，刘肃曾走到院子里的那棵槐树前，用手把握着又长了几个年轮的槐树，语重心长地对槐树说，你完成了你的任务，你该挪开地方了。

伐倒了槐树，刘肃曾和当年与他一起藏下虢季子白盘的家人，又一起把虢季子白盘从丈余深的大坑里取了出来。为此，刘肃曾与时任皖北政协副秘书长的一位世交长谈了几次，二人都认为是时候了，把虢季子白盘交给新生的人民政府，由国家专门部门收藏，可保国宝万无一失。

主意即定，刘肃曾藏在心头的一块疙瘩当下解了开来。1950 年 1 月，刘肃曾代表全家，把虢季子白盘正式献给了新政府。当时在国务院任职的郭沫若，闻听此讯，高兴地给安徽省拍来贺电，声称：国宝归国，诚堪荣幸。

在合肥，虢季子白盘得到了一次公开展览，此后，即由刘肃曾和皖北行署的相关人员护送虢季子白盘入京。1950 年 3 月 3 日，虢季子白盘在团城承光殿举行特展，国家副主席董必武亲临展出地，在高兴地看过历尽艰难的虢季子白盘后，亲切地接见了刘肃曾。当天晚上，郭沫若还在北京饭店设下酒宴，宴请了刘肃曾。席间，郭沫若欣然提笔，为刘肃曾写了一首诗：

> 虢盘献国家，归诸天下有。
>
> 独乐易众乐，宝传永不朽。
>
> 省却常操心，为之几折首。
>
> 卓卓刘君名，传诵妇孺口。
>
> 可贺孰逾此，寿君一杯酒。

郭沫若献给护宝有功的刘肃曾那杯酒是茅台吧，中国的白酒品种千千万万，堪为国酒者，似乎就该是茅台一种了。深夜 12 时，我为虢季子白盘的作文到了收尾的时候，而我的手边恰好有一瓶打开的茅台酒，我放下笔，拿起茅台酒，嘴对着酒瓶嘴，很是惬意地喝了一口。

吴越剑：天光侠气惊世殊

十年磨一剑，霜刃未曾试。今日把似君，谁为不平事。每每从环城公园锻炼归来，我都会毫没来由地想起这四句流传很久的诗句。在那个千树花开、万木摇翠的地方，早早晚晚，都有太多太多锻炼身体的人，或老或少，或男或女，集成一团一伙，有打传统太极拳的，有跳现代健身舞的，还有不知是何套路的健身运动的，自然也有弄棒舞剑的。便是我的几位好友，都是偏爱舞剑的一伙子，他们身穿白色的绸裤绸褂，脚蹬黑色的布面软底千层鞋，英姿勃发地走到一起，一招一式地舞着长剑，叫我一边看了，忍不住是要为他们的剑术而鼓掌喝彩的。然而掌也鼓了，彩也喝了，却难释胸中的郁闷之气，感觉那钢化百练的剑光，何以就成了现代强身健体的绕指柔。

这有什么办法呢？时也，运也，曾经的天光侠气，虽不情愿，却也只能无奈地让位给时代风气。

其实，这有什么要紧呢？时代风气是永远也掩盖不了剑光在历史深处的峥嵘与豪气。

我所不能忘记的故事，就有几桩与剑密切相关。其中一个，讲的是吴国的公子季札到徐国去访问，诸侯国中，徐国的地位是低的，既低又弱，但这并不影响徐国国君对剑的热爱。那一日，公子季札到访，徐国国君设下酒宴款待，杯酒下肚，也不等身为贵客的季札答礼，这位爱剑若命的徐国国君却不错眼地盯在季札腰佩的宝剑身上，其情其态，是很失一国之君的风度的。公子季札也不怪他，给他回敬酒肴时，许下诺言，说他还要到他国访问，回程徐国，就把他腰佩的宝剑以礼相送。徐国的国君记下了公子季札的许诺，日思夜想，竟然生发了一场相思大病，让他遗憾地闭上了眼睛。几年过后，遍访诸侯他国的公子季札，想着他给徐国国君的许诺，带着他的佩剑回程到了徐国，却闻听徐君已死，季札不由伤心泪下，执意去了徐君的墓园，祭扫一番后，郑重其事地解下腰上的佩剑，挂在徐君墓前新生的一棵小树上，垂泪黯然而去。

这个故事里的宝剑，没有仇恨，没有怨愤，有的只是诺言、诚信和友谊。可惜，这样与剑相关的故事太少太少，而沾染了仇恨和怨愤的故事又太多太多。

我希望诺言、诚信和友谊多起来，并希望仇恨和怨愤少起来。但历史已经铸成，怎么又能因为一个后世儿孙微不足道的希望而改变呢。

改变不了了。因为从有侠客这一社会群落以来，天光闪耀的剑气，便有了一个内涵更加高标的意义。仗剑而行的侠客，仿佛黑暗岁月的一盏盏明灯，他们以手中的利剑，把风云际会的时代点燃得激情澎湃，让人看去，总是那样的美，却也总是那样的痛。

所以美，在于剑光飞渡的快意恩仇；

所以痛，仍在于剑光飞渡的快意恩仇。

难道不是吗？请回过头来看，那是跨越易水而来的侠士荆轲了，他怀揣着一个伟大的理想，就是要为即将亡国的燕赵百姓一雪心头之恨的。行前，燕太子丹及宾客和知道这件事的人，都身穿白色衣冠，送荆轲止于易水河畔，平日与荆轲交好的高渐离，实为一个屠狗的市井人物，在荆轲潦倒的时候，二人于燕市饮酒逞欢，酒酣以往，高渐离便要击筑，而荆轲自会和而歌之，相乐相泣，旁若无人。这一天，荆轲要去秦地刺杀秦王，高渐离怎么能不送他一程呢。赶在易水之滨，望着将要涉水而去的荆轲，高渐离不由自主地又动手击筑了，荆轲自然又要和而歌之，他面向易水，背对送行的人们，悲伤而豪放的唱着：

风萧萧兮易水寒，
壮士一去兮不复还！

有着赴死决心的荆轲，听不见他歌声背后送行者的涕泪哭泣，义无反顾地走向秦国的都城咸阳，走进了咸阳的秦王宫。历史的机遇已摆在了荆轲的面前，图穷匕首现，他刺向秦王嬴政的利剑，却没能伤着人家的一根毫毛。此一时也，虽然荆轲很不甘心，挥舞着他侠气璀璨的宝剑，在秦宫之中，撵得秦王嬴政到处乱窜，可他的行刺计划，却如易水上吹过的一阵寒气一样，已经没有一点意义了。

无奈，荆轲自己倒在了秦宫的血泊里，成了一个悲情弥漫的英雄。

也不知我们的悲情英雄想过没有，在他之前，有一个名叫专诸的吴国侠士，做得比他要好。

公元前526年，吴王僚即位后，吴国的王室之中，围绕着王位继承这个大问题，产生了十分激烈的矛盾，按照祖上的训导，僚的堂兄光应当继位，可是僚抢先一步登上了王位，这使他的堂兄光大为不满，处心积虑，发誓一定要夺回王位。当然，光不会把他的想法写在脸上，不仅如此，他还刻意顺从吴王僚，对其表现得十分恭敬，以便消除僚对自己的疑虑。过了十多年，光终于等来一个千载难逢的机会，发兵攻楚的僚，出师极为不利，受困楚地而不得脱身。光借题献策于僚，在他的府第中设下酒席，宴请吴王僚，僚亦欣然应允。应允了却不能失去防备，这是僚抢先登上王位经常要做的事情，到哪里，都是一身铠甲，去光的府上，自然也是铠甲裹身，兵士护卫，进得光的府门，也都是僚的亲兵把守门禁，即便上酒上菜的侍者，按照僚的习惯，亦在他信任的亲兵面前，要脱光了衣服检查，然后再在亲兵的跟随下，端着酒菜盘，跪行而入。

一个堂兄，一个堂弟，这样的酒宴吃得好不乏味。按照一定的礼数，两人喝过了几巡酒，作为堂兄的光，假托腿病发作，从酒席上退了下来。面对这样的情景，作为弟的僚，却还不知有诈，独自喝酒吃肉。恰在这时，僚最乐于吃的一盘整鱼烹烧的菜送上来了。送菜的人不是别人，正是光结交了多年的朋友专诸，专诸可是有名的侠客啊，他像所有进菜的侍者一样，在僚的亲兵面前，谦谨地脱光了衣服，让他们仔细检查过了，跪在地上，把盛鱼的菜盘高举过头，一截一截地向僚跪近。应该说，这道整鱼烹烧的菜肴，是有特殊的扑鼻的香气，离着僚还很远的时候，他已经嗅到了，于是，脸上就有了笑，眼睛也抬起来，看着专诸一点点挪过来，便想着他有口福享了。哪承想，就在专诸把顶在头上的鱼菜端到僚的面前，刚要搁在案几上时，却猛地从鱼腹里抽出一把短剑来，且奋身跃起，一剑直刺僚的胸膛，使他当即毙命。

可怜专诸，他那电光石火的一刺，虽然杀死了吴王僚，而他也被僚的亲兵刀剑齐上，砍成了一堆肉泥。

躲在墙帷之中的光，趁机带人而出，收拾了吴王僚和侠客专诸的尸体，自己便快意盎然地做起了吴王。做了吴王的光，改了个名字叫阖闾。史书上记载的阖闾，却也是个有为的国君，他亲自统兵，打败了强大的楚国，开辟了一个称霸诸侯的大时代。

不难想象，专诸从鱼肚中抽出的那把短剑，肯定是时人为之倾慕的吴越剑了。这是他比后来的荆轲幸运的一点，荆轲刺秦不成，他身配的宝剑可能也不咋的，因为他从燕地出发，燕赵虽多慷慨悲歌之士，竟却不出产刃钢锋锐的好剑。专诸有，专诸成功了。可他的成功让我们后来的人想起来，有快意的一面，也有痛伤的一面。

何者为快？

何者为痛？

我们后人又岂能揣度，只晓得为侠士者，自古以往，谁又不是死在剑的锋刃之下？为知己者死，为诺言和诚信死……死得壮烈，死得豪迈，死得义无反顾！让人透过历史的迷雾，远远地看去，他们该是怎样的壮怀激烈，怎样的侠肝义胆……而这一切，都离不开天光闪耀的一把宝剑，如果少了，则失色万分。

正如专诸刺僚的剑，有人考证过了，说是越人欧冶子打造的鱼肠剑。现在，还没有实物做证鱼肠剑是个什么样子，但听人传说，是因为剑身的纹理曲折如鱼肠，故而得其名。总之，不论鱼肠剑的样式如何，有了专诸那奋身一刺，鱼肠剑的名望如雀器噪，千古流芳。

无法见识专诸的鱼肠剑，我们是遗憾的，但还不是大遗憾。大遗憾的是在历史的隧道中，侠客们满身的豪迈和剑光，到了大唐盛世以后，突然地失色了许多，寂寞了许多。任凭他们中的传人，把手里的一把剑玩得如何惊心动魄，却在一个歌舞升平的年代，无可奈何地戴上一个"剑器"的新冠，新冠的色彩也许是美艳的，但沾染上一个"器"字，就只有沦落了，一再沦落，便成为一种哗众取宠的技巧，舞得好时，或许也能博得他人的喝彩，但已完全失去了人心对剑的尊敬和崇拜。

这个遗憾在嘉庆初年的一次出土文物中得到些许的弥补。那是一把吴王夫差的铜剑，1797 年，考了满清状元的毕沅和一个叫阮元的人，合撰了一部《山左金石志》的书，称那柄铜剑为天水剑，后有容庚仔细考释，发现剑身的

10 字铭文很有意思，是为"攻吴王夫差剑，自作其元用"。这就对了，与历史记载一下子对接了起来，这叫人就不能不兴奋了。到了 1935 年，在安徽省的寿县西门内，有住家修房挖基，也侥幸出土了一把吴王夫差剑，资料显示，这把剑身长 58.9 厘米，宽 5.3 厘米。剑格饰简化兽面纹，上嵌绿松石，近格处亦有铭文 10 字，"攻吴王夫差，自作其元用"。似这样的吴王剑，以后还有发现，如 1965 年在山东省平度县的废品回收站发现的一把，如 1976 年在河南辉县百泉文管所从废品堆里发现的一把，如 1976 年在湖北襄阳蔡坡古墓中发现的一把，如 1991 年在河南洛阳周王城内的古墓中发现的一把……这么历数下来，已经存世的吴王剑竟有 8 把之多。

我为存世数量之多的吴王剑而激动，但我还想仔细说说的，是一把吴王夫差的铜矛了。

这柄吴王夫差的铜矛出土于湖北江陵马山砖瓦厂，1983 年 11 月 23 日，考古工作者获悉这里有古墓出现，便火急火燎赶来进行抢救性发掘，在编码为 5 号的古墓里，意外地发现了一件青铜铸造的矛。它全长 29.5 厘米，宽 5.7 厘米。矛身中空供柄木柄，中脊呈菱形，有血槽，两侧之刃锋利。矛的表面饰菱形几何纹。刚出土时，矛身还略见锈蚀，但擦去泥土，在矛身近骹处，即显出错金的 8 字铭文。铭文分两行排列，每行 4 字："吴王夫差，自作用鈼。"《说文》解：鈼，矛也。

此件吴王夫差矛的出土，在当时的考古界引起了极大的反响，《人民日报》在下一年的元月 7 日，以《稀世文物"吴王夫差矛"出土》为题，向世人报道了这一发现。报道还称，这是继 1965 年在江陵望山一号墓出土越王勾践剑后，又一个重要发现。2400 年前，吴越两个老对手争霸时的兵器，同在江陵一地出土，是很值得人们咀嚼的。

2004 年 10 月，我去武汉参加一个报业发展的会议，东道主安排我们参观湖北省博物馆，在一个秘密的安排下，由馆内人员从保险柜里取出这两件宝贝，让我们得以近距离观看，不知别人看了是什么感受，我看了，胸中似有风雷骤起，眼前蓦然再现了当年剑光干云，矛影诡谲的壮阔场景。

但我不能由着想象走，还得按捺住自己挥洒的笔意，静下心来，说说越王的剑了。

这是公平的，前边说了那么多，既说吴王的剑，又说吴王的矛，再不说越王的剑，非得再起一场纸上的春秋战不可。

便是擦干了血迹，与吴王夫差矛同在湖北博物馆珍藏的越王勾践剑，出土时，放在一个髹黑漆的木质剑鞘里。剑与鞘的结合，是紧密的，恰如其分的，考古工作者将剑身从剑鞘里抽出来时，只见剑身色泽紫黄鲜润，寒光冷冽，毫无锈蚀，明若流鉴。有人为了验证剑刃的锋利，把白纸叠了 20 多层，使剑轻轻压着一划，20 多层的白纸顷刻破为两半，在场的人，无不看得咂舌惊叹。

考古工作者对这把剑作了初步的考释，发现全长 55.6 厘米的剑，其中剑身长 45.6 厘米，宽 4.6 厘米，格 5 厘米，茎长 7.9 厘米，首径 4.3 厘米。剑首向外翻卷作圆箍形，首内铸有八道极小的同心圆圈，剑身两边遍饰黑色的菱形几何花纹。剑格正面嵌有蓝色宝珠，背面则用 15 颗绿松石镶成美丽的花式，其精致与华丽，是出土的吴越剑中所未见的。便是锻造之时，即已把剑身打磨得十分滑润，光彩熠熠，那一个个严格对称的菱形花纹，久视成疑，似乎蕴含了某种神秘的启示。

在剑身的上部，铭刻了两行八个篆体字，字体纤细悠长，被金文研究者美誉为"鸟篆文"。鸟篆文是很好看的，一个字恍如一幅画，但要释读其意，却不那么容易。起先，在工地现场只释读出"越王□□自作用剑"六字，至为关键的两个字却一时难有定论。于是，剑主究竟是哪位越王，遂成了大家关注的焦点。郭沫若、于省吾、唐兰、容庚、商承祚、夏鼐、陈梦家、徐仲殊、胡厚宣、苏秉琦等金石学大家，全都投入进来讨论。直到 1966 年元月，唐兰先生首度指出此字为"鸠浅"。所谓"鸠浅",也就是学过点历史的人都知道的越王勾践了。紧跟着,陈梦家先生也肯定了唐兰的观点,而夏鼐先生等,也站出来支持唐、陈的释读了。这样,原来存在着很大争议的这把剑,才被正式论定为越王勾践自作用剑了。

为了这把剑的归属,有那么多的学者参与考订,可以看出,学术界对这一发现的重视程度,是多么的高啊。

确实需要这样的重视,因为此剑的制作工艺,是十分考究的,同一剑体,各个部位的合金成分却各不相同,这是根据剑的部位需要配制的。剑脊需要韧性好,故含铜成分就高一些,使其不易折断;剑刃需要硬度强,故含锡的成分就高一些,可使剑锋特别锐利;剑身的表面需要光洁防腐蚀,故含硫的成分就高一些,以使剑体永保滑润与艳丽。有专家考证,这种复杂的复合金属工艺,是分数次烧铸而合成一体的。

如此超拔的青铜兵器制作技术,是为当时吴越两国的一绝。此外还有两绝,即剑身表面的菱形暗格花纹和剑首端部薄壁如纸的同心圆。近些年,上海博物馆联系了几家有些能力的单位,组成了一个课题组,经过多次实验,才使这个失传了2500多年的古法铸剑术得以复原。

有文字记载,我们祖先的这一高超铸铜工艺,在外国人那里,只是近代才开始使用。

1973年6月,受日本国的邀请,我国组织出土文物赴展,其中就有这把超绝的越王勾践剑,它的参展,立即引起日本人的极大兴趣。时任日本首相的田中角荣,对此似乎格外高兴,因为他在访问北京时,毛泽东主席给他赠送了一本《楚辞集注》,他认为,这次展览特意展出了与《楚辞》有关的楚地古剑,是对他的格外关照,他对此深表"衷心的敬意"。

有必要在此补充的是,时隔8年,亦即1983年时,考古工作者就是在离出土这把越王勾践剑约一公里路的地方,出土了我在文中所说过的那把吴王夫差矛。无疑，这一剑一矛为世人所公认，是现存世上吴越青铜兵器中的双璧。

吴越两地，水网纵横，丘峦起伏，为了适应战争的需要，他们逐渐摈弃了车战，而代之以步战和水战，占据了沙场的中心位置。于是乎，作战所用的兵器也随之有了变化，利于近身搏杀的铜剑在战场上亦愈来愈凸现出自己的优势。因此，他们都把铸剑看作称霸诸侯的必要条件，吸引了大批能工巧匠，云集在吴越之地，发挥着他们的技艺和才智。吴国铸剑好手干将、莫邪，越国的铸剑好手欧冶子，都被后世传颂为神话般的人物，所铸名剑也为后人视为不可多得的至宝。庄子就曾说："夫有干越之剑者，柙而藏之，不敢用也，宝之至也。"干越者，即吴越也，竟即有条件获得吴越宝剑的人，都把它们宝爱地珍藏起来，而舍不得使用。

便是吴越两地的剑术，也定高于同时代的其他地区。传说，越国有一女，出没于南林，善于剑术，越王勾践派人前去聘请。越女欣然而来，得半道遇一老翁，白眉长髯，自云袁公，要与越女比剑。二人于是折竹枝以为剑，拼刺了几个回合，袁公倏忽飞上树端，化成一只白猿而遁。越女稽首相送，此后到达越都，受命于勾践，教练军士剑法，使越国的军力大为增强。后来，吴王阖闾兴兵伐越，越王勾践为了鼓舞军威震慑吴军，在阵前使一队囚犯列成三行，持剑于颈，步行至吴军近前，集体自刭。沾了血迹的长剑，从自刭者的手中纷纷落地，溅起阵阵激越高亢的铜鸣声，演绎了一幕血影剑光的惨烈和悲壮。

如今，那美誉为吴越青铜兵器双璧的一剑一矛，就在我的眼前闪亮着，使我想起，曾经拥有了这剑与矛的主人，在他们那个时代，演绎了怎样惊心动魄的故事啊。我在文中已经说过，是侠客专诸的鱼肠剑刺开那波澜壮阔的一幕的，他于公元前515年，藏剑鱼腹，奋而刺死吴王僚后，吴公子光代立为王，开始了史书无法不浓墨重彩而大写的吴王阖闾时代。此时，楚国的重臣伍子胥和军事家孙武辅佐御前，两破强楚，国势为之日隆；趁势又和越国展开了一幕又一幕的角逐，最为叫人不堪回首的是，吴王阖闾趁越王允常新葬，新君勾践继位不久，国祚尚不安静之际，统兵大举伐越。可怜英名一世的阖闾，这次却错误地估计了形势。兵入越境，即陷入越国军民同仇敌忾的剑林矛阵之中。贵为君王的阖闾也在残酷的争战中伤了手指，病伤而亡。死之前，这位满腹抱负的君王把太子夫差叫到身边，嘱他誓报父仇。

也是越王勾践太大意了，他不知道吴王夫差在他居住的宫宇之中，每日派人站在院子里，在他出入时，大声地提醒他：夫差，你忘了越人杀你父亲了吗？在这日复一日，年复一年的呵斥提醒中，夫差积蓄着力量，挨到公元前494年，起兵讨伐越国，使越军大败，唯勾践仅以5000甲兵退守于会稽山上，屈辱求和，卑身事吴。

这两个老对头，有太多相似的地方，胜利时忘乎所以，不把对头当对头看，还狂妄地想要问鼎中原，会盟诸侯，称雄霸主。前事之中的越王是这样，后事之中的吴王也是这样。夫差完全不去顾及勾践在想什么，在做什么，他一意挥师北上，与其时的齐、晋诸国连年争战，独放纵勾践在他的属地里，把苦胆悬于屋梁之上，坐卧即仰胆，饮食亦尝胆，苦心孤诣，发愤图强，伺机报复。公元前482年，夫差亲率精锐，北上黄池大会诸侯，瞅准机会，勾践起兵伐吴，攻战吴都，杀死太子。闻讯，夫差大为惊慌，也不敢在黄池的诸侯盟会上硬争了，让晋国当上盟主，自己率兵仓皇回师，与越讲和。自此，吴国一蹶不振，数度与越交战。皆以大败而终，过去了不到10年的光景，夫差终被勾践所灭，空留下一声惊天长叹：悔不听子胥之言。

是的，吴王夫差的长叹是应该的，一心事吴的伍子胥，为吴国的强盛殚精竭虑，出生入死，立下了盖世之功，他屡次进谏夫差，不可一日不防越国，但日益骄横的夫差哪里听得进去，甚至听得多了，厌烦了伍子胥，赐他以死。伍子胥死时愤言：在我墓上种树，待树可以材，吴国将亡。

伍子胥的预言应验了，夫差自尽，吴国灭亡。我们现在来想，夫差的悲剧不是他人的，战国时期的诸侯王们，有几人不是这样，只是吴越诸王的表演更为典型一些，他们差不多都有一个叱咤风云的开始，最后又都落得个国破家亡的下场，令人每每思及，都不免嘘唏慨叹。但这并不影响吴越铜剑的光彩，为那个风云际会的时代，刻画出一幕幕耀昭千古的华彩乐章。

青铜编钟：震古烁今的天籁神器

闻韶乐，三月不知肉味。这是孔丘老夫子的感受，为此我想，韶乐一定是非常美的，但它究竟是个什么样子？惜乎为历史所湮没，今天的人，是无人能说得清楚的，仅只能从有限的文字资料上得知，这一非常美的乐种，起源于 5000 多年以前，是为上古舜帝之乐，集中了诗与乐以及舞为一体的，综合性很强的古典艺术，由此所产生的思想道德典范和文化艺术形式，一直影响着我国的古代文明，故而更有"中华第一乐章"的誉称。

文献记载，周朝的宫廷里就设立了"六代大乐"的制度，以便在祭祀、朝会、宴饮时应用。其所包含的音乐元素是肃穆而端庄的，既要"和以律吕"，又要"文以五声"，而且还要"八音迭奏""玉振金声"的效果。

什么是"玉振金声"？有人已经作过考证，这里的"玉"，就是石或玉打磨成的磬，形如曲尺，悬于架上，用木槌击奏。单一的叫特磬，成套的叫编磬。这里的"金"，就是铜铸的编钟，大小不一，再小还有叫作编铃的。1977年 4 月 19 日，时任文化部副部长的著名音乐家吕骥，听闻陕西省扶风县的庄白村出土了成套的青铜编钟，他欣然出京，来到青铜编钟的出土地，与当地群众一起，找来几根木梁，搭成架子，把出土的青铜编钟和编铃，依照大小顺序，悬吊在木架子上，手执即时制作的两把小锤子，略试音准，即在远古的青铜编钟上敲奏出一曲美妙的《东方红》，让当时在场的人莫不欢欣鼓舞。

吕骥在青铜编钟上敲奏出的《东方红》乐曲，为当地的扶风县广播站录了音，并及时地向全县人民播放。作为扶风籍的我，当时从广播匣子里是听到那用青铜编钟敲奏的《东方红》，至今不能忘记，我们听了乐曲的人，脸上都不由自主地洋溢着灿烂的笑容，同时，又不由自主地挂着两行热烫烫的泪水。我问过自己，我们喜悦是应该的，但我们又为什么流泪？是喜极而泣吗？好像又不是。这个问题存在于我的心里，至今不能求解。但从那以后，我知道了青铜编钟，知道了这一远古的乐器，有着怎样的感人力量。

敲奏了《东方红》的那一组青铜编钟出土在法门镇的庄白村。

庄白村就在著名的古周原上，与之毗邻的齐家村、召陈村、任家村等许多古老的村庄，历史上都有丰富的青铜器出土。这次轮到庄白村了，这一年是 1976 年，这一天是 12 月 15 日。以深如壕沟的美水河为界，其时由北京大学、西北大学、陕西省考古研究所、陕西省文物管理委员会、宝鸡市文化局等单位联合组织的周原文物保护调查组，兵分两路，一路称沟西（岐山县境）分队，一路称沟东（扶风县境）分队，在古周原上已经工作了几个月。那一天，大家回北京的回北京，回西安的回西安，回宝鸡的回宝鸡，工地上只留下后来鼎鼎大名的周原考古专家罗西章和几名整理资料的西北大学师生，还在召陈村吃着派饭。

罗西章在他的一篇文章中回忆说，15 日这天，他因一件不顺心的事弄得心绪很不好，早上连饭也没吃，倒头睡在被窝里，左翻一下身，右翻一下身……大约在 10 点钟的光景，他的住房门被人推开了。进来的人是庄白大队革委会主任陈长年，一进门不管罗西章心绪好坏，对他就是一通兴奋地嚷叫："老罗，快！庄白把宝挖出来咧！"罗西章就是这样，心里有多大的不快，听到有宝出土，就都烟消云散，从翻着烧饼的炕上一骨碌爬起来，随在陈长年的身后，也不走硬硬邦邦的正路，斜着从软绵绵的小麦地里往庄白村赶，两条腿像上了发条，走得那个欢，像是草原上飞跑着的奔马。不到半个小时，他们就到了挖出宝贝的地方。

这次的发现太丰富了，在南北长 1.95 米，东西宽 1.1 米，向下深 1.12 米的窖藏里，一共出土了 103 件青铜器物。因为后面还有发现，罗西章他们就把这个窖藏编号为"庄白一号"。时隔一周多的时间，庄白村的村民在村子的西北角取土时，又偶然地发现了一个窖藏，从中出土了 5 件大型青铜礼器。这个窖藏就很自然地编号为"庄白二号"了。

那些个日子，不是很大的庄白村热闹得像是过年一样，家家户户，客来客往，煮肉炒菜，热论宝贝。其中，议论最为神异的一件宝贝，是那个后来鉴定为国家一级文物而上了邮票的折觥。这件器物貌似一只青铜绵羊，也不知是谁传说出去的，都说这只青铜绵羊，会跑会叫。机关在青铜绵羊的屁眼上，考古队老罗（罗西章）有一把钥匙，当他把钥匙插进青铜绵羊的屁眼里，它就跟着老罗跑，边跑边叫，咩咩咩咩，太有意思了。但是很怪，除了老罗，换个别人来开，一样的钥匙，一样插在青铜绵羊的屁眼里，却不见跑，也不见叫。这个传说，直到今天，我再去那里考察采访，还有人在传说，而且传说得像是真的一样。而真的青铜绵羊（折觥），其实是不会跑，也不会叫的，老罗亦没有那把神异的钥匙。不过，这只青铜绵羊的确有它喜人的地方，古人在铸造它时，作了十分奇特的艺术想象，不大的一个器物，身上巧妙地集中了包括羊、鸟、龙、蛇、怪兽以及大象等在内的三十多种动物造型和图案雕饰。

折觥带来的惊喜还热着时，又一件造型奇特的国家级青铜文物呈现在了大家面前。

这件方形的青铜器，分上下两层，上层可以盛放食物，下层的炉盘可以盛放炭火。在它的四角，铸有造型相同的怪兽，周围还铸饰了各种立体的动物。器物正面是两扇可以自由开启的门，而门的一侧，正好是这件青铜器的奥秘所在，有位被砍去了右手和左脚的奴隶，安静地守候在门旁。周家王朝的刑典记载，砍手断足的酷刑曰"刖刑"。罗西章他们一帮考古专家，先把这件奇特的青铜器定名为鼎，后又依据周代刑典，为其定名为"刖人守门鼎"。

刖人守门鼎太奇特，太不可思议了，它究竟传达着怎样的历史信息，有着怎样的特殊含义，至今无人说得清楚。

倒是出土在同一窖藏里的史墙盘，仿佛一部铜铸的史书，明白无误地记述了周家王朝七代君主的赫赫业绩。墙盘为微氏家族中名"墙"的这一代人所铸刻的，盘腹之中，整齐有序地刻铭了284个金文，前段文字从周文王记述起，赞美了他和他的儿子周武王等征战四方，开疆拓土的丰功伟绩。以此为铺垫，到了第二段，笔锋一转，又记述了微氏家族的祖先，以军功得到周武王的召见，并赏给他们大片的土地，此后几个世纪，微氏家族世袭了周家王朝重臣的荣耀，享受着贵族优雅尊严的生活。正是这篇青铜铭文，在我国开展的商周断代史工程中，发挥了极其重要的作用，准确无误地理清了一段周室历史纪年。

但是，这一切都不是我在此文中要说的重点。我所关心的是和这些珍贵青铜器埋在一个窖藏里的编钟和编铃。

庄白一号窖藏青铜器中，配套成组的编钟多达二十多件，此外，还有编铃七件。在周人的生活中，音乐作为一种制度而存在，其本身不仅能够陶冶人的性情，而且还显示了人所具有的尊贵和地位。他们在举行各种礼仪活动时，是一定要有音乐来相助兴的，因为音乐可以使礼仪活动分出步骤、划出阶段、产生庄重的仪式感。这应该是周人崇尚礼乐的本质基础，在周人的祖居之地出土了这么多的编钟和编铃，很好地印证了当时的王公贵族们，享受着怎样的礼乐与奢华。

后来，古周原不断有青铜器出土，其中也有编钟，也有编铃，但都是零散的，不像庄白一号窖藏规模大，使人相信，这该是周朝王室的乐器吧。

天下巧合的事，不晓得还有比出土青铜编钟更巧合的事没有，总之，在著名音乐家用庄白一号窖藏出土的编钟、编铃敲奏了《东方红》乐曲后不久，湖北省的随州市，又在随县城关镇出土了一组规模更大的编钟。

随州这个地方，历史地理位置十分重要。它在春秋战国时期，是楚国问鼎中原的必经之路。春秋五霸之一的楚庄王，凭借其蒸蒸日上的国势，图谋雄霸诸侯，在其势力最为强大的时候，通过随枣走廊，穿越南阳盆地，影响直达中原腹地。用楚庄王自己的话说，"不飞则已，一飞冲天；不鸣则已，一鸣惊人"。有此雄心大志，楚庄王活该青史留名了。传说，在他初即大位时，宰相斗越椒发动叛乱，他统兵追杀到了随州，筑起一个高台，他在高台擂响战鼓，激励将士奋勇向前，成功地平息了宰相的叛乱。后来，百姓们为了纪念楚庄王，就把那个高台称作了擂鼓墩。2000多年过去，擂鼓墩上的战火硝烟已经散失得了无痕道，但却在这里，由于中国人民解放军驻军部队的一次施工，意外地发现了一个让全世界爱好文物和音乐人振奋不已的埋藏，那便是曾侯乙墓的发掘了。

时在1977年的夏秋之交，解放军某部在擂鼓墩一侧的东团坡扩建厂房，一次施工爆破后，现场的解放军官兵发现，在遍地红色砂岩山岗中，突兀地露出了一大片褐色的泥土。主管基建的指挥员敏感地意识到，褐色泥土下可能会有古墓葬。于是，暂停了爆破施工，并电话向随县文化馆报告，请求他们派人勘探认定。很遗憾，接到报告的县文化馆，对此却没有给予应有的重视。然而，在接下来的施工中，有人在褐色泥土中拣到了一些绿锈斑斑的碎铜片，这让主管施工任务的指挥员更觉这里会有古墓。指挥员中有个叫王家贵的人，生怕古墓被破坏，因此，他在当年的11月26日，从擂鼓墩的施工现场，拿了几个青铜碎片进了县文化馆的门，向馆里的领导作了专门汇报。

结果，馆里只派来一个辅导基层群众音乐的人，到施工现场走了走，就又悄没声息地回去了。

现场施工的解放军官兵对此不大理解，但这并没有影响他们心存的责任感，在接下来的施工过程中，更加小心地处理着现场的一切，特别是那一大片的褐色泥土。王家贵发现，黏性很强的褐色泥土，初见时呈青灰色，太阳一晒又成了灰白色，按他以往的施工经验，知道这就是墓葬中的青膏泥。为了不使古墓葬遭受损失，王家贵又一次来到随县文化馆报告，结果，仍然未能引起他们的重视。后来，王家贵又第三次地去了县文化馆，他拿出褐色泥土下的铺地石板等物证，请求他们务必重视起来，组织专业队伍，到擂鼓墩调查地下墓葬情况。

还好，王家贵的第三次报告，终于请来了第一批专业人才。让这些专业人才兴奋不已的是，他们在这里找到了千载不遇的大发现。为此，他们感谢王家贵和如他一样的解放军，以其超乎寻常的责任心，保护了这一个价值连城无与伦比的古墓葬。

被后来的研究命名为曾侯乙墓的埋藏是太丰富了，丰富得让人简直不敢想象。其中既有精美的青铜器出土，还有绝佳的金器、玉器和漆器等文物出土。我没有找到出土文物的总数量，仅从零散的资料看，只一个墓地中室里，就出土了升鼎9件，方座簋8件，镬鼎、提梁壶、圆鑑、匜各2件，小鬲9件，小鼎形器10件，盖鼎5件，豆3件，大鬲、小口鼎、匜鼎、炉盘等各1件，簠和盥缶各4件……这些器物，不仅有食器，还包括了水器和酒器。便是如此之多的青铜器物，面对与它们同在一个墓室里的那一大批青铜编钟来，我会惊讶于它们的丰富和精美，但会更惊讶编钟组件的恢宏和豪华。

我承认，那么规模宏大的编钟阵容，应该是曾侯乙墓文物发掘的一个大成就。

迄今为止，在国内的考古发掘中，全国各地一共有不下40套的编钟出土。但要说数量最多，保存最好，规模最大的一套，则非曾侯乙墓的编钟莫属。

注定了这是个激动人心的时刻。1978年5月23日的清晨，在许多人的记忆里，刀刻一般记下了天空中那抹红得如血的霞彩。到午饭时分，抽水机还在一刻不停地抽着地下墓穴里的积水，工地上只留下不多的几个人，负责看守抽水机的叫冯光生，他后来做了湖北艺术职业学院副院长。听他说，墓穴里的水位在一点点落着，这就露出三条黑乎乎的东西，开始不知道是什么，水再往下落，就看清楚了，那是三个木头架子，有青铜的编钟，整齐地挂在木制的钟架上，仿佛刚刚埋下去时一样，2000多年了，依旧稳稳地站立在那里。

我国考古史上绝无仅有的一幕就这样显赫地暴露了出来。

在墓穴的中室里，编钟架子沿着西壁和南壁，曲尺形立放着，总长度有10多米，分三层悬挂着编钟，下一层的编钟要大一些，上一层的编钟要小一些。在接下来的清理过程中，考古工作者数了一下，各种不同的青铜编钟竟有65件（包括一件楚王赠送的镈钟）。这样的规模是惊人的，因为，此前的考古发掘，发现的编钟组合，一般都只有16件之多，此外还有13件、9件以及3件的编钟组合。文首写到的庄白一号窖藏，发现了20多件编钟，已是过去发现最大的一个编钟组合了。在擂鼓墩的古墓里，一下子发现了65件编钟，这叫人不能不兴奋，不能不惊奇了。

是谁死后还要享受如此宏大的礼仪？

细心的考古工作者不放过一丝一毫的可能，探究着墓主人的信息。他们先对墓葬里的那具尸骸进行研究，发现这位尊贵的墓主人身高仅有1.63米。如此身材矮小的一个男子，其相貌也难说威武雄壮，可他却已拥有了至高的权势和无穷的财富。大家猜想着他的身份，而这个猜想就在编钟上的金文里刻铭着。多达3000多个漂亮的中国古文字，明白无误地标示了墓主人为古曾国的国君，他的名字叫乙。

研究者对编钟上的文字，作了认真全面的解读，除发现墓主人的名字外，还发现了对于编钟序号、音标以及乐律的记述，堪称一部古老的音乐教科书。

曾侯乙墓编钟刚出土时，钟架和编钟保存得比较完整。椭圆形的编钟，无一不周身刻铸着精巧细致的花纹，还有六个支撑钟架的青铜佩剑乐俑，以及钟架，也都刻铸了好看的花纹。真品我没能看到，2004 年在湖北省博物馆看到了复制的曾侯乙墓出土编钟，据说陈列的样式，照搬了出土时的模样。我站在那复制的编钟前，依然感觉得到心跳的激烈，张目横瞧，看见从左至右，编钟依次而大着。我数了一下，下层悬挂了一共 12 件大甬钟和一件镈钟，其中 9 件悬挂在倒爬着虎形兽上面；中层挂了 33 件中型编钟；上层挂了 19 件小型编钟。其排列之有序，规模之宏阔，品质之精良，气魄之雄伟，着实让人要叹为观止了。正是那件铭刻文字标明的"楚王熊章"镈钟，为墓藏文物的断代起到了至关重要的作用。研究者对这件器物作了度量，发现其通高达 92.5 厘米，重 134.8 公斤，腔体扁椭而口平，是所有编钟里最大最重的一件，堪称编钟之最。舞（钟体的顶部）上满饰着浮雕蟠龙纹，为蟠龙形复式钮，由两对活灵活显的蟠龙组成。上一对引颈对衔，下一对回首卷尾，形象之生动，无与伦比者。钲部两侧，以浅浮雕的龙纹衬地，有五只圆泡形饰；钲间铸有铭文，译释成大家好懂的文字是："唯王五十又六，返自西阳，楚王熊章，作曾侯乙宗彝，奠之于西阳，其永持用享。"开篇的"王五十又六"，专家们换算了一下，具体为公元前 433 年，时在楚国君王位上的熊章，做此器物赠曾侯乙，看来他是知道这个人是热爱音乐的。

热爱音乐的曾侯乙，面子是够大了。他获得了楚王的恩赠，又不忘在死后，与他埋葬在一起，到今天，又给了我们后世儿孙一个惊喜。在这个意义上，我们实在是太应该感谢那位身小而心强的曾侯乙了。

编钟出土之后，组织专家做了严格的音律测试，意外地发现无论大，无论小，每件编钟都能发出两个乐音，一个在鼓部正中，称正鼓音；一个在鼓的两侧，称侧鼓音。两音之间且又呈现出妙不可言的三度和谐，也就是说，在中层的三组三十三件编钟的三个八半度音程内，十二半音齐全，可以旋宫转调，演奏古今中外难度再大的经典乐曲。

资料上的文字还表明，曾侯乙墓出土的编钟，音域宽广洪亮，音色优美典雅，比现代化的钢琴，仅少一个最低音价和一个最高音价，其音乐性能之良好，无出其右者。音乐学家和考古学家通力合作，在一段时间里，运用复制品反复试验，整理相当数目的演奏乐曲，获得了社会各界的普遍赞扬。

1992年，湖北省编钟乐团首度出访日本，在东京都国立博物馆举办曾侯乙墓编钟音乐会，连演数日，场场座无虚席，获得了出人意料的成功。1997年香港回归，该团出席庆典演出，1999年，他们又远涉重洋，到美国的国家美术馆演出……到现在，演出的安排不断，而且是凡有演出，便必然轰动。

我是幸运的，2004年在武汉的日子，他们的编钟乐团准备去欧洲访问，正在赶排一些新的曲目，而且在临出访时，要作几场汇报演出。我的一个朋友，从他们那里弄了两张赠票，与我一起去看，灯火忽明忽暗的演奏厅里，不仅有我一样黑头发的中国人，还有许多邻国日本、韩国以及欧美来华访问旅游的外国人。大家表现得都很文雅，静静地享受到编钟奏鸣的天籁之音，到演出结束，大家站起来鼓掌，热烈地鼓掌，而这时，我还感到眼睛的潮湿，似有泪水涌出。

我哭了，为着那天籁神器的绝妙演奏。

当然，我所以流泪，似乎还应该有别的因素，那就是一批已经失传的乐器，得以重放异彩。所出土的乐器，不仅有那许多青钟编钟，还有如均钟、排箫、十弦琴等，都是失传已久的乐器，其他如笙簧、建鼓、竹篪等，也是国内首次发现的实物，其品种之齐全，数量之众多，规模之庞大，实乃中国乐器发展史上的空前大发现。

我感动古代乐师和工匠的高超技艺和巧妙构思。不仅把那大大小小的编钟铸造得精美绝伦，还把与编钟配套使用的一组编磬，也雕琢打磨得完美异常。这组编磬共三十二片，用铜质挂钩悬吊在一副木制磬架上，规模虽然不及编钟大，却也与之相映成趣，使今人看到了古老中国所有的金石之乐。

凝神于这些佳绝的天籁神奇，使我忆及史籍所载的乐悬制度。《周礼·春官·小胥》曰："正乐悬之位，王宫悬，诸侯轩悬，卿大夫判悬，士特悬，辨其声。"如此看来，乐悬制度是严格的，有极强等级限制。所悬方式，亦有严格的要求，正如郑司农云："宫悬，四面悬；轩悬，去其一面；判悬，又去其一面；特悬，又取其一面。像宫室四面有墙，故谓之宫悬；轩悬，三面，其形曲。"曾侯贵为国君，享用的轩悬乐器与周朝的礼乐制度是吻合的。

细心地观看着曾侯乙墓出土的乐器，到最后，我不能自主地被那配套的四面鼓吸引了。鼓脚摆放的说明牌写得明白，这特色明显的四面鼓，一为建鼓，一为悬鼓，一为扁鼓，一为手鼓。建鼓由一根圆木贯穿鼓腔，插在一个青铜铸造的底座上。这个鼓座的形制非常精致奇特，总体为圆锥状，由一青铜圈座垫底，上有十余根弯曲不齐的铜条纵横交错相绕，形成一个网状的结构，并于中部凸起，正中与承插建鼓立柱的圆孔相连，纠缠着数不胜数的圆形群龙，大小不一，形态多变，构成一个极为繁复生动的立体形态。悬鼓亦由鼓腔与鼓座构成，与扁鼓和手鼓一起，成为曾侯乙墓出土乐器中不可或缺的一部分。

湖北编钟乐团的晚场演出还在进行中，我没敢分神，仔细地听着，并能体会到台上的演奏者和台下的聆听者，都已不可自拔地沉浸在金声玉振的古乐曲中了。

触摸青铜（代跋）

对自己喜欢的东西，忍不住要伸出手去触摸一下，是我难改的一个毛病。

我喜欢青铜器，在扶风县文化馆工作的日子，就常把手伸向收藏在馆里的青铜器，去感触那神圣的温度和苍凉。没有办法，扶风县文化馆收藏的青铜器太多了，如不然，扶风县怎么能浪得个"青铜器之乡"的誉称。偏偏是，我的同事罗西章又还获得了陕西考古界"西霸天"的高名，他有一部《周原寻宝记》的书，记录了当年许多与青铜器有关的故事。我们在馆里吃一个灶上的饭，喝一盘炉子烧的水，常常要与馆藏的青铜器夜寝昼守，耳鬓厮磨，不期而然地即会触摸到宝贝似的青铜器，并且还会屈起指节去叩击它们，伸展掌心去抚摩它们。我的感觉是，远古时期浇铸青铜器时的熔浆，还没有完全凝固，依然有种烫人的热度。

我爱青铜器……百鸟百兽集于一身的折觥，就出土在法门寺庄白一号窖藏，此外还有鼎、簋、盘等青铜器 104 件，有铭文的达 75 件……这是 1976 年的事了，过了 27 年，也就是 2003 年 1 月 19 日的下午，还在这片神奇的土地上，又出土了一批珍贵的青铜器。是日，天降瑞雪，地处西岐之阳、史称

"成周首善"之地的眉县，农民王拉乾、王宁贤、王明锁、王勤宁、张勤辉五人，在他们杨家村外的土崖上取土制砖，时已是太阳西垂的当口，抢着铁镐的王拉乾，一镐刨出个大洞来，这使他吃惊不小，唤来大家向里张望，发现其中一个面积不小的土窖，堆放着大量的青铜器物。发掘清理出来，竟有二十七件西周青铜器，其中鼎十二件、鬲九件、壶两件、盘、匜、盉、盂各一件。这些青铜器物的造型之精美，保存之完好，是世所罕见的，特别是器身上的铭文，遒劲古朴，皆为叙事，总数达两千余字。我国"断代工程"首席科学家李学勤和李伯谦，认真解读了那许多铭文，不无激动地说：此次铭文青铜器的发现是空前的，非常好地补充了西周历史资料，解决了一些问题，也提出了许多值得研究的问题，它不仅是 2003 年中国考古的重大发现，也应是 21 世纪的重大考古发现。

这样的发现还在继续着，至了 2006 年 11 月 8 日，与眉县为邻的扶风县益店镇的五郡西村，村民组长刘东林率领着六位村民，正在村北的麦地里挖一条水渠。这条水渠已经挖了好几天，差不多要完工了。但在当日下午 5 时多，抢着镬头的一个村民，感觉到他的镬头挖到了一个硬物上，同时还有一声清越的脆响……好哇！又一个重大发现就这样暴露出来了。

20 多年前，五郡西村就曾出土过青铜器。身在现场的刘东林听老辈人讲起过，于是他生了心，让抢镬头的人放下镬头，几个人轮换用手刨，很快就刨出了一个身上有着许多铆钉的扁状器物，再往下刨，一层摞着一层，就都是生着绿锈的青铜器了。刘东林脸上兴奋着，心里也快速地思谋着，他让在场的刘锁乾、刘邦芳、刘广后、刘东后四人小心守护，自己拉着刘银科一溜飞跑，回村给扶风县和宝鸡市的文物部门打电话，赶在天黑前，把满窖青铜器全部发掘了出来。经现场清理核计，包括编钟、鼎、簋、壶等共有 24 件（组），其中一组车马器就达 103 件。

作为一个周原人，还在《西安晚报》工作的我，获悉这批青铜器的发掘消息，来日就赶回了扶风县。我心里揣着一个愿望，就是想能近距离地触摸这些青铜器，因为我在此时，已经开始了我对青铜器的写作实践，若是我能触摸到这些青铜器，我想是会给我带来灵感的。我需要这样的灵感，哪怕被青铜器远古的高温烫了手，我也心甘情愿。

我自豪，我触摸到了这批最新出土的青铜器，而且我已知晓，这批青铜器上的铭文，将给我们怎样的惊喜。原谅我不在这里多写这次出土的青铜器，因为我的一篇文章，对这次出土的青铜器作了较为详尽的描写。但我还想说的是，自从 1949 年新中国成立以来，1960 年春季在扶风县的齐家村村南发现398 件窖藏青铜器以来，到这次止，已经有了 8 次重大的窖藏青铜器发现了。

然而，我不能只注目古周原，我还要放眼神州各地，去发现和去感受了，譬如河南、河北，譬如湖南、湖北……都是有着让人炫目的青铜器物的。因此，我的笔墨也伸到了那里，触摸着那里的青铜器，惴惴不安地也写了几个篇什。

古耜兄编辑一套反映中华文化的丛书，他通知我收入了我的这组书写青铜器的随笔。我是开心的，却担心自己笔力不逮，所写不及青铜器神韵之万一，在此只有恳请读者诸君原谅了。

2018 年 4 月 20 日　西安后村